LAVA JATO X VAZA JATO

ENFRENTAMENTOS ENTRE ESTRATÉGIAS JORNALÍSTICAS

Editora Appris Ltda.
1.ª Edição - Copyright© 2025 da autora
Direitos de Edição Reservados à Editora Appris Ltda.

Nenhuma parte desta obra poderá ser utilizada indevidamente, sem estar de acordo com a Lei nº
9.610/98. Se incorreções forem encontradas, serão de exclusiva responsabilidade de seus organizadores. Foi realizado o Depósito Legal na Fundação Biblioteca Nacional, de acordo com as Leis nos
10.994, de 14/12/2004, e 12.192, de 14/01/2010.

Catalogação na Fonte
Elaborado por: Dayanne Leal Souza
Bibliotecária CRB 9/2162

R788l
2025
	Rosa, Bianca
	    Lava jato x vaza jato: enfrentamentos entre estratégias jornalísticas /
	Bianca Rosa. – 1. ed. – Curitiba: Appris, 2025.
	    285 p. ; 23 cm. – (Coleção Ciências da Comunicação).
	
	    Inclui referências.
	    ISBN 978-65-250-7353-8
	
	    1. Jornalismo. 2. Comunicação. 3. Lava jato. 4. Vaza jato. I. Rosa,
	Bianca. II. Título. III. Série.
	
	                                                              CDD – 302.2

Livro de acordo com a normalização técnica da ABNT

Appris
editora

Editora e Livraria Appris Ltda.
Av. Manoel Ribas, 2265 – Mercês
Curitiba/PR – CEP: 80810-002
Tel. (41) 3156 - 4731
www.editoraappris.com.br

Printed in Brazil
Impresso no Brasil

BIANCA ROSA

LAVA JATO X VAZA JATO
ENFRENTAMENTOS ENTRE ESTRATÉGIAS JORNALÍSTICAS

Appris
editora

Curitiba, PR
2025

FICHA TÉCNICA

EDITORIAL
Augusto Coelho
Sara C. de Andrade Coelho

COMITÊ EDITORIAL
Ana El Achkar (Universo/RJ)
Andréa Barbosa Gouveia (UFPR)
Antonio Evangelista de Souza Netto (PUC-SP)
Belinda Cunha (UFPB)
Délton Winter de Carvalho (FMP)
Edson da Silva (UFVJM)
Eliete Correia dos Santos (UEPB)
Erineu Foerste (Ufes)
Fabiano Santos (UERJ-IESP)
Francinete Fernandes de Sousa (UEPB)
Francisco Carlos Duarte (PUCPR)
Francisco de Assis (Fiam-Faam-SP-Brasil)
Gláucia Figueiredo (UNIPAMPA/ UDELAR)
Jacques de Lima Ferreira (UNOESC)
Jean Carlos Gonçalves (UFPR)
José Wálter Nunes (UnB)
Junia de Vilhena (PUC-RIO)

Lucas Mesquita (UNILA)
Márcia Gonçalves (Unitau)
Maria Aparecida Barbosa (USP)
Maria Margarida de Andrade (Umack)
Marilda A. Behrens (PUCPR)
Marília Andrade Torales Campos (UFPR)
Marli Caetano
Patrícia L. Torres (PUCPR)
Paula Costa Mosca Macedo (UNIFESP)
Ramon Blanco (UNILA)
Roberta Ecleide Kelly (NEPE)
Roque Ismael da Costa Güllich (UFFS)
Sergio Gomes (UFRJ)
Tiago Gagliano Pinto Alberto (PUCPR)
Toni Reis (UP)
Valdomiro de Oliveira (UFPR)

SUPERVISORA EDITORIAL
Renata C. Lopes

PRODUÇÃO EDITORIAL
Sabrina Costa

REVISÃO
Débora Sauaf
Ana Lúcia Wehr

DIAGRAMAÇÃO
Bruno Ferreira Nascimento

CAPA
Mariana Brito

REVISÃO DE PROVA
Daniela Nazario

COMITÊ CIENTÍFICO DA COLEÇÃO CIÊNCIAS DA COMUNICAÇÃO

DIREÇÃO CIENTÍFICA
Francisco de Assis (Fiam-Faam-SP-Brasil)

CONSULTORES
Ana Carolina Rocha Pessôa Temer (UFG-GO-Brasil)
Antonio Hohlfeldt (PUCRS-RS-Brasil)
Carlos Alberto Messeder Pereira (UFRJ-RJ-Brasil)
Cicilia M. Krohling Peruzzo (Umesp-SP-Brasil)
Janine Marques Passini Lucht (ESPM-RS-Brasil)
Jorge A. González (CEIICH-Unam-México)
Jorge Kanehide Ijuim (Ufsc-SC-Brasil)
José Marques de Melo (*In Memoriam*)
Juçara Brittes (Ufop-MG-Brasil)
Isabel Ferin Cunha (UC-Portugal)
Márcio Fernandes (Unicentro-PR-Brasil)
Maria Ataíde Malcher (UFPA-PA-Brasil)

Maria Berenice Machado (UFRGS-RS-Brasil)
Maria das Graças Targino (UFPI-PI-Brasil)
Maria Elisabete Antonioli (ESPM-SP-Brasil)
Marialva Carlos Barbosa (UFRJ-RJ-Brasil)
Osvando J. de Morais (Unesp-SP-Brasil)
Pierre Leroux (Iscea-UCO-França)
Rosa Maria Dalla Costa (UFPR-PR-Brasil)
Sandra Reimão (USP-SP-Brasil)
Sérgio Mattos (UFRB-BA-Brasil)
Thomas Tufte (RUC-Dinamarca)
Zélia Leal Adghirni (UnB-DF-Brasil)

AGRADECIMENTOS

Agradeço o apoio incondicional de minha filha, Helena, e aos meus pais. Também sou eternamente grata ao meu orientador da dissertação que originou este livro, Antonio Fausto Neto, sempre muito generoso comigo. Sua contribuição neste trabalho é imprescindível. Agradeço à Ana Paula da Rosa, que se tornou minha orientadora no doutorado e cumpriu com honras o papel de coordenadora do Programa de Pós-graduação pelo qual defendi minha dissertação. Também agradeço aos professores doutores Guilherme de Azevedo, Ronaldo Henn e Viviane Borelli, por aceitarem o convite para as bancas de qualificação e avaliação final, de maneira que agradeço imensamente por toda a contribuição a este trabalho. Encaro a pesquisa como um fazer colaborativo. Por isso, agradeço aos amigos que fiz nesse caminho, que sempre me inspiram e me ajudam a seguir. Este trabalho me ensinou muito, mas eu acredito que o mais importante nele foi reafirmar a crença de que o jornalismo pode, sim, salvar vidas e restabelecer a justiça. Que, cada vez mais, a pesquisa acadêmica se torne mais humana e empática. E que este estudo seja o exemplo de que a análise acadêmica da Comunicação é algo extremamente importante, tanto para a própria academia, quanto para o trabalho realizado nas redações, pois nos ajuda a compreender o nosso próprio mundo, o país e as relações.

SUMÁRIO

HISTÓRICOS DOS CASOS E CONTEXTUALIZAÇÕES........................ 9

Introdução... 9

Mudança de paradigma jornalístico: *A relação entre a cobertura da Operação Lava Jato e as reportagens da Vaza Jato em meio a uma ambiência midiatizada* 10

O contexto jornalístico brasileiro 14

Sobre a Operação Lava Jato 25

Sobre a Vaza Jato 29

APROFUNDAMENTOS SOBRE MIDIATIZAÇÃO E JORNALISMO.......... 35

O uso do caso midiatizado devido à natureza do fenômeno 35

O caso midiatizado articulado à teoria dos sistemas: a ideia de interpenetração 38

Uma construção intersistêmica: a transição da era dos meios de massa para uma era midiatizada 43

Transformações das lógicas de processualidades na ambiência midiatizada...... 53

As construções jornalísticas inseridas em uma ambiência em midiatização 57

Jornalismo dos meios x Jornalismo midiatizado: acontecimentos em transição .. 59

A construção do acontecimento jornalístico inserido em uma ambiência midiatizada .. 62

A circulação do acontecimento: processualidades de interpenetrações sistêmicas 75

REFLEXÕES METODOLÓGICAS SOBRE O CASO MIDIATIZADO 81

Percursos metodológicos: do acontecimento ao caso midiatizado 81

Algumas diferenciações importantes entre o estudo de caso clássico e estudo de caso midiatizado... 83

Das regras às estratégias: etapas do caso midiatizado 87

Estratégia de análise comparativa entre a cobertura jornalística da Operação Lava Jato *versus* a cobertura jornalística da Vaza Jato 89

ESTUDO DO CASO MIDIATIZADO 95

A complexificação do acontecimento segundo análise das estratégias:
Lava Jato x Vaza Jato 95

A estratégia jornalística da Operação Lava Jato 95

A estratégia jornalística da Vaza Jato 100

Estratégias em disputa a partir das construções jornalísticas das duas operações 111

Análise sobre as operações jornalísticas da Operação Lava Jato 111

Estratégias jornalísticas da Vaza Jato/The Intercept Brasil 161

Disputas estratégicas intersistêmicas da Vaza Jato 190

Visão comparativa de transformações de narrativas: *Folha de SP/Veja/Globo* 202

Inferências sobre os materiais analisados 233

Conclusões sobre o caso 237

PRÓLOGO
ATUALIZAÇÕES SOBRE O CASO:
DESDOBRAMENTOS DA LAVA JATO, DISPUTAS E INTERPENETRAÇÕES
QUE SEGUEM EM UM FLUXO SEMPRE ADIANTE. 245

Breve histórico 245

Fluxo adiante e circuitos que se ressignificam: desdobramentos de um caso midiatizado .. 250

Novos circuitos 250

Disputas dentro da dinâmica da circulação 251

REFERÊNCIAS 265

HISTÓRICOS DOS CASOS E CONTEXTUALIZAÇÕES

Introdução

Este livro pretende desenvolver uma análise crítica sobre o jornalismo, buscando, em um esforço tentativo, compreender o momento de transformação que a sociedade vive. Também visa a compreender uma nova processualidade comunicacional, provocada por uma ambiência diferenciada, na qual se percebe uma dinâmica interacional singular e ocorre um atravessamento dos campos sociais, gerando situações indeterminadas, características próprias da midiatização. Por conta disso, é necessário levar em conta a singularidade do conceito de midiatização como operador analítico dessa reflexão. E a escolha pela análise da complexificação do jornalismo a partir da relação entre as coberturas jornalísticas da Lava Jato e da Vaza Jato justifica-se por exemplificar essa complexidade do fenômeno, mostrando que há um seguimento do fluxo, o que fez com que esse acontecimento jornalístico não se encerrasse em sua publicação, gerando uma série de outros acontecimentos a partir desse.

Dessa forma, a Vaza Jato atuou na repercussão das diferentes circulações de sentido que se estabeleceram a partir de sua divulgação, partindo de uma análise das reportagens que foram circuladas durante a Lava Jato, o que provocou uma série de novas processualidades jornalísticas, comunicacionais e políticas. No contexto dessa fragilização do jornalismo (e de regras e lógicas midiáticas apropriadas por outros campos) é que se percebe a emergência desse caso complexo, cujo funcionamento é permeado por lógicas de midiatização em curso.

Portanto, a temática desta obra justifica-se também por demonstrar as transformações que o jornalismo vem sofrendo em um mundo em vias de midiatização. É importante também destacar que este livro, derivado da minha dissertação de mestrado, defendida em 2021, também discorre sobre algumas questões metodológicas realizadas de maneira tentativa, trazendo um estudo de caso midiatizado na forma de uma análise comparativa entre as duas coberturas jornalísticas. Entretanto,

este livro se diferencia da dissertação ao apresentar uma reflexão epistemológica sobre essa pesquisa, no intuito de colaborar com os estudos na
área da comunicação, da midiatização e do jornalismo. Por uma questão
editorial, as imagens utilizadas na pesquisa estão suprimidas, e por isso
recomendamos o uso da dissertação[1] como base de consulta.

Mudança de paradigma jornalístico: *A relação entre a cobertura da Operação Lava Jato e as reportagens da Vaza Jato em meio a uma ambiência midiatizada*

Por se tratar de um caso singular e complexo, sua análise representa
um desafio aos estudos de Comunicação e no campo jornalístico. Esse
fenômeno só poderia emergir em um contexto de midiatização em curso,
pois está em desenvolvimento e ainda evolui de maneira constante. E
isso acontece por conta da multiplicação de modalidades de comunicação, o que evidencia a percepção de que o jornalismo perde seu lugar de
centralidade, pois a capacidade de referenciar o mundo espalha-se nas
mãos de outros sistemas e de seus produtores, como as instituições e os
atores sociais. Portanto, a análise dessa problemática só se torna possível
se compreendermos que existe uma relação entre dois níveis de construções jornalísticas diferentes, sendo uma delas a cobertura jornalística da
Operação Lava Jato e o surgimento da Vaza Jato, entretanto, sem deixar de
lado as relações de interpenetração entre diferentes sistemas, tais como
o jurídico, o jornalístico, o político e o midiático.

É somente a partir da análise dos episódios protagonizados pela
Lava Jato, cuja dinâmica é inserida no contexto das lógicas e operações
de uma investigação jurídico-midiática, é que podemos constatar um
ambiente de novas articulações, o que permitiu uma nova processualidade
do campo jurídico que, ao adotar características midiáticas, contou com
a repercussão da opinião pública na validação destes processos jurídicos.
Essas articulações se exemplificaram tanto na exposição de depoimentos
repletos de lógicas midiáticas, quanto em uma processualidade que objetivava obter maior divulgação das mídias, a partir das transcrições desses
depoimentos, das coletivas de imprensa ou das notas de divulgação sobre
apreensões e prisões da Operação Lava Jato. Entretanto, o vazamento da
ligação telefônica entre Lula e Dilma também desencadeou, por meio da

---

[1] A dissertação de nome *"Estratégias de Construções Jornalísticas: Lava Jato x Vaza Jato"* está disponível no
seguinte link: http://repositorio.jesuita.org.br/handle/UNISINOS/9958.

repercussão pública gerada pelas manchetes dos veículos de imprensa, ocorrências sociais e políticas imediatas, como manifestações nas ruas contra o governo e acontecimentos que promoveram a transformação política, tais como o *impeachment* da presidente Dilma Rousseff e a posterior prisão do ex-presidente Lula. O debate acerca do *impeachment* de Dilma Rousseff foi, inclusive, o que motivou o jornalista Glenn Greenwald a desenvolver a versão brasileira do site que já havia fundado desde 2014, o The Intercept, por julgar que havia uma falta de pluralidade do discurso jornalístico na época, como ele explica na entrevista dada ao jornalista Juan Manuel Dominguez:

> *A minha perspectiva mudou muito durante o debate do impeachment de Dilma quando fiquei chocado com o fato de ver a grande mídia quase sem pluralidade de opinião, quase sem dissidência. A dissidência foi quase totalmente proibida, havia uma unanimidade a favor do impeachment de Dilma. E, na verdade, tratava-se de um debate importante para a democracia, se um presidente eleito deve ser removido ou não. Lá fora havia o processo democrático, mas aqui a mídia brasileira não permitiu o debate. Isso foi uma grande razão para criar o The Intercept Brasil* (Dominguez, 2019).

A declaração de Greenwald estabelece um diálogo com as reflexões da jornalista e pesquisadora Fabiana Moraes (2019), que estuda o jornalismo de subjetividade. Esse tipo de prática jornalística é realizado por um sujeito cognoscente, que promove a quebra de representações, repensando fortemente os valores-notícia que são praticados pelo jornalismo, pensando essa atividade como uma prática de engajamento social. Dessa forma, reflete-se sobre a questão do ativismo, que costuma ser relativizado pelo jornalismo hegemônico, quando alega uma aparente neutralidade em suas práticas. Se o jornalismo que o The Intercept Brasil faz é considerado por muitas pessoas como um "jornalismo ativista", e não apenas jornalismo, é impositivo o questionamento do motivo pelo qual a prática do vazamento da ligação de Dilma e Lula, realizada pelo Jornal Nacional, não poderia ser considerada desta mesma forma.

Também é notório que, a partir do momento em que o The Intercept Brasil se consolidou como um novo ator midiático no cenário jornalístico brasileiro, se iniciaram os desdobramentos que culminaram na Vaza Jato, um fato que se evidencia como um dos aspectos desse caso singular. A Vaza

Jato é um caso típico da midiatização, pois se desdobra desses acontecimentos, repercutindo as ações deles e promovendo um deslocamento de circuitos, o que justamente evidencia as lógicas da midiatização. Dentro desse cenário proposto, a Vaza Jato se coloca como um passo adiante, porque não se configura nem como parte da Operação Lava Jato, nem como parte do episódio do vazamento da ligação entre Lula e Dilma, mas como algo que deriva deles.

Assim, a opção por realizar, nesta obra, uma análise das relações entre as coberturas jornalísticas da Lava Jato e da Vaza Jato acaba por exemplificar a complexidade do fenômeno, mostrando que há um seguimento do fluxo, o que faz com que o acontecimento jornalístico não se encerre em sua publicação, mas, pelo contrário, gere uma série de outros acontecimentos a partir deste. Tanto a cobertura da Vaza Jato quanto a da Operação Lava Jato provocaram relações interpenetrantes que ainda repercutem em diferentes circulações de sentido que se estabeleceram a partir de sua divulgação, o que ocasionou, durante o período em que se desenrolou, uma série de novas processualidades, jornalísticas e comunicacionais.

Embora a problemática do fenômeno Lava Jato, em sua totalidade, já seja bastante convidativa para a realização de uma pesquisa acadêmica, nesta obra, foi necessária a delimitação de um recorte temporal e contextual para a análise do fenômeno. Assim, um dos focos da investigação foi a leitura do material jornalístico produzido pela mídia hegemônica sobre a Operação Lava Jato durante um determinado período. E para a análise comparativa entre as duas estratégias jornalísticas foi realizada a leitura do primeiro ano da série de reportagens da Vaza Jato, publicadas de 2019 a 2020, material que foi considerado como uma contraposição à outra estratégia jornalística.

A investigação se concentrou, em um primeiro momento, na análise dos materiais jornalísticos da cobertura da Operação Lava Jato, representadas pelas veiculações das empresas jornalísticas: revista *Veja*, jornal *Folha de São Paulo* e programas televisivos jornalísticos da Rede Globo, todos realizados entre 2015 e 2016. Em um segundo momento, foi feita a leitura de 12 reportagens da Vaza Jato, realizadas pelo The Intercept Brasil, no período de 2019 até 2020. Também foram investigadas reportagens feitas em parceria entre o The Intercept Brasil e outros veículos jornalísticos na Vaza Jato, como a revista *Veja* e a *Folha de São Paulo*. Por último, foi realizada uma análise sobre a mudança discursiva que se deu na cobertura jornalística da mídia hegemônica no pós-Vaza Jato, analisando a construção discursiva das empresas *Folha de São Paulo*, revista *Veja* e Rede Globo.

A escolha dessas empresas jornalísticas e desses materiais foi pensada dessa forma por estarem atrelados a acontecimentos intrínsecos ao desenrolar dos acontecimentos entre as coberturas jornalísticas e os desdobramentos das operações anticorrupção. Pois, além de marcas que envolvem as dinâmicas de interpenetração de práticas de sentidos em disputa, os materiais estudados podem desvendar acontecimentos diversos, que resultam da natureza dos próprios acoplamentos que se constroem a partir de discursividades da Lava Jato e da Vaza Jato. Não há como analisar essa questão sem compreender a relação entre as estratégias de noticiabilidade de uma e outra, pois elas permitem que se revelem desdobramentos e marcas de um processo em evolução, algo que se configura como uma consequência de uma fase de transição na qual a era dos meios massivos transforma-se na era da midiatização em curso. Contudo, para tanto, é importante realizar a investigação do desenvolvimento da processualidade dessas articulações, cuja origem se inicia em uma operação que adota lógicas midiáticas, como a Operação Lava Jato, e que acaba dando origem à outra operação, que acaba por adotar, muito possivelmente, outras lógicas e operações distintas, como a da Vaza Jato. Tendo em vista essa contextualização exposta, é importante observar que esses materiais só poderiam ser contemplados mediante a observação de um caso. E é importante reforçar que, devido à complexidade do fenômeno, a análise somente poderia ser realizada mediante um caso midiatizado, que possui uma temporalidade e processualidade complexas, que se baseiam em relações interpenetrantes entre sistemas.

A análise dos aspectos relacionais entre essas duas instâncias possibilita a ocorrência de uma complexidade processual e temporal, assim como das relações entre diferentes práticas de sistemas, nesse caso, sistema jurídico, jornalístico, político e midiático, dentro da ambiência midiatizada. Este livro também pretende trazer uma discussão metodológica sobre caso midiatizado, mesmo que introdutória. Mas, para entendermos a noção de caso midiatizado, aqui desenvolvida, no que diz respeito às suas temporalidades e processualidades, é necessário que sejam descritas as operações enunciativas feitas por cada uma das duas estratégias em estudo. É a partir da análise das lógicas e do funcionamento discursivo de cada uma delas que conseguimos compreender os possíveis efeitos de sentido que se delineiam nas suas operações, especificamente as formas de contato que se manifestam na ambiência da midiatização, pelos seus produtos discursivos, especialmente jornalísticos. Entretanto, é necessário que apresentemos aos leitores uma contextualização sobre o jornalismo brasileiro, para que possamos introduzir ao debate algumas questões conceituais acerca deste campo.

O contexto jornalístico brasileiro

O jornalismo foi, durante a era dos meios, protagonista de prática de mediação entre as instituições e a sociedade. E ao intermediar contatos entre diversos campos e os receptores da mensagem, a dinâmica das interações acabou por massificar os processos informativos e de entretenimento, desempenhando possíveis influências sobre o processo de transmissão das mensagens e a formação da opinião pública. Essa mídia de massa, no contexto da indústria cultural, acabou tornando-se um objeto de estranhamento social. Como bem observa Braga (2012, p. 32), "uma sociedade vista como massificada passava a ser mediada por processos informativos e de entretenimento não-habituais, subsumidos a setores sociais dominantes, não controlados pela sociedade em geral".

Uma das noções que se estabeleceu a partir da ideia de mediação jornalística foi a Teoria do Agendamento, questão trazida inicialmente por Walter Lippmann (2008). Ele afirmava que a opinião pública é primariamente uma versão moralizada e codificada dos fatos, cujo padrão dos estereótipos no centro dos nossos códigos determina largamente o grupo de fatos que nós veremos e sob que luz nós os enxergaremos. De acordo com o autor, a mídia atua diretamente na criação de estereótipos que reforçam ou rechaçam a opinião pública. Aníbal Ford (1999) argumenta sobre os problemas do estabelecimento da agenda pelos meios massivos, que indicam ao público sobre os assuntos que devem pensar e de que forma pensar, trazendo, assim, uma significação dupla, pois, ao mesmo tempo que os meios massivos são, para o grande público, um indicador poderoso dos temas mais importantes de sua época, também possuem, ao longo de sua dinâmica e dos contratos de leitura, uma forma de distorcer esse discurso, devido aos critérios internos de noticiabilidade. Esses critérios de noticiabilidade servem para hierarquizar e classificar a informação, segundo "as condições de novidade, imprevisibilidade, gravidade, importância e as consequências que um acontecimento possa ter sobre uma parte notável da população" (Martini, 1998 *apud* Ford, 1999, p. 65, tradução livre minha).

Contudo, Ford também adverte que os dispositivos das agendas midiáticas diferem-se muito da maneira como a cidadania constrói suas agendas. Nesse sentido, é preciso frisar que o agendamento está subordinado a relações muito mais complexas. Uma destas relações refere-se ao fato de que um dos valores praticados de forma inconsciente, dentro do jornalismo, é que a elite social possui um grande poder de sanção e, em geral, é capaz de controlar muito bem o uso que se dá à informação divulgada, conforme argumenta Michael Kunczik:

> [...] meios de comunicação diários precisam produzir notícias ininterruptamente. Para a coleta e/ou produção de notícias, isso significa que se deve assegurar um fluxo contínuo de informações. Essa compulsão para produzir notícias de maneira ininterrupta faz necessariamente com que as pessoas ou instituições que constituem fontes reconhecidas de informação digna de divulgar-se sejam as fontes preferidas. Isso é tanto mais certo quanto mais alta for a posição social de uma pessoa ou instituição. Os jornalistas (repórteres, correspondentes) cultivarão contatos com pessoas de influência, porque é mais provável que tomem parte em eventos notáveis e porque é mais provável que suas opiniões e ações interessem a outros indivíduos, ou seja, aos receptores. Da concentração preferencial nas pessoas da elite, resulta que os fatos políticos se tornam visíveis sobretudo por via das pessoas influentes. Este estilo de coleta de informações significa, por sua vez, dependência em relação a esse meio (Kunczik, 2001, p. 258).

Esse recorte realizado pelo jornalismo pressupõe que determinada maneira de contar uma história pode influenciar quem a consome, movimento que foi percebido por Maxwell McCombs e Donald Shaw, em 1972, em artigo na revista *Public Opinion Quarterly*. O conceito inicialmente postulava que a mídia influenciava as pessoas sobre os acontecimentos relatados, porém os autores constataram que o agendamento não se trata somente da influência da mídia sobre a opinião pública, mas também se refere a uma maneira de interpretação dos fatos:

> A clássica exposição de agenda por Bernard Cohen (1963), —
> a mídia não pode nos dizer o que pensar, mas são supreen-
> dentemente bem sucedidos quando nos dizem o que pensar
> — foi virada de pernas para o ar. Investigações recentes
> explorando as consequências da marcação de agenda e do
> enquadramento dos *media* sugerem que os *media* não só nos
> dizem o que pensar, mas como pensar nisso, e consequente-
> mente, no que pensar (McCombs; Shaw, 1972, n.p., on-line).

Dessa forma, a teoria do agendamento implicou uma forte mudança no paradigma dominante sobre os efeitos da *media*, conforme já observava Nelson Traquina (2005), significando uma "redescoberta do poder do jornalismo não só para selecionar acontecimentos e/ou temas que são noticiáveis, mas também para enquadrar esses acontecimentos e/ou temas" (p. 16). A partir dessa perspectiva, é importante destacar que a ideia de enquadramento é trabalhada neste livro como um trabalho de construção e de oferta de determinado ponto de vista.

A socióloga estadunidense Gaye Tuchman (1976) relacionou em seus estudos a teoria do agendamento com a noção de enquadramento, trabalhada por Goffman (1974), como uma ideia organizadora central para dar sentido a acontecimentos relevantes e sugerir o que é um tema. Partindo dessa compreensão, Tuchman (1993) afirmou que a notícia, durante seus enquadramentos, oferece definições da realidade social, contando estórias. Sendo assim, o jornalismo se coloca perante a sociedade como espaço de construção, no qual não somente projeta socialmente tópicos, mas também possui o poder de enquadrá-los como um recurso de discussão pública. A autora ainda atribui aos jornalistas a autonomia de criar, impor e reproduzir significados sociais, assim como de construir a realidade social. Contudo, o conceito de agendamento foi sofrendo evoluções, ao longo das épocas, por meio dos estudos de McCombs, que percebeu mudanças nesse sentido, identificando diversos níveis de agendamento, até chegar à ideia de agendamento em rede:

> A expansão da teoria continuou rapidamente. [...] O primeiro
> e segundo níveis de atenção identificam elementos-chave na
> linguagem do jornalismo que têm um impacto significativo
> na formação da opinião pública. Investigações subsequentes
> também identificaram dinâmicas adicionais na linguagem
> do jornalismo, envolvendo esses elementos que também
> têm um impacto significativo na opinião pública. Esses são

> o *terceiro nível do agendamento — o agendamento em rede, o agendamento intermedia e o conceito de argumentos convincentes.* [...] Evidências dos efeitos do *agendamento* em rede, fortes correspondências entre a agenda dos *media* e a agenda pública, comparáveis às encontradas no primeiro e segundo níveis, também foram encontradas numa ampla variedade de configurações. Essas configurações vão desde redes de assuntos e redes de atributos de candidatos (McCombs, 2020, p. 24).

Um próximo passo na conceituação sobre agendamento amparou-se na ideia do agendamento intermídias, que postulava a influência das agendas dos grandes conglomerados de mídia sobre as outras organizações jornalísticas:

> O núcleo da concepção teórica do agendamento, *a transferência de saliência de uma agenda para outra agenda*, é central aos três níveis do agendamento. Este axioma central é válido, independentemente de as agendas em consideração serem definidas por objetos, por atributos ou por redes, ou independentemente de como a saliência é medida. Essa ideia central é também a base teórica de outro conceito básico, o *agendamento intermedia*, que entrou na literatura na década de 1980 em resposta à questão: "Quem define a agenda dos *media*?" (Reese & Danielian, 1989; Breen, 1997; Lin, 2006; Ragas & Kiousis, 2010; Mohammed, 2018). Entre as numerosas influências na agenda dos *media*, a influência das organizações noticiosas de estatuto elevado, como o *The New York Times*, nas organizações noticiosas mais pequenas, está entre as mais constantes e dominantes (McCombs, 2020, p. 26).

Entretanto, o pesquisador sugeriu uma nova perspectiva com relação à noção de agendamento, depois de revisar sua teoria no decorrer da história: o conceito de fusão de agendas, conhecido como *agenda-melding*. Segundo McCombs, essa ideia explica como os indivíduos se comportam com relação ao intenso e abundante fluxo de informações proporcionado pela internet:

> O conceito de fusão de agendas explica como os indivíduos respondem ao mar de informação criado pela mistura de *media* tradicionais e de novos *media*. A fusão de agendas

> descreve como os indivíduos misturam objetos e atributos de uma diversidade de *media* e de fontes pessoais para construírem as suas imagens pessoais do mundo. [...] Em última instância, existem duas salva-guardas à difusão de notícias falsas, a vigilância de canais de comunicação, de *media* tradicionais e de *media* sociais, para eliminarem desinformação, e a verificação, através de numerosos canais de comunicação, pelos membros individuais do público, das notícias que consideram relevantes e importantes (McCombs, 2020, p. 33).

O autor ainda cita os estudos dele com os autores Shaw e Weaver (McCombs, Shaw e Weaver, 2018) para exemplificar como a mistura de mídias verticais e horizontais facilita a criação de agendas individuais, esclarecendo que a "fusão de agendas não substitui o agendamento dos *media,* porque a força do agendamento dos *media* que varia entre diferentes indivíduos, grupos e mídias" (p. 15). Nesse caso, as mídias horizontais alcançam audiências com interesses especiais, e as mídias verticais atingem várias audiências. Dessa forma, a mistura do contato com mídias verticais e horizontais facilita a criação de agendas individuais pessoalmente satisfatórias (McCombs, 2020). Segundo Fausto Neto (2002, p. 5), a evolução do debate em torno da questão da agenda deve ser relativizada no sentido de que "a agenda midiática se constrói em meio a outras agendas de outros campos sociais e institucionais, que disputam a primazia do que dizer". Outro aspecto diz respeito ao fato de que atualmente "lidamos com uma multiplicidade de agendas que se cruzam e que disputam diferentes sentidos acerca dos fatos" (p. 5). Embora o autor admita que a mídia possui de fato um poder de agenda, não há, a partir da prática do agendamento, uma certeza de que todos pensemos da forma que a mídia deseja. Sendo assim, Fausto Neto (2002) argumenta que

> [...] o agendamento decorre de movimentos que a sociedade desenvolve, mediante seus diferentes campos que, a seu turno, constituem suas respectivas agendas, movendo-as nos taboleiros nas negociações, dos interesses, dos poderes e das ideologias (p. 5).

Não se efetivando, portanto, que o agendamento de uma atividade que se passa na sociedade se constitua em uma decisão unilateral dos media. Levando em conta essas reflexões, é possível concluir que o agendamento é "uma consequência de inúmeras e complexas 'transações' que se desenrolam entre campos", e que envolvem "vários interesses, diferentes agendas e uma multiplicidade de significações, de natureza simbólica" (Fausto Neto, 2002, p. 5-6). Dessa forma, conclui-se que a transação entre agendas produz diferentes efeitos de sentidos, na qual os elos de contatos entre campos estabelecem diferentes articulações e negociações entre agendas.

Entretanto, outra questão que se relaciona com a mediação jornalística é a relação entre os valores intrínsecos à profissão e como eles dialogam com as práticas jornalísticas. Nesse sentido, observamos que a indústria jornalística ainda pratica nas redações uma visão idealizada do conceito de objetividade no discurso jornalístico, um aspecto próprio da legitimidade do campo dos medias, conforme já observou Adriano Rodrigues (1993). Isso porque o jornalista considera que o discurso "objetivo" é uma condição que permite que o consumidor das notícias decida quem diz a verdade, acreditando que mostra ao público uma cobertura "equilibrada" e que reduz a realidade a "um pró e a um contra, fazendo-se caso omisso da possibilidade de que haja mais de duas perspectivas em uma questão" (Kunczik, 2001, p. 270). Essa maneira de fazer jornalismo, que se utiliza dessa figura da objetividade jornalística para alegar a sua aparente neutralidade sobre os fatos que noticia, é exatamente o fator que prejudica o jornalista na sua capacidade reflexiva, característica que é apontada por Beatriz Marocco como essencial para o exercício do jornalismo:

> Em relação à objetividade jornalística, Tuchman (1999) havia dito, antes, que o processamento da notícia não deixa tempo para a análise epistemológica reflexiva. Nesse sentido, os jornalistas necessitam de uma "noção operativa" de objetividade para minimizar os riscos potenciais dos prazos de entrega dos materiais produzidos, dos processos por difamação, das reprimendas dos superiores (Marocco, 2015, p. 74).

Outra questão que o debate sobre a neutralidade jornalística suscita é com relação ao fato de que o jornalismo traz sempre um recorte e uma interpretação da realidade, de modo que não há como se relatar um acontecimento de uma maneira completamente neutra:

> Todo conhecimento social, e o jornalismo é um conheci-
> mento social, envolve determinado ponto de vista sobre
> a História, sobre a sociedade e sobre a humanidade. E
> como humanidade e História são processos que estão em
> construção, naturalmente não existe um jornalismo pura-
> mente objetivo, ou seja, um jornalismo que seja absolu-
> tamente neutro (Meditsch, 1992, p. 31-32 *apud* Veiga da
> Silva, 2014, p. 58).

Segundo Beatriz Dornelles (2008), o conceito de objetividade tem sido considerado por muitos pesquisadores desgastado como epistemologia de validade intelectual. Esse entendimento, segundo a autora, seria essencial para a credibilidade do jornalismo, representando um ideal nobre e necessário à democracia. Dornelles (2008) compreende que "será crucial para as pessoas no jornalismo declarar o fim de sua neutralidade no que diz respeito a certas questões" (p. 122), abordando a questão do "jornalismo cívico" para ilustrar seu posicionamento. Essa forma de fazer jornalismo leva em conta uma maior preocupação com a comunidade, distanciando-se da questão da neutralidade:

> Nos tempos atuais, não queremos mais ser neutros, obser-
> vadores e, às vezes, críticos. Queremos ter um papel mais
> relevante; queremos contribuir para a dinamização da
> participação dos cidadãos nas questões que envolvem polí-
> ticas públicas. Um dos melhores exemplos que temos para
> citar em relação a esse jornalismo é o experimentado nos
> Estados Unidos, chamado de "jornalismo cívico" (Dornelles,
> 2008, p. 123).

Essa classificação se adequa à definição do jornalismo socialmente engajado, que se compromete com a sociedade. Esse conceito de jornalismo como forte componente de ativismo, algo que é de alguma forma mencionado por Beatriz Dornelles, reforça-se na problematização da pesquisadora Fabiana Moraes (2019). Ela afirma que a noção generalizada do senso comum, que apregoa ao jornalismo uma necessidade de neutralidade, é parte de uma visão falaciosa do próprio campo:

> Mas o fato é que não apenas o público ainda carrega forte-
> mente o mito do jornalista objetivo: mesmo jornalistas de
> longa experiência, profissionais com prática em reportagem,
> gênero que comumente nos presenteia com as limitações

> de pureza, isenção e objetividade, também acreditam na distinção entre um jornalismo ativista e um jornalismo isento, entre um profissional que é dominado por suas paixões e outro que as controla e não as deixa repercutir em seu trabalho (Moraes, 2019, p. 3).

Porém, é importante destacar que as duas imagens normativas sobre o campo jornalístico, que, de um lado, define o jornalismo como objetivo e neutro, distanciado dos eventos que trata, e, do outro, propõe um comprometimento com uma obrigação social, não se excluem mutuamente e podem ser praticadas conjuntamente. Essa maneira de pensar deveria ser, inclusive, fomentada na própria formação do jornalista, em uma atitude mais reflexiva e consciente, o que compensaria essa deficiência analítica que influencia uma prática que objetiva exclusivamente atender às demandas da indústria jornalística. O que corrobora essa percepção é o fato de as formações jornalísticas nas faculdades adotarem uma abordagem prioritariamente técnica e focada na prática. Assim, a pouca reflexividade da profissão, com pouco espaço para a autocrítica e a análise de questões éticas, reflete-se por demais na própria prática jornalística, questão que é mencionada por Ithzak Roeh (1989):

> O fenômeno mais impressionante no jornalismo ocidental, tanto na práxis, como na teoria, é a fé, metafisica e obstinada de que a verdade é transparente. Ou de outra forma: o erro assenta na recusa dos jornalistas, mas também dos estudantes de jornalismo em situar a profissão aonde esta pertence, isto é, no contexto de expressão humana da atividade expressiva. É a recusa de lidar com a escrita das notícias por aquilo que é na essência – contar estórias (Roeh, 1989 *apud* Traquina, 2005, p. 18).

Então, se o jornalismo preconiza contar estórias, elas acabam sendo subsumidas pelo cotidiano das redações, uma rotina que acabou por tornar a prática jornalística uma atividade mecânica e impessoal. O jornalista perdeu, segundo essa perspectiva, a autoralidade, suprimida pela impessoalidade, prática recorrente do jornalismo hegemônico:

> A autoria no jornalismo não pode ser relacionada diretamente à função de autor, à medida que esta interfere na obra e nos textos como uma forma de ordem (Foucault, 1996, p. 26). O autor é pressionado a levar em conta a unidade dos

textos assinados por ele. É pressionado a revelar ou ao menos dar indícios de autoria para passar ao texto a sua autoridade. No texto jornalístico, essa autoridade se delineia no estilo autoral, mas é diluída no coletivo da redação, nas marcas discursivas de impessoalidade, ou seja, em uma não-autoria em seus efeitos de objetividade (Marocco, 2015, p. 75).

Outra questão é o modelo econômico do jornalismo dos meios de massa, que propôs uma "nova estratégia de negócios em muitos jornais e estações de televisão para aumentar os lucros indo atrás de um público mais endinheirado, mais rentável, não o público mais amplo", segundo Bill Kovach e Tom Rosenstiel (2003, p. 91). Dentro dessa lógica, apontamos que a trajetória das empresas de comunicação no Brasil sempre foi fortemente marcada por se relacionar a grupos de interesse notadamente de âmbitos políticos e econômicos, pois, no jornalismo brasileiro, há uma grande aproximação da imprensa com a classe dominante:

A ideologia da imprensa é a da classe dominante. Tanto faz que seja porta-voz do Estado ou propriedade da livre iniciativa. Não é gratuito o esforço para associá-la, principalmente no Ocidente, à imagem de um quarto poder. [...] Curiosamente, quanto mais frequentes sejam os espasmos institucionais ao longo da nossa história, a sociedade brasileira sofre duplamente os efeitos nocivos do monopólio de opinião: de um lado, o sistema exercido pela propriedade privada dos meios; e de outro, o sistema de controle imposto pelo Estado. [...] No Brasil e na América Latina, é antigo esse fenômeno de engrenagem dos meios de comunicação de massa no sistema social político e econômico (Bahia, 2009, p. 396).

A imprensa brasileira se comporta de forma mercadológica como um modelo híbrido, atuando como empresa e recebendo significativos subsídios por parte de grupos políticos que, segundo Ivan Bomfim (2019), podem estar ou não ocupando o poder. O modelo de capitalismo de dependência, desenvolvido no jornalismo brasileiro, destoa da prática de modelos de jornalismo desenvolvidos em países da Europa (como França e Grã-Bretanha), assim como o modelo jornalístico desenvolvido nos Estados Unidos, no qual há níveis de independência dos poderes políticos no fator de valorização do papel do jornalismo desenvolvido nesses países, conforme afirmam Ciro Marcondes Filho (2009), Melo (2006) e Sodré (2007). Ao longo do século XX, alguns grupos de comunicação estabeleceram-se como principais no cenário jornalístico brasileiro desde o fim da ditadura militar (1964-1985), e, até o momento, essas empresas se mantêm como hegemônicas:

> Os veículos jornalísticos comandados pelas famílias Marinho (Grupo Globo), Frias (Folha de S. Paulo), Civita (Grupo Abril), Mesquita (Grupo Estado) e Saad (Grupo Bandeirantes) constituem um verdadeiro oligopólio no panorama jornalístico nacional, e a esta preponderância corresponde significativo poder, tanto em termos econômicos quanto políticos (Bomfim, 2019, p. 11).

Essa preponderância se manifesta como um instrumento de controle, porque é justamente o que preserva o produto jornalístico. Conforme Rogério Christofoletti (2019, p. 43), "quando vigorava somente o jornalismo industrial, a oferta de produtos era controlada pelos poucos players e, portanto, havia menos opções para o público". Levando em conta esse cenário, a relação que se estabelece entre jornalistas e empresas de comunicação é definida por Sherry Ortner (2007, p. 24) como jogos de poder. Ela se inspira na visão de Bourdieu sobre o conceito de *habitus,* explicitado pelo autor na obra *Outline of a Theory of Practice* (1977). Segundo Ortner (p. 24), o habitus se define como "uma estrutura profundamente mergulhada nas pessoas, que plasma de tal maneira sua propensão a agir que elas acabam amoldando-se sem que ninguém as faça agir assim". Dessa forma, observamos que essa estrutura, que oprime a autoralidade do trabalho jornalístico realizado pelos profissionais nas redações, acaba por tornar a prática jornalística algo impessoal. E essa prática impessoal é reflexo de uma maneira de operar da própria indústria jornalística, pelo simples fato de que atende às lógicas das mídias de massa:

> A estrutura e as rotinas de produção da notícia também são elementos essenciais na potencialização dos valores que interferem no resultado final do que é veiculado. A importância do *modus operandi* a influenciar a construção da notícia é observada por Wolf (2003, p. 185), quando sustenta haver "uma lógica específica dos *mass media* (ligada às suas exigências produtivas, expressivas, à rede de fontes que utilizam, às imagens que possuem do público, etc.)., que estrutura, de uma forma bastante decisiva, a imagem dos acontecimentos cobertos (Veiga da Silva, 2014, p. 71).

Parte-se, então, da premissa de que há uma relação de poder que extrapola o jornalismo, como manifestação específica, com uma disputa de fluxos de informações e discursos sociopolíticos. Segundo observa Manuel Castells (2017, p. 21), "o poder está baseado no controle da comunicação e da informação, seja ele o poder macro do Estado e das corporações de mídia, seja o poder micro de todos os tipos de organização".

> As relações de poder, base das instituições que organizam a sociedade, são amplamente construídas na mentalidade das pessoas através de processos de comunicação. A moldagem de mentalidades é uma forma mais decisiva e duradoura de dominação do que a insubordinação de grupos por intimidação ou violência. [...] Os processos são complexos, mas os resultados são tanto simples quanto consequenciais, à medida que os processos de comunicação implementaram um cenário de "guerra ao terror" nas mentes de milhões de pessoas, provocando uma cultura do medo em nossas vidas (Castells, 2017, p. 29).

Entretanto, o *ethos* que o jornalista carrega sobre o imaginário da própria atividade profissional pode revelar uma capacidade de resistência, de acordo com Anthony Giddens, quando ele propõe um debate sobre a dialética do controle (Giddens, 1979). Segundo o autor, "os sistemas de controle nunca podem funcionar com perfeição, porque as pessoas controladas têm agência e entendimento, e sempre conseguem maneiras de resistir" (Giddens, 2009, p. 33). Sendo assim, o surgimento, no contexto da midiatização em processo, de novas plataformas jornalísticas e de novos atores, que ressignificam as lógicas de mídia, buscando conectar-se com a sociedade por meio de um jornalismo mais comprometido com uma forma de conhecimento social, pode tornar possível um movimento epistêmico dentro do jornalismo, em que essas práticas de resistência reverberem em uma transformação do próprio conceito de prática jornalística. Segundo essa perspectiva, há, conforme Luiz Gonzaga Motta (2005), dois paradigmas dentro do jornalismo: o hegemônico e o contra-hegemônico:

> O paradigma hegemônico da pesquisa sobre o jornalismo no Brasil será identificado como "midiacêntrico". Os estudos seguidores desse paradigma focam a atenção na mídia para observar o que o jornalismo faz com a sociedade ao divulgar uma "visão de mundo" autoritária a partir da cultura pro-

> fissional e institucional, e de critérios do mercado. Desenvolveu-se e proliferou desde abordagens muito distintas, até antagônicas, tais como o marxismo, o funcionalismo e o estruturalismo. Guardadas as diferenças, todos conferem ao jornalismo certa autonomia como um ator social ativo no jogo democrático e procuram denunciar seu poder de configurar a cultura política da sociedade, confirmando seu lugar hegemônico de dizer e de poder dizer. O paradigma contra-hegemônico será identificado como "sociocêntrico". Parte de premissas distintas. Leva em conta a potência do jornalismo e o seu lugar como espaço privilegiado da sociabilidade contemporânea. Reconhece que a dinâmica social e política se alteram com a presença da mídia e das novas formas, recursos e linguagens do jornalismo. Dá conta da midiatização e da adequação do social a essa nova situação (processo em curso) (Motta, 2005, n.p., on-line).

Neste livro, será adotada a definição do paradigma hegemônico para definir a indústria jornalística, pautada no padrão midiacêntrico, e do paradigma contra-hegemônico, para tratar do jornalismo independente. Transpondo essa problemática para o caso analisado, podemos identificar, na ambiência midiatizada, mediante esses novos processos interacionais, diferentes estratégias e disputas que convencionam não somente uma relação de contato entre o jornalismo e a sociedade, mas também uma relação de interpenetração entre sistemas, que será mais aprofundada adiante. Nesse caso específico, observamos uma relação de interpenetração entre os sistemas jornalístico, jurídico, midiático e político. Contudo, é importante oferecermos antes ao leitor uma contextualização histórica sobre as duas construções jornalísticas a serem analisadas: a da Operação Lava Jato e a Vaza Jato.

Sobre a Operação Lava Jato

A Operação Lava Jato teve início de maneira oficial em março de 2014, divulgada como uma operação conjunta entre a promotoria do Ministério Público e a Polícia Federal. O objetivo era investigar esquemas de lavagem de dinheiro e de corrupção nos altos escalões do Poder Executivo, em associação com grandes empreiteiras, com operadores financeiros de partidos políticos e influentes atores da cena política. A investigação levou à condenação de empresários e de políticos, entre eles, do ex-presidente

Luiz Inácio Lula da Silva. A apuração do Ministério Público Federal (MPF) contou com mais de 65 fases operacionais, nas quais mais de 450 pessoas foram investigadas e cerca de 150 pessoas foram condenadas.

Embora seja uma operação interdisciplinar, que envolva atores do Judiciário e da Polícia Federal, essa operação apresenta um elemento notável, que é o fato de que esses atores se apropriaram das lógicas midiáticas com o objetivo de obter uma maior publicização das ações da Operação Lava Jato. Essa atitude é uma lógica que permeia todas as ações da operação, fazendo com que atores jurídicos acessassem essa codificação específica entre o que define a noticiabilidade da imprensa, levando as empresas de comunicação, ao receberem o material do campo jurídico, já decodificado pelas lógicas midiáticas, a publicarem facilmente. Esse processo foi dinamizado pela atuação do juiz Sergio Moro, cujas ações foram inspiradas em outra iniciativa bastante famosa no meio jurídico e que teve bastante impacto na mídia: a Operação Mãos Limpas. Deflagrada na Itália, em 1992, ao revelar um esquema de corrupção entre a máfia, o banco do Vaticano e políticos italianos, a operação já foi constantemente citada por Moro como inspiração profissional, tanto na Lava Jato quanto no caso da Operação Banestado, que o tornou conhecido na mídia e proporcionou o encontro com Deltan Dallagnol, procurador que trabalhou em parceria com o juiz na Lava Jato.

Em 2004, Moro se expressou publicamente favorável ao uso das estratégias da Operação Mãos Limpas como um *modus operandi* das investigações contra a corrupção no Brasil. No artigo intitulado "Considerações sobre a Operação *Mani Pulite*", publicado na *Revista do Centro de Estudos Judiciários,* em 2004, o magistrado comentou sobre a operação como "a mais impressionante cruzada contra a corrupção política e administrativa" (Moro, 2004, p. 56). No artigo, ele destaca algumas das práticas que foram executadas na operação, como a delação premiada e o uso de vazamentos, além de reforçar a importância da exposição midiática para o sucesso da operação. No texto, Moro (2004) defende que somente com publicidade dos dados dos investigados é que se "tem objetivos legítimos e que não podem ser obtidos por outros meios" (p. 59). Esse pensamento é corroborado em uma palestra, proferida por Sergio Moro, no Fórum de 2015 da Associação Nacional de Editores de Revistas (Aner), na qual o juiz realiza articulações entre o campo do direito e do jornalismo, no painel "Lava Jato e a importância do jornalismo investigativo na sustentação da democracia e das instituições do país". Em sua fala, ele defendeu a importância da divulgação dos dados das investigações, amparando-se na Constituição brasileira, e solicitou o auxílio da imprensa para a divulgação da Operação Lava Jato:

> *Quando neste processo chamado Lava Jato, de início tínhamos escolhas de realizar o trâmite processual em segredo ou acesso limitado com publicidade, a Constituição já dava uma resposta muito clara: a publicidade tem que ser ampla. tem que se franquear o acesso a qualquer interessado, e claro que acaba sendo o principal interessado não só as partes, mas a imprensa, quando esses casos são rumorosos, mas não só a eles e a qualquer pessoa. (...) Gostaria de contar, como vejo que a operação tem contado, com o apoio da imprensa para que nós possamos fazer as reformas institucionais necessárias, para que esses casos não sejam tratados assim com tanta emoção e com caráter tão extraordinário, mas sim de maneira mais ordinária dentro das nossas Cortes de Justiça* (Moro, 2016 *apud* Fausto Neto; Prass, 2017, p. 8, grifos dos autores[2]).

A ideia de Moro sobre a necessidade de publicidade dos dados jurídicos materializou-se no decorrer de um acontecimento emblemático da Lava Jato: a queda do sigilo das conversas telefônicas do ex-presidente Lula e o consequente vazamento da ligação telefônica deste com a então presidenta Dilma Rousseff. A quebra de sigilo foi amplamente debatida por juristas, que argumentavam que Rousseff possuía, na época, foro privilegiado por prerrogativa de função, além do fato de que o processo que era movido contra Lula estaria correndo em segredo de justiça, situação que não permitia nem mesmo a defesa ter acesso às provas judiciais. De acordo com Fausto Neto e Prass[3] (2017), a ação foi interpretada como uma manobra para impedir Lula de tomar posse como ministro da Casa Civil, e o argumento da publicidade foi usado por Moro em sua decisão como justificativa para essa atitude:

> *Como tenho decidido em todos os casos semelhantes da assim denominada Operação Lavajato [...] o interesse público e a previsão constitucional de publicidade dos processos (art. 5o, LX, e art. 93, IX, da Constituição Federal) impedem a imposição da*

---

[2] Os trechos citados dos autores Fausto Neto e Prass estão em itálico no texto original.

[3] *Idem.*

continuidade de sigilo sobre autos (Moro, 2016 *apud* Fausto Neto; Prass, 2017, p. 7, grifos dos autores).

Mais tarde, a Vaza Jato revelou que a quebra de sigilo telefônico já havia sido interrompida por ordens do próprio juiz, quando a gravação entre Dilma e Lula foi captada, irregularidade assumida pelo próprio juiz Sergio Moro[4]. Na época, o relator da Operação Lava Jato, Teori Zavascki, anulou as escutas de Dilma e Lula como provas judiciais, afirmando que Moro *"usurpou a competência do Superior Tribunal Federal (STF)"*, ao autorizar os grampos, apontando tensões dentro do campo jurídico. Em resposta ao STF, Sergio Moro encaminhou ofício, solicitando "respeitosas escusas", porém reiterando que sua atitude teve como justificativa o propósito de dar publicidade ao processo, ainda amparando novamente sua argumentação na Constituição Federal. Entretanto, apesar das justificativas veementes de seus atos, é notório que Sergio Moro sofreu reações contraditórias de diversos campos institucionais, como o midiático, o político e o acadêmico. Entretanto, foi principalmente no campo jurídico que as críticas se tornam mais enfáticas quanto a alguns procedimentos adotados pelo magistrado. Um exemplo é a entrevista citada[5] por Fausto Neto e Prass (2017), na *Folha de São Paulo*, realizada pela jornalista Mônica Bergamo, com o ministro do STF, Gilmar Mendes, na qual ele reforça a crença de que o uso da opinião pública foi uma estratégia dos operadores para garantir o sucesso da Operação Lava Jato:

> [...] *o sucesso da operação dependeria de um grande apoio da opinião pública. Tanto é assim que a toda hora seus agentes estão na mídia, especialmente nas redes sociais, pedindo apoio ao povo e coisas do tipo. [...] Para que [os agentes] possam dizer: "Olha, as medidas que tomamos estão sendo efetivas". [...] Tudo isso faz parte também de um jogo retórico midiático. Agora, o apoio da opinião pública é importante porque se trata também de um jogo de poder* (Mendes, 2017 *apud* Fausto Neto; Prass, 2017, p. 11, grifos dos autores).

No campo político, também surgiu a polêmica sobre uma possível manipulação[6] do processo de *impeachment* da presidente Dilma Rousseff,

---

[4] Disponível em: https://www.conjur.com.br/2016-mar-17/moro-reconhece-erro-grampo-dilma-lula-nao--recua. Acesso em: 10 out. 2020.

[5] Disponível em: http://www1.folha.uol.com.br/poder/2017/05/1882315-lava-jato-faz-refens-para-tentar--manter-apoio-diz-gilmar-mendes.shtml. Acesso em: 10 out. 2020.

[6] Disponível em: https://www.cartacapital.com.br/politica/*impeachment*-de-dilma-foi-manipulado-pela--lava-jato-diz-aloysio-nunes/. Acesso em: 10 out. 2020.

em 2016. Posteriormente a isso, o presidente da Câmara dos Deputados, Rodrigo Maia, afirmou que o vazamento da gravação telefônica foi usado de forma política: *"Eu sou contra vazamento ilegal de dados particulares, mas o jogo foi jogado assim inclusive para o impeachment da Dilma. Naquela época, o impeachment da Dilma estava morrendo. Aquele vazamento foi decisivo"*[7]. Posteriormente ao *impeachment* da presidenta Dilma Rousseff, outro acontecimento político que ocorreu concomitantemente ao desenrolar da Operação Lava Jato foi a condenação e posterior prisão do ex-presidente Luiz Inácio Lula da Silva, pela acusação de favorecimento ilícito por conta do oferecimento de um apartamento triplex por uma das empreiteiras investigadas na operação. Essa condenação tornou Lula inelegível para as eleições presidenciais de 2018, vencidas por Jair Bolsonaro. Depois de tomar posse, Bolsonaro convidou Sergio Moro para ser o ministro da Justiça em seu governo, que assumiu o cargo em uma denominação extraordinária: a de superministro.

Sobre a Vaza Jato

A criação do The Intercept Brasil tem uma relação direta com a Operação Lava Jato. Glenn Greenwald havia ajudado a fundar o The Intercept, em 2014, e já morava no Brasil nessa ocasião, escrevendo em inglês para o site sobre questões relativas aos Estados Unidos. Essa situação acabou por se modificar devido ao processo de *impeachment* da presidenta Dilma Rousseff, em 2016:

> Na época, morar no Rio era quase um acidente geográfico. Eles (Glenn Greenwald e Andrew Fishman, seu assistente) escreviam em inglês, sobre questões americanas, para o público dos Estados Unidos. O Brasil não era sequer assunto. "Era como um refúgio, uma bolha de proteção", lembra Fishman. Isso mudaria em 2016, em meio ao processo de *impeachment* da presidente Dilma Rousseff. Pela primeira vez, sentiram-se impelidos a escrever um texto sobre a política brasileira para o público americano. Retratando de forma crítica a acusação de pedaladas fiscais, o texto viralizou, alcançando quase meio milhão de visualizações. Depois de cinco textos sobre o Brasil, a audiência brasileira já respondia por 15% dos seguidores

---

[7] Entrevista de Rodrigo Maia ao programa Pânico, da Jovem Pan. Disponível em:
ʰᵗtps://jovempan.com.br/programas/panico/maia-sou-contra-vazamentos-mas-o-jogo-foi-jogado-assim--no-*impeachment*-da-dilma.html. Acesso em: 10 out. 2020.

da página do Facebook do site americano. "Foi uma reação visceral, uma fome de jornalismo independente", lembra Fishman (Duarte; The Intercept Brasil, 2020, p. 37).

Foi então, a partir da proposta inicial de cobrir o julgamento e a votação final do *impeachment* da presidente Dilma Rousseff no Senado Federal, que a versão brasileira[8] do The Intercept entrou no ar no dia 2 de agosto de 2016. Em 9 junho de 2019, o The Intercept Brasil iniciou a publicação de uma série de matérias da Vaza Jato[9], que se originaram de conversas hackeadas do aplicativo Telegram e revelavam a aproximação entre o juiz do caso da Lava Jato, Sergio Moro, com a equipe da promotoria, encabeçada por Deltan Dallagnol. Conforme relatado no livro[10] sobre a Vaza Jato, realizado pela equipe do The Intercept Brasil em conjunto com a jornalista Letícia Duarte, esse acontecimento só se tornou possível mediante a atuação de dois personagens: o *hacker*, que havia invadido a conta do Telegram dos membros da força-tarefa da Lava Jato, que entrou em contato com a deputada Manuela D'Ávila, também invadindo a conta do Telegram dela e se passando pelo senador Cid Gomes, para se aconselhar sobre a melhor forma de usar aqueles dados para denunciar as ilegalidades que constavam nos diálogos.

"Consegue confiar em mim?", Cid escreveu, às 12h14.

"Sim, 100%".

No mesmo minuto, veio a resposta que resolvia o primeiro mistério e inaugurava outro maior:

"Olha, eu não sou o Cid. Eu entrei no Telegram dele e no seu", começou. "Mas eu tenho uma coisa que muda o Brasil hoje. E preciso contar com você. Eu entrei no Telegram de todos os membros da força-tarefa da lava Jato. Peguei todos os arquivos".

Manuela ficou olhando para a tela, sem saber como reagir.

---

[8] Disponível em: https://www.meioemensagem.com.br/midia/the-intercept-brasil-entra-no-ar. Acesso em: 8 ago. 2024.

[9] Disponível em: https://theintercept.com/2019/06/09/editorial-chats-telegram-lava-jato-moro/. Acesso em: 10 out. 2020.

[10] Na pesquisa, o uso do livro sobre a Vaza Jato na pesquisa é justificado como um adendo documental, porque se trata de uma elaboração posterior ao recorte do *corpus* que foi delimitado. Como se trata de um relato publicado pela própria equipe do The Intercept Brasil sobre o ocorrido, além de contar com materiais inéditos sobre o caso, como a matéria que relata a relação da Operação Lava Jato com a Rede Globo, esse material é um importante documento incluído na dissertação.

> Como se adivinhasse seu ceticismo, o interlocutor enviou um *print* de uma conversa dela no Telegram com Jean Wyllys. Era um diálogo de janeiro de 2019, em que Manuela dizia que estava "morrendo de saudades" do amigo, e ele respondia no mesmo tom, descrevendo estar "feliz e livre" fora do Brasil. O conteúdo em si parecia irrelevante, mas o recado era claro.
>
> "Prova que eu entrei aí", o *hacker* escreveu.
>
> Manuela reconheceu o diálogo. Antes que se manifestasse, o interlocutor saiu do perfil de Cid e passou a enviar mensagens de um novo usuário, identificado como "@Brazil-Baronil". [...]
>
> O *hacker* prometia ter muito mais. Garantia ter provas do "motivo da prisão do Lula", "do *impeachment*", "de corrupção deles TOTAL". "Tenho áudios. Eles são uma milícia", escreveu (Duarte; The Intercept Brasil, 2020, p. 11).

Mantendo o diálogo com o *hacker*, Manuela, aconselhada pelo seu advogado, o ex-deputado José Eduardo Cardozo, sugeriu que eles procurassem algum jornalista ou repassassem o caso para a imprensa, no que teve como resposta uma recusa enfática do *hacker*:

> A ex-deputada seguia em contato com Cardoso. Ainda na dúvida se aquilo era uma arapuca, chegou à conclusão de que a melhor alternativa seria repassar o caso para a imprensa. Se as mensagens fossem verdadeiras, pensou, deveriam ser investigadas de forma independente. Cardozo ligou, então, para o advogado criminalista Alberto Toron, sem citar o nome de Manuela, para confirmar se o repasse seria adequado do ponto de vista jurídico. A resposta foi positiva. "Eu deveria ligar para algum jornalista!", Manuela propôs, então, a @BrasilBaronil no Telegram, testando sua reação. O *hacker* não gostou da ideia. Disse que a maioria dos jornalistas estava "com eles", os membros da força-tarefa da Lava Jato. "Eles manipulam a mídia, manipulam tudo" (Duarte; The Intercept Brasil, 2020, p. 13).

Em meio ao impasse sobre o destino que poderia ser dado para os vazamentos, e ainda perplexa com o diálogo, Manuela sugere ao *hacker* o nome do jornalista Glenn Greenwald:

> "Pensei no Gleen, jornalista do caso Snowden", sugeriu finalmente ao *hacker*, tropeçando na grafia do nome escolhido. Manuela diz que pensou em Glenn Greenwald pela sua experiência na histórica cobertura de documentos vazados pelo ex-técnico da CIA Edward Snowden sobre o sistema massivo de espionagem dos Estados Unidos, em 2013. Imaginou que o jornalista teria condições de investigar o caso e avaliar se aquilo era sério. "Eu estava tendo que convencer o *hacker* a passar para uma outra pessoa. Então pensei: se ele for um *hacker* como diz que é, vai se sentir o Snowden. Se não for, o Glenn vai ter condições de me dizer. Tinha muito medo de que aquilo caísse na mão de alguém que levantasse as informações sem apurar, como espuma no vento", lembra. O *hacker*, enfim, concordou. "Pode ser. Fala com ele. Explica. Mas tem que ser alguém que tem coragem", sublinhou (Duarte; The Intercept Brasil, 2020, p. 14).

Manuela, então, explicou a situação a Greenwald, perguntando se ele estava disposto a investigar o material. A resposta foi *"obviamente estou interessado"*. Assim, a deputada passou o contato de Glenn para o *hacker*, que conversaram por meio do aplicativo Telegram. O *hacker* contou ao jornalista que era um brasileiro que morava nos Estados Unidos, formado em Direito e que fazia pós-graduação em Harvard. Em meio à conversa, ele enviou alguns documentos e diálogos da força-tarefa da Lava Jato, fazendo com que Glenn se impressionasse com o conteúdo revelado e aconselhasse o *hacker* a tomar precauções com relação à segurança:

> O jornalista deu uma olhada rápida nas primeiras informações e ficou bem impressionado. A linguagem era técnica, repleta de termos jurídicos. [...] Antes de desligar, Greenwald aconselhou seu interlocutor a ter cuidado com a sua segurança online. O *hacker* minimizou os riscos. Garantiu estar bem protegido e fora do país, longe do alcance das autoridades. Repetiu ser amigo dos fundadores do Telegram, tentando convencer Greenwald de que essa amizade teria lhe conferido acesso privilegiado ao aplicativo. A história soava pouco cível. "Como os fundadores do Telegram iriam dar acesso a um *hacker* que iria destruir o próprio Telegram?", desconfiou Greenwald. Ficou com a impressão de que seu interlocutor tinha um complexo de grandeza. [...] Essa seria mais uma diferença do caso Snowden. Enquanto o ex-agente da CIA oferecia conhecimento técnico privilegiado para contribuir com a análise dos documentos que havia vazado

> a Greenwald e seus colegas jornalistas, o *hacker* brasileiro seria apenas um caminho para chegar até as informações (Duarte; The Intercept Brasil, 2020, p. 11).

O relato do livro que conta a história da Vaza Jato afirma que, durante toda a apuração, Glenn Greenwald nunca se encontrou com a fonte, nem confirmou a identidade de quem se escondia atrás da alcunha de @BrazilBaronil. Os arquivos foram transmitidos pelo *hacker* ao jornalista por intermédio do aplicativo Telegram. E embora o *hacker* tenha confessado ter invadido vários celulares de pessoas ligadas à Lava Jato, os jornalistas do The Intercept Brasil deduziram que as conversas do arquivo tinham um único dono, que se comprovou depois ser Deltan Dallagnol. Um fato curioso que envolve o episódio foi revelado pelo jornalista: na mesma semana que Greenwald recebeu os arquivos, ele realizou uma entrevista com o ex-presidente Lula, na prisão.

> Ainda sem conhecer a extensão do material, Greenwald só conseguia pensar que as informações chegavam em um momento singular. Depois de quase um ano de negociações, ele havia finalmente conseguido agendar uma entrevista com o ex-presidente Luiz Inácio Lula da Silva na prisão. O encontro seria dali a três dias, na quarta-feira. A prisão de Lula era, então, um dos maiores trunfos da Lava Jato, que alcançou sucesso internacional como a maior operação contra a corrupção da história do país (Duarte; The Intercept Brasil, 2020, p. 23).

O momento em que os vazamentos chegaram ao conhecimento de Greenwald era de um forte tensionamento político entre a esquerda e a direita, sendo que o processo desencadeado no decurso das ações da Operação Lava Jato acabou por culminar na prisão de Lula. Era um momento em que a Operação Lava Jato gozava de credibilidade máxima perante a população:

> Por mais que críticos questionassem os métodos da força-tarefa e a acusassem de perseguir a esquerda, sua legitimidade acabava sempre referendada por números que pareciam um incontestável sinônimo de eficiência: em cinco anos, a Lava Jato havia resultado em mais de 300 inquéritos abertos no STF, com pelo menos 600 réus, 285 condenações e R$ 13 bilhões recuperados em acordos de cooperação. Quem

ousasse questionar esses resultados era imediatamente acusado de ser a favor da corrupção. Moro, que ganhou projeção nacional como o juiz responsável pelo julgamento dos processos da Lava Jato em primeira instância, era celebrado como herói nacional, sendo frequentemente representado vestido de Super-Homem – nas redes sociais, nas ruas e nas capas de revista -, antes de trocar a magistratura pelo gabinete de ministro do presidente Jair Bolsonaro (Duarte; The Intercept Brasil, 2020, p. 23).

Dessa maneira, demonstramos, nessa contextualização, que a Vaza Jato se insere em um cenário que deriva dos desdobramentos da Operação Lava Jato, no momento em que o *impeachment* de Dilma já havia se consolidado e a prisão de Lula havia sido efetivada. Esses acontecimentos deixaram o caminho livre para que o candidato da extrema-direita, Jair Bolsonaro, fosse eleito, propiciando, posteriormente, o convite para que o juiz Sergio Moro se tornasse superministro da Justiça deste governo.

APROFUNDAMENTOS
SOBRE MIDIATIZAÇÃO E JORNALISMO

O uso do caso midiatizado devido à natureza do fenômeno

A partir dessa contextualização e com base nos estudos sobre a Lava Jato e Vaza Jato, uma das constatações possíveis sobre a natureza desse fenômeno é de que se trata de um acontecimento marcado por lógicas de seus campos, com ênfase em processos midiatizados. Assim, é importante reforçarmos que esse caso se assume como midiatizado em função das suas características de funcionamento. O caso midiatizado é assim definido por Aline Weschenfelder, em sua tese:

> O caso midiatizado é atravessado por várias lógicas de instâncias produtivas em que seu funcionamento escapa, por consequência, à centralidade dos meios, porque se dá em dinâmica processual muito mais complexa.[...] casos midiatizados emergem de fluxos interacionais – através de atividades técnico-discursivas — que reelaboram estatutos, sobretudo a partir de atores (como coletivos, amadores, etc.), nos processos midiáticos entre diferentes campos sociais, traçando novos contextos e processos produtivos que se organizam da e na ambiência da midiatização (Weschenfelder, 2019, p. 84-85).

É importante diferenciar, ao realizar este estudo, a ideia entre caso midiático e caso midiatizado. O caso midiático pode ser entendido como aquele em que os meios possuem um papel de protagonista, são atores centrais, tanto em termos de funcionamento quanto de produção de sentidos. Já o caso midiatizado passa por diferentes dinâmicas, pois analisa uma processualidade mais complexa, na qual a sociedade, as instituições e a mídia participam ativamente, interagindo entre si, seja produzindo conteúdo, seja fazendo esse conteúdo circular, ou retroalimentando os diferentes sentidos produzidos a partir desses conteúdos que se propagam. Por conta de lógicas diversas que se atravessam em uma dinâmica processual muito mais complexa, que escapa, inclusive, da centralidade dos meios, constitui-se dessa forma o caso midiatizado. As diferenças entre os dois casos também se enfatizam quanto às diferentes dinâmicas de circulação, que vão ganhando mais ênfase na medida em que múltiplas operações sociodiscursivas são empreendidas por variados meios, instituições, indivíduos e coletivos (Verón, 1997), decorrentes dos avanços sócio-técnicos. A definição de Weschenfelder somente reforça a complexidade do caso estudado, pois ele se realiza ao longo de operações provocadas pelo campo jurídico que, ao se apropriar de lógicas midiáticas em suas ações, acabou tornando-se midiatizado, gerando interpenetrações entre sistemas diversos. Entretanto, neste estudo, complementamos a discussão sobre caso midiatizado, oferecendo uma noção da compreensão sobre sistemas, sugerida por Luhmann e entendida por Soster como "uma forma de diferenciação fundamentada na comunicação como vetor de operação social e que possui dois lados: interno (o sistema propriamente dito) e externo (o ambiente em que ele se encontra)" (Soster, 2009, p. 22), pois não há como pensarmos sobre sistema sem levarmos em conta um ambiente que o envolva:

> Vale lembrar que um sistema é reconhecido como tal quando representa uma diferença em relação ao ambiente (Luhmann, 2009) em que se insere, já que não se pode pensar em sistema sem ambiente. Torna-se, desta forma, uma diferença que produz diferença. Uma vez compreendido desta forma, permite-nos entendê-lo como base explicativa para a reflexão proposta; um local a partir de onde as interpretações têm lugar, à revelia de sua natureza (técnica, social etc.). O indicador, ou seja, o local a partir de onde as observações são realizadas, neste caso, é o próprio sistema, ângulo de análise que situa o ambiente em uma perspectiva externa a este, ainda que, como dissemos, não se possa pensar sistema sem ambiente (Soster, 2009, p. 18).

A partir desse entendimento, compreendemos a sociedade como "[...] o sistema abrangente de todas as comunicações, que se reproduz autopoieticamente, à medida que produz, na rede de conexões recursiva de comunicações, sempre novas (e sempre outras) comunicações" (Luhmann, 1997 *apud* Soster, 2009, p. 22). Nesse sentido, a repercussão dessas ações provocou não somente um grande debate público na sociedade, mas também uma grande movimentação nos campos jurídico, jornalístico e político, gerando circuitos que desencadearam uma nova processualidade comunicacional, que colocou em debate as processualidades jurídicas e jornalísticas. Assim, a produção de sentido que se estabeleceu a partir dos embates entre as estratégias jornalísticas da Lava Jato e da Vaza Jato emergem como resultado dessa interpenetração de sistemas, levando a uma nova ambiência de complexidade pré-construída. Esse cenário somente seria possível ocorrer em meio a uma midiatização em processo, tal como a que vivemos, em que ocorre uma relação de interpenetração de sistemas de matrizes comunicacionais, que se envolvem em processos tentativos, uma das características mais acentuadas da midiatização.

Conforme Braga (2014, p. 28), poderíamos conceituar as lógicas de midiatização como "lógicas tentativas ou de processos experimentais, tendentes a gerar, por desenvolvimento e seleção, futuras lógicas interacionais disponíveis à sociedade. [...] são processos em vias de desenvolvimento". É importante observar que o jornalismo praticado na era dos meios massivos comportava-se de uma maneira diferente daquele que é produzido na ambiência da sociedade em midiatização, pois agora existem novos protocolos e dinâmicas para ofertar o acontecimento ao tecido social, o que acontece por intermédio da interpenetração entre sistemas.

Concomitantemente, setores sociais que não se configuram como campos sociais realizam experimentações de ordem interacional, acionando processos midiatizados para ampliar o capital social e ocupar espaços para crítica social. Dessa forma, ocorre uma troca intensa entre campos sociais específicos e a sociedade em geral. E ela ocorre não somente por meio de interações baseadas essencialmente na expressão verbal, mas fazendo circular imagens, sons e experiências. Essa possibilidade, antes restrita ao campo dos *media*, agora se oferece a múltiplos setores sociais, instituições e indivíduos, que o fazem de uma forma experimental. Assim ocorre a circulação social, que caracteriza os processos midiáticos, ultrapassando não somente a circulação do produto cultural, mas também o momento de contato e o mero uso transmissivo, gerando, assim, a produção de sentidos diversos e consequências subsequentes imprevisíveis. Então, os outros campos da sociedade sentem-se autorizados, dentro das práticas do próprio campo, a modificar os processos internos de interação com o extracampo, atravessados por lógicas midiatizadas, cujas fronteiras não são mais percebidas, por conta das relações interpenetrantes.

O caso midiatizado articulado à teoria dos sistemas: a ideia de interpenetração

Dessa forma, por compreender que o fenômeno a ser estudado abrange uma complexidade processual inédita, o estudo de caso midiatizado torna-se uma das possibilidades metodológicas para a análise de um caso tão complexo, porque diz respeito a manifestações que possuem uma temporalidade que se expande no tempo e ainda apresenta desdobramentos futuros. Por isso que se torna tão necessário realizar uma análise pontual de um caso que faz parte de um fenômeno maior e que se manifesta em contexto mais abrangente: a análise da relação entre as coberturas jornalísticas da Lava Jato e da Vaza Jato, sob a perspectiva da transformação do acontecimento jornalístico em meio à dinâmica da midiatização. A circulação também passa a ser um conceito mais problematizado nos estudos que se manifestam no contexto de um caso midiatizado, pois "a midiatização vai dando nova conformação à organização social e ao seu funcionamento, gerando, de modo complexo, mutações nas condições das circulações de sentidos" (Fausto Neto, 2018, p. 15).

Porém, para analisar esse acontecimento, é fundamental que se contextualize a historicidade do fenômeno que o antecede, que, no caso, se constitui como a Operação Lava Jato, mas já percebendo as dinâmicas desse fenômeno dentro do contexto da midiatização. Por isso que tal análise traz como foco a transição de um momento que antecede o próprio fenômeno, de centralidade da mídia (mídia esta que se comportava como mediadora entre o campo das mídias e a sociedade), e que se desloca para outro processo, todo ele permeado pela ambiência da midiatização, mediante dispositivos interacionais.

Esse ambiente comunicacional se transforma, então, em uma grande ambiência, proporcionando que diversos campos se atravessem e interajam entre si, causando uma interseção comunicacional que se retroalimenta. Portanto, o objeto de investigação configura-se como um caso midiatizado porque todos os sistemas estão na ambiência da midiatização e são atravessados por lógicas de seus sistemas, assim como pelas lógicas de mídia e de midiatização em uma processualidade que acontece dentro do tecido social. Assim, todos esses sistemas publicizam suas operações a partir de fundamentos de lógicas de mídia e de midiatização, porque é dessa maneira que alcançam a sociedade. E a sociedade, então, toma conhecimento dessas interações por um intenso e complexo processo de relatos, que disputam pontos de vista e sentidos.

Dessa forma, a partir do momento em que os sistemas estão falando do caso e construindo versões, eles o fazem, segundo dois vetores: a partir dos seus fundamentos próprios e das relações nas quais os seus fundamentos são afetados, a partir das lógicas de midiatização. Nesse sentido, existem tanto as práticas institucionalizadas quanto as práticas que partem dos atores sociais de todos os sistemas, pois se valem de práticas discursivas que contemplam os fundamentos de seus sistemas. É exatamente isso que define o caso como midiatizado, porque se percebe na relação entre a Operação Lava Jato e a Vaza Jato as enunciações de três grandes sistemas (Judiciário, político e midiático) que **se interpenetram** em suas lógicas e operações com base em fundamentos midiáticos. Portanto, constatamos que **a ambiência é constituída pelos sistemas**[11].

Reforçamos que a definição de sistema, que será abordada neste livro, contempla o trabalho realizado pelo sociólogo alemão Niklas Luhmann, que sugere o entendimento do conceito de uma maneira interdisciplinar. É importante também destacar que a apropriação da ideia de sistemas está sendo trabalhada neste livro pela perspectiva comunicacional, pois não é nosso objetivo trazer aqui toda a problemática do pensamento de Luhmann ou realizar um estudo sociológico sobre essa questão. A intenção desta obra é, a partir da análise dos acontecimentos, trazer uma investigação sobre o fenômeno comunicacional.

Entretanto, é exatamente a comunicação que Luhmann observa como um elemento central que regula as relações entre sistema e ambiente, porém buscando a diferença como distinção referencial entre eles para constatar que os sistemas possuem a capacidade de mudar e organizar as suas estruturas por meio de suas gramáticas internas, determinando, assim, suas próprias operações. Desse modo, convenciona-se sistema dentro dessa perspectiva como um conjunto de elementos conectados que operam em conjunto, porém se diferenciando do ambiente que o envolve, pois um objeto não se distingue pelas suas características próprias, mas, sim, por sua diferença com relação a outro objeto, ou seja, pela diferença do sistema com seu entorno.

---

[11] A ideia de sistema é trabalhada neste livro como uma transição da ideia de campos sociais, abordada por Adriano Rodrigues como uma derivação do entendimento sobre campos de Pierre Bourdieu. Rodrigues elabora este caminho para chegar a uma definição sobre o campo dos media. Entretanto, essa abordagem se refere ao contexto dos mass media. A partir da ambiência midiatizada, os campos evoluem para sistemas, pois se diferenciam do ambiente que os envolve, mantendo suas gramáticas próprias e suas lógicas de funcionamento.

Assim, compreende-se que todo o sistema emerge da distinção com relação ao seu ambiente, porém a evidência dessas distinções emerge de acordo com o ponto de vista a ser observado. Na sociedade, por exemplo, existem os sistemas sociais e o ambiente em que se encontra o homem (atores sociais). Porém, esse mesmo homem se encontra isolado da sociedade, e a sociedade isolada do homem, pois a consciência do homem (sistema psíquico) encontra-se isolada do seu ambiente, que é a sociedade. Dessa forma, "a comunicação é praticamente forçada a se orientar continuamente por aquilo que os sistemas psíquicos já incorporaram ou não em sua consciência" (Luhmann, 2016, p. 245). Entretanto, é a partir da dinâmica de **acoplamento estrutural** entre o sistema social e o sistema psíquico que surge o processo comunicacional, uma vez que o ambiente pode alterar o rumo das operações dos sistemas sem os afetar. Esse processo comunicacional é realizado por meio da verificação da diferença entre perturbações percebidas nessas interações, porque a comunicação não pode ser percebida como produção de consenso, mas, sim, ao perceber as perturbações surgidas, traduzidas na forma de sentido. Quando a comunicação é mantida em funcionamento, é possível tornar compreensível o inesperado, o importuno e o frustrante, surgindo um fenômeno duplo de redundância e diferença. É esse tipo de acoplamento estrutural que denominamos **interpenetração**.

Exatamente atendendo a essa premissa que Luhmann (2005, p. 13) afirma que "tudo que sabemos sobre nossa sociedade, ou mesmo sobre o mundo o qual vivemos, o sabemos pelos meios de comunicação". Cada sistema é constituído por suas singularidades (deontologias, ética, gramáticas, operações), mas esses sistemas não estão agindo de forma isolada, eles estão em contato com algo que os permeiam, que os perpassam, que são as **lógicas de operações midiatizantes**. Então, afirmamos que a sociedade está toda organizada em torno de fundamentos de midiatização, em uma ambiência construída por essas interpenetrações entre sistemas que os interligam. Entretanto, por se tratar de práticas discursivas, proferidas em momentos diferentes, são os modos de dizer que podem variar, de acordo com a estratégia de cada sistema.

Nesse sentido, Luhmann (2005) argumenta que o sistema capitalista avançou na sociedade em um grau tecnológico de contato tão sofisticado que os sistemas em interpenetração revelam acoplamentos que resultam em desordem quanto à questão do ponto de vista. Assim, o que se tem em uma sociedade midiatizada não é um ponto de vista dominante, mas diversos pontos de vista em torno de uma ambiência complexificada, que geram *feedbacks* complexos, conforme sugerido por Eliseo Verón. Nesses *feedbacks* complexos, não existe a previsibilidade da resposta da comunicação com efeitos premeditados; o que existe é um intervalo entre coisas que são ditas e entendidas no tecido social e o sentido interpretado por cada pessoa, instituição ou sistema dessa ambiência, que acaba tornando-se uma resposta imprevisível. Dessa forma, a autopoiese comunicacional é diferente para cada um, de acordo com as gramáticas de cada ator social, de cada instituição e de cada sistema. É importante contextualizar que o conceito de autopoiese foi originalmente desenvolvido pelos pesquisadores chilenos Humberto Marturana e Francisco Varela, para definir uma propriedade dos sistemas de se produzirem continuamente a si mesmos, em um processo autorreferente que faz com que todo sistema, seja biológico, seja psíquico ou social, funcione, ao mesmo tempo, como produtor e produto, sendo autônomo e independente. Essa ideia de autopoiese foi incorporada por Niklas Luhmann no desenvolvimento da Teoria dos Sistemas Sociais, no sentido de que a autopoiese se torna um conceito chave para explicar a autorreferencialidade dos sistemas sociais, pois se considera a autopoiese como uma operação cognitiva construída social e comunicativamente. A partir da ideia da autopoiese, percebe-se cada sistema com um organismo vivo, dinâmico, ativo, que faz constantes seleções para manter a identidade e estabelecer fronteiras e diferenças com o ambiente, mediante diálogos e enunciações nos sistemas e entre os sistemas. Dessa forma, este conceito pode contribuir para a compreensão dos processos comunicativos de construção de sentido.

Portanto, torna-se evidente que a perspectiva considerada no ambiente comunicacional analisado é bastante complexa e carece de uma fundamentação teórica e metodologias, que leve em conta essa complexidade processual. E por isso mesmo que a metodologia desenvolvida neste trabalho parte da ideia do caso midiatizado, pois este caso é midiatizado em dois grandes níveis: primeiro, no nível de funcionamento do caso midiatizado, no sentido de que ele está transpassando a sociedade por essa conjugação de lógicas (jurídicas, políticas, midiáticas); e, segundo, porque as operações midiáticas (jornalísticas) possuem uma proeminência no relato desse acontecimento. A partir dessa constatação, é possível, então, afirmar que **o discurso jornalístico é um dos vetores centrais da semantização dos processos de midiatização**. E o caso midiatizado é um somatório de interferências de muitos atores e muitos sistemas, porém sob a égide e as lógicas de midiatização (modos de dizer, velocidade de dizer, ângulos de abordagens etc.).

Então, para demonstrar essas interferências em diversos níveis, a análise deste caso conta com a leitura dos fragmentos pertencentes às coberturas jornalísticas da Operação Lava Jato em contraposição com a leitura da série de reportagens da Vaza Jato. Entretanto, o foco dessas leituras está justamente na especificidade das estratégias jornalísticas em disputa, porque a materialidade da midiatização, nesse estudo de caso midiatizado, passa pela análise do material jornalístico, exatamente por legitimar as ações dos sistemas envolvidos. A partir dessa abordagem apresentada sobre caso midiatizado, pode-se, então, afirmar que o caso é investigado mediante a constatação de duas diferentes faces de relatos jornalísticos sobre um acontecimento e que essa relação singulariza a intervenção dos processos jornalísticos em uma problemática que se conceitua como uma atividade de ato jornalístico, que o eleva ao *status* de acontecimento. Assim, a dinâmica jornalística, que relata e articula essas duas frentes, imprime a esse fenômeno o caráter de um acontecimento complexo e midiatizado.

Nesse sentido, é importante frisar que esta obra não realiza um estudo sobre a sociedade em midiatização como um todo, nem mesmo com relação ao contexto jornalístico como um todo. O trabalho simplesmente analisa um fenômeno que se apresenta mediante a análise da relação dos acontecimentos, o que se convenciona por caso midiatizado. O caso midiatizado é um fenômeno que reúne duas intervenções midiáticas estratégicas sobre esses dois relatos que mostram, no primeiro plano, a performance midiática jornalística e revela, em segundo plano, as narrativas e estratégias de ações comunicacionais dos outros sistemas se interpenetrando, como uma espécie de coautores dessa atividade.

É a partir do caso midiatizado que é analisado não somente o discurso jornalístico em desenvolvimento, mas este discurso também se colocando como midiatizado por meio das intervenções dinâmicas e estratégias dos outros sistemas, que também são afetadas pelas lógicas de midiatização. A natureza do caso midiatizado é composta pelos discursos que se disputam, a partir das suas singularidades e dos atravessamentos, apropriações e acoplamentos, pois percebemos que existe uma reverberação do acontecimento, no sentido de que ele retoma e recupera os acontecimentos que já ocorreram e que estão ligados à sua problemática, no caso da relação entre Lava Jato e Vaza Jato. Então, todos os sistemas dentro dessa ambiência estão em confronto e em contato, mas também em articulações, em disputas e *feedbacks* complexos. Assim, a partir dessa conceituação inicial sobre caso midiatizado, também é importante esclarecermos um pouco mais sobre como se desenvolve essa construção intersistêmica, que parte da ideia de campos sociais.

Uma construção intersistêmica: a transição da era dos meios de massa para uma era midiatizada

O sociólogo Pierre Bourdieu (1983) realizou uma importante digressão acerca do conceito de campos, demonstrando como este se configura em um universo social com suas próprias lógicas e leis que medem forças de influência com outros sistemas sociais. Dentro dessas disputas, que se colocam como relações de poder, esses universos transformam uns aos outros.

> A questão da reprodução da estrutura do campo do poder e uma das questões mais vitais dentre as que estão em jogo na concordância que se desenvolve dentro desse campo. É a questão da distribuição dos poderes e dos privilégios entre as diferentes categorias de agentes engajados nessa concorrência. [...] Penso, em primeiro lugar, na noção de "campo", entendido ao mesmo tempo como campo de forças e campo de lutas que visam transformar esse campo de forças. As análises as quais submeti campos tão diferentes como o campo artístico ou o campo religioso, o campo científico ou o campo dos partidos políticos, o campo das classes sociais ou o campo do poder, inspiravam-se na intenção de estabelecer as leis gerais dos universos sociais funcionando como campos. E também, claro, as condições econômicas e sociais que devem ser preenchidas para que um universo social possa funcionar como campo, por oposição, de um lado, aos simples agregados amorfos de elementos (indivíduos, instituições, etc.) simplesmente coexistentes e, de outro, aos aparelhos (ou instituições totais) mecanicamente submetidos a uma intenção central (Bourdieu, 1983, p. 43).

A partir da definição de campo, o autor evolui em sua linha de raciocínio, desenvolvendo a noção de *habitus* para exemplificar o funcionamento interno dessas relações de poder entre campos, explicando a forma como essas dinâmicas estabelecem dispositivos socialmente construídos que, por meio de práticas instituídas na sociedade, acabam por operar como um mecanismo que afeta a mecânica de agir daquele grupo social:

> Para compreender todas as implicações da noção de *habitus* — ideia pela qual tentei demonstrar que se podia escapar das alternativas estéreis do objetivismo e do subjetivismo, do mecanicismo e do finalismo, onde ficam aprisionadas habitualmente as teorias da ação — eu gostaria de analisar as relações entre os *habitus* — sistemas de dispositivo socialmente constituídos — e os campos sociais. Nesta lógica, a prática poderia ser definida como o resultado do aparecimento de um *habitus*, sinal incorporado de uma trajetória social, capaz de opor urna inércia maior ou menor as forças sociais, e de um campo social funcionando, neste aspecto, como um espaço de obrigações (violências) que quase sempre possuem a propriedade de operar com a cumplicidade do *habitus* sobre o qual se exercem (Bourdieu, 1983, p. 44).

O debate proposto por Bourdieu apoia-se em uma fundamentação sociológica, porém o teórico Adriano Rodrigues se utiliza dele para realizar a transição desses conceitos de campos e *habitus* para o estudo do comunicacional. O autor enquadra o conceito de *habitus* na categoria de experiência, pois ela, segundo Rodrigues (1999), compreende um conjunto de saberes formados de crenças firmes e fundamentadas no hábito. Conforme o autor, a experiência produz o *habitus*, conceituado por Bourdieu como sistemas de estruturas estruturantes com princípios organizadores e geradores de práticas e representações que são adaptadas à sua finalidade, sem que sejam percebidos.

Dessa forma, conclui-se que é pela experiência que dispomos, por meio dos órgãos dos sentidos, o mundo da maneira como se constitui pela percepção destes, pois compreendemos os meios como uma construção de sentido do homem sobre e para o mundo. Portanto, Rodrigues (1999) afirma que "a especificidade de um campo social consiste na averiguação do domínio da experiência sobre o qual é competente e sobre o qual exerce uma competência legítima" (p. 20). E uma das características fundamentais de um campo social é justamente possuir legitimidade exclusiva para enunciar regras que devem ser seguidas por todos, possuindo autonomia para se manifestar, com o objetivo de impor sanções sempre que sua ordem de valores é violada. Dentro desse contexto, os campos sociais são formados por entidades detentoras da competência legítima de um campo, cujo conjunto consiste na formação do corpo social, que atua na acreditação e validação dos campos. A partir dessa análise de Rodrigues, Antônio Fausto Neto (2014) apresenta, no texto "Pisando no solo da midiatização", um entendimento da contribuição desse autor para os estudos sobre a sociedade em vias de midiatização e seus efeitos sobre o campo dos media. Assim, Fausto Neto (2014) constatou que os estudos de Rodrigues tratavam sobre uma reflexão acerca de um novo estágio em termos comunicacionais, principalmente quanto à compreensão sobre o processo de circulação, por conta das "mutações complexas que ocorrem na 'arquitetura comunicacional", segundo o "esforço interacional que se desloca do modelo conversacional (comunicação, de ida e volta) para um processo de fluxo contínuo, sempre adiante" (Fausto Neto, 2014, p. 237). Ao comentar, sob esse aspecto, os efeitos de leitura acerca dos textos em recepção, "que são leituras que poem o conceito adiante, diante de conter a sua circulação" (Fausto Neto, 2014, p. 237), ele também observou que:

> Também não podemos esquecer as diversas circunstâncias de apropriação que tratam de apontar para a inevitável complexidade que representa a distância, em termos espaço-temporal, gerada pelos circuitos nos quais circulam os textos, envolvendo produção e a recepção. É, pois, neste espaço diferido que "interpretações tentativas" criam laços com a obra, pelo trabalho de pontuação/interpretação de marcas, pondo-as adiante, sem que se possa auferir os efeitos desta ação circulatória (Fausto Neto, 2014, p. 237).

É importante lembrar que Rodrigues (1999) define o campo dos *media* como uma instituição de um campo dotado de legitimidade, que coordena a experiência de mediação ao se tornar uma forma de autonomização dos dispositivos de percepção do mundo, dinâmica essa que é proporcionada pela experiência moderna. Porém, além de coordenar a mediação dos diferentes domínios da experiência e dos diferentes campos sociais, outra atribuição do campo dos *media* é de fazer emergir, nas fronteiras dos campos sociais instituídos, questões tabus, para as quais nenhum dos campos possui legitimidade indiscutível, colocando esses temas para debate na sociedade. A partir desses debates, o campo dos *media* promove a reflexão e a problematização sobre esses temas, e "estas novas questões mostram os limites da legitimidade de cada um dos campos sociais instituídos ao longo da modernidade para a formulação e a imposição de valores consensuais" (Rodrigues, 1999, p. 24) e das regras que são suscetíveis de regular comportamentos. Sendo assim, é a partir da tensão entre os diferentes campos sociais que o campo dos *media* emerge e autonomiza-se, criando determinado efeito de realidade sobre a nossa experiência do mundo:

> O campo dos *media* é a instituição que possui a competência legítima para criar, impor, manter, sancionar e restabelecer a hierarquia de valores assim como o conjunto de regras adequadas ao respeito desses valores, no campo específico da mediação entre os diferentes domínios da experiência sobre os quais superintendem, como vimos, na modernidade, os diferentes campos sociais. [...] O efeito mais notável que o campo dos *media* exerce sobre a nossa experiência do mundo é o chamado efeito de realidade, o facto de a realidade tender para o resultado do funcionamento dos dispositivos de mediação (Rodrigues, 1999, p. 26).

Fausto Neto identifica que Rodrigues recorreu a noção de campo dos *media* como um "membro de uma família conceitual cujo tronco principal se constitui o conceito de campo desenvolvido ao longo da obra de Pierre Bourdieu" (Fausto Neto, 2014, p. 238). Para o autor, a noção de Rodrigues sobre o campo dos *media* é abrangente e não associa especificamente sua definição como sendo parte do universo dos meios de comunicação, apesar de trazer apontamentos relevantes sobre as mutações sofridas a partir dos dispositivos midiáticos nos processos de percepção da realidade. Entretanto, as reflexões de Rodrigues são contextualizadas a partir de uma sociedade que tem por característica "intensos processos de institucionalização de suas práticas" (Rodrigues, 1999, p. 28), valendo-se de atividades de campos, como os de *media*, para desenvolver estratégias, visando a reduzir riscos introduzidos pelas dinâmicas de sistemas complexos. Assim, ele conceitua o campo dos *media* como uma instituição formada por dispositivos sócio-técnicos que são acionados por um campo dotado de legitimidade para superintender a experiência de mediação, situando seus estudos apenas na era dos meios e de uma maneira pouco aprofundada, observando, assim, o fenômeno por uma perspectiva antropológica e, portanto, não ingressando na problemática da midiatização.

Assim, Fausto Neto (2014) deriva da conceituação de Rodrigues para outro ponto de análise, refletindo que o "campo dos *media* possui uma vocação representacional atribuída por outros campos", pois a "sociedade é marcada por uma intensa vida institucionalizada em termos de práticas sociais de diferentes campos" (p. 243). A partir dessa constatação, o autor identifica o surgimento de novos processos interacionais que estão provocando transformações na sociedade e em suas dinâmicas, sugerindo novas maneiras de vínculos entre os campos e os atores sociais e o campo dos *media*, em que, em um passo evolutivo, é considerado como **elo de contato**. Porém, Fausto Neto observa que há uma zona de passagem que pode ser identificada na transição entre a era dos meios e uma época em vias de midiatização:

> Mas, transformações que se passam com o deslocamento de dinâmicas de processos da "sociedade mediática" para a "sociedade em vias de mediatização" instauram novas problemáticas, dentre elas, as repercussões, sobre a atividade e identidade dos campos sociais, especialmente, a do campo dos medias. A medida em que tecnologias se convertem em meios, vão afetando a natureza das diferentes práticas sociais, muitos delas se reconfigurando suas identidades e papeis, ao tomar como lógica de seus processos comunicativos, protocolos mediáticos. Conforme veremos, a principal consequência para a natureza e trabalho de campo dos *media* é, dentre outras, o enfraquecimento e erosão de sua condição mediadora. Além desta, gera também efeitos sobre todos os campos sociais, cujas estruturas vão se manifestando em formas de processualidades técnico-comunicativas e pelas quais, suas regras se transformam em estratégias que ingressam em fluxos que, ao seu turno, desembocam celeramente, na nova "ecologia internacional" (Fausto Neto, 2014, p. 243-244).

De acordo com o autor, é a partir da complexificação da sociedade, "com sua organização social sendo arquitetada por novas ligações sócio-técnicas" (Fausto Neto, 2014, p. 244) que ocorre um deslocamento da dinâmica e das regras dos campos e de suas estruturas para processos estratégicos de natureza comunicacional. Essa compreensão sugere que há um atravessamento na sociedade de lógicas e protocolos mediáticos, porém, no estágio atual na midiatização, a natureza do próprio campo dos *media* modifica-se na medida em que seus contatos com outros campos baseiam-se muito mais em torno de estratégias do que de regras, fazendo com que a presença dos *media* reduza-se perante os demais campos a ofertas de sentidos.

É importante inserir, neste momento, a discussão proposta por José Luiz Braga, que analisa a transição da relação dos campos sociais com a sociedade e os *media*. O autor parte do entendimento de que a mediação é um processo de relacionamento do ser humano com a realidade que o circunda, na qual ele toma contato com uma representação da realidade mediante as lentes de sua inserção histórico-cultural daquele momento em que vive. Braga (2012) alude ao pensamento de Jesús Martín-Barbero, quando este passou a problematizar, a partir de 1980, a questão da mediação dos meios, em seu livro *Dos Meios às Mediações*. Como observa Braga, Martín-Barbero apontou um diferencial que foi fundamental para compreender a relação entre a sociedade e a atuação da mídia de massa: "a inserção cultural do receptor" (Martín-Barbero, 1997). Por esse prisma, começou-se a considerar que havia de fato uma dinâmica relacional entre a sociedade e os meios, visto que foi constatado que a sociedade nunca foi estritamente passiva aos meios de massa.

Essa constatação foi o que desencadeou uma nova interface analítica, que superava uma visão objetivista dos meios, o que motivou a divisão histórica conceituada como **dos meios à mediação**. Segundo Barbero (1997), a cultura de massa não pode ser considerada passiva, já que serviu para intensificar as individualidades e liberou as capacidades morais e intelectuais do indivíduo, possibilitando a comunicação com diferentes estratos da sociedade. A partir dessa argumentação, o autor reforça que é impossível que se chegue em uma unidade cultural na sociedade, pois o importante é que haja circulação; e, segundo ele, nunca houve mais circulação do que na sociedade dos meios de massa. Sendo assim, tínhamos, na sociedade dos meios, como bem assinalado por Barbero, a mídia como a protagonista da mediação entre a mídia e os processos sociais. Porém, a partir da proposição do autor sobre a inserção cultural do receptor, passa-se a superar uma visão objetivista dos meios para considerar uma visão relacional da comunicação na sociedade. Sua conceituação, "dos meios às mediações", apontava as mediações culturais da comunicação, porém tendo como o fator dinamizador desse processo as "mediações comunicativas da cultura" (Martín-Barbero, 2009, p. 150 *apud* Braga, 2012, p. 34).

Contudo, José Luiz Braga avança na problematização proposta por Martín-Barbero ao afirmar que, no comunicacional, há dois processos distintos que reduzem o que ele considera ser um estranhamento da mídia perante a sociedade. Um dos processos seria o tecnológico, que redireciona a comunicação massiva no decorrer de ações comunicativas midiatizadas para largas parcelas da população. O outro processo seria o social, no sentido em que permite uma "entrada experimental de participantes sociais nas práticas e processos antes restritos à indústria cultural" (Braga, 2012, p. 34), que ocorrem de maneiras diversas, seja como críticas sociais, seja como reivindicações de regulação ou ocupação de espaços de produção e difusão, formando, assim, iniciativas midiatizadoras.

É quando ingressamos em uma sociedade em midiatização que "a cultura midiática se converte na referência sobre a qual a estrutura sócio-técnica-discursiva se estabelece, produzindo áreas de afetação em vários níveis da organização e da dinâmica da própria sociedade" (Fausto Neto, 2008, p. 93 *apud* Braga, 2012, p. 34). Ou seja, em uma sociedade em midiatização, a sociedade interage com a própria sociedade por meio de dispositivos interacionais midiatizados, tornando-se referência sobre si mesma.

Entretanto, a midiatização não pode ser considerada uma teoria fundante, pois atende às diversas perspectivas epistemológicas, propostas por diversos autores. Neste livro, parte-se da perspectiva que observa a constatação de uma aceleração e diversificação de modos pelos quais a sociedade interage com a sociedade, não levando somente em conta os avanços tecnológicos, mas também os processos sociais e interacionais.

No momento em que indivíduos e instituições passaram a ter acesso às redes sociais, passaram a ser também eles mesmos produtores de conteúdo, interagindo de forma direta e fazendo com que a comunicação passasse a levar em conta também o atravessamento de diversos campos, que começam a se comunicar entre si, contestando, inclusive, a própria capacidade de mediação da mídia de massa. Ao tentar compreender essa nova fase do processo comunicacional, em que surge um atravessamento dos campos sociais que geram situações indeterminadas, chegamos à ambiência da midiatização, ultrapassando a noção de ser apenas um conceito em comunicação, para se tornar um "processo interacional de referência", como afirma Braga (2007, p. 23). Essa processualidade foi abordada por Fausto Neto, ao interpretar o diagrama sobre a complexidade da midiatização de Eliseo Verón, quando ele destaca que "o fato de sua dinâmica não contemplar relações de causa e efeito, nas relações de seus componentes" observava, no lugar destes, "circuitos de *feedbacks* não-lineares" (Fausto Neto, 2018, p. 12).

Nesse sentido, observamos que o jornalismo desloca a sua relevância perante a sociedade, porque se coloca como agente necessário na sociedade ao trabalhar "a redução de complexidades produzidas por outros sistemas, dando forma e produzindo intelegibilidades naquilo que parece descontínuo e sem nexos" (Fausto Neto, 2006, p. 2). Essas transformações envolvem as afetações das práticas sociais em meio a uma ambiência midiatizada, que agora estão tomando parte das suas próprias discursividades e gerando novas complexidades no funcionamento desses sistemas e das relações entre eles. Portanto, observa-se uma nova pedagogia interpretativa, que ressignifica o próprio sistema jornalístico e a sua relação com os outros campos sociais, conforme aponta Fausto Neto (2006):

> Em função do despontamento da midiatização como uma nova ambiência, que dá origem a uma nova "pedagogia interpretativa" a respeito das coisas, gerando ainda processos de conexão que reformulam os modos de funcionamento dos campos sociais e dos seus respectivos processos de interação, transformam-se as modalidades pelas quais os processos de produção de sentidos midiáticos, especialmente os jornalísticos, passam a lidar, dentre outras coisas, com a questão da verdade. Enfrenta a complexidade do mundo, fundado em redes opacas, e não necessariamente transparentes, através da confecção e manejo de novos 'contratos de leituras' em que se abandona operações que marcaram fases anteriores deste pacto contratual: o desafio já não é mais trazer o receptor para 'cena' dos seus registros oferecidos pela cobertura. E nem fazer o jornalista permanecer no clássico lugar de uma 'testemunha institucional' da ocorrência do acontecimento. Trata-se agora de incorporar a este processo de produção aquilo que 'estava fora', e que lhe sobrava como 'insumo' de uma categoria distante, a de 'rotina produtiva' (Fausto Neto, 2006, p. 2-3).

Essa pedagogia interpretativa contempla justamente esses processos interacionais intersistêmicos, que se desenvolvem em articulações e disputas. Para avançar na discussão sobre a natureza intersistêmica do objeto, retomamos a noção de sistemas desenvolvida por Niklas Luhmann, quando este elaborou a Teoria dos Sistemas Sociais.

O autor explica, a partir da relação entre sistema e ambiente, como o próprio conceito de sistema apresenta-se como uma via de mão dupla que define o sistema na sua operacionalidade, com suas lógicas próprias, mas também demonstrando na relação com outros sistemas algumas percepções semânticas. Sendo assim, a identidade semântica do sistema coloca-se como sua própria identidade em contraposição à identidade captada do ambiente. Como afirma o autor:

> Os sistemas no ambiente do sistema são, por seu lado, orientados pelos seus ambientes. Nenhum sistema, porém, pode determinar completamente as relações externas entre sistema e ambiente, a não ser mediante destruição. De modo que, para cada sistema, o seu ambiente é dado como um plexo confusamente complexo de relações recíprocas entre sistema e ambiente, mas, ao mesmo tempo também, como uma unidade constituída pelo próprio sistema, a qual exige uma observação especificamente seletiva (Luhmann, 2016, p. 35).

Tendo o sistema jurídico como exemplo, podemos inferir que nele a comunicação é um elemento-base, mas não é o que o define como sistema, pois o direito possui uma série de lógicas e processualidades próprias, uma gramática que se torna a autopoiese de seu sistema em diferenciação com a sociedade. E embora as regras do direito sirvam como guias, como um código no qual seus operadores possuem certo controle para comunicar aos outros sistemas as suas maneiras de dizer e agir, esse mesmo sistema precisa de uma abertura cognitiva para se comunicar com os outros sistemas, pois ele depende do meio social para definir o que vem a ser o direito. Então, é a partir dessa interação que o ambiente reconhece as processualidades jurídicas.

Então, é a partir dessa relação entre sistemas que se constitui um cenário de disputas, conflitos, convergências e diferenças, o que gera um território tentativo comunicacional, que gera *feedbacks* complexos e se realimenta a cada instante. Assim, mediante esses processos de conexão, pode ser observado que os processos de produção e recepção dos acontecimentos já não estão mais restritos às mídias, mas sendo provocados também por instituições e outros sistemas, que agora já dominam as lógicas de midiatização. Dessa maneira, o que ocorre na sociedade midiatizada são disputas de sentidos, ativadas e dinamizadas por uma "atividade-chefe", ou seja, as modalidades de funcionamento do discurso jornalístico, que estão, entretanto, em articulação com lógicas nas quais esses outros discursos, elaborados por outros sistemas, estão também submetidos à midiatização. Dessa forma, todos esses sistemas estão em uma arena de semantizações, de criações de pontos de vista, de processos que visam a dar sentido às enunciações, em uma disputa pelo direcionamento dos modos de dizer acerca do que é comunicado. É um processo semiológico que se realiza de maneira técnico-discursiva, dois fatores que são fundamentais na midiatização.

Exatamente por isso que a midiatização tem uma dimensão da materialidade técnica e discursiva daquilo que é objeto dos relatos. Sem esses relatos técnico-discursivos, é impossível obter a materialização dos acontecimentos. Porém, cada sistema que ingressa para interpretar esses acontecimentos age segundo gramáticas e lógicas próprias de seu próprio sistema. E como essa sociedade está interligada e entrelaçada por fluxos e operações de midiatização, todas as instituições que nelas existem, enquanto instituições de sistemas, estão atravessadas, codeterminadas e afetadas por lógicas da midiatização ou lógicas de mídias em funcionamento. Como cada sistema desenvolve, a partir de sua inserção na midiatização, práticas diferentes, para contemplar diferentes pontos de vista, isso significa que os **efeitos desse processo são *feedbacks* complexos e não lineares**. E isso ocorre porque o resultado da interação entre esses sistemas gera **pontos de vista disputativos**.

Isso significa que cada sistema tem seu modo de dizer, seu modo de enunciar, mas o fato de todos os sistemas estarem entrelaçados por lógicas de midiatização não quer dizer que eles vão perder as suas características fundantes, referenciadoras dos seus modos de enunciar de seus próprios sistemas. Eles associam ao seu modo de enunciar outras coenunciações, outros modos de dizer, sendo contaminado por lógicas de mídias e de midiatização, porque esse sistema precisa estar na esfera pública. E para estar na esfera pública, em termos de tempo e espaço, é preciso que esses sistemas, muitas vezes, tomem como empréstimos processos de construção de discursos. Dessa forma, concluímos que **um discurso é condição de produção para o outro discurso**. Isso quer dizer que o relato processual jurídico tem hoje como condição de produção para prova de sua veracidade, muitas vezes, não as lógicas da sua apuração, mas os efeitos de sentido que são produzidos a partir do momento em que o discurso jurídico se apropria de operações midiáticas.

No caso analisado neste livro, apresentaremos alguns exemplos, como a Campanha das Dez Medidas contra a Corrupção ou do uso de uma reportagem jornalística como prova para incriminar Lula ou do uso do Power Point na apresentação de Deltan Dallagnol. Todos esses efeitos de sentido, que são publicizados de forma a gerar visibilidade, não são elementos canônicos e fundantes do discurso jurídico. Eles, ao contrário, são apropriados de outro universo discursivo (jornalístico/midiático) e que se incorporam ao discurso judiciário para dar a ele efeitos de sentido da sua veracidade, para provar que eles estão dizendo a verdade, o que legitima suas operações jurídicas perante a opinião pública. São exatamente essas apropriações que chamamos de **interdiscursividades**.

Essa relação é esclarecida por Fausto Neto (2009), a partir dos estudos de Eliseo Verón:

> Para Verón, o importante entre um enunciado e outro é a relação que o emissor estabelece com o que ele diz. Essa interdiscursividade – na qual o receptor constrói o sentido de acordo com sua cultura, crença e vivências, gerando assim diversos outros discursos – provoca um constante processo de negociação entre produtor e receptor, numa troca permanente de sentidos (Fausto Neto *et al.*, 2009, p. 18).

A partir da compreensão que a interdiscursividade provoca essa troca permanente de sentidos entre o que se diz e o que se entende, percebi a possibilidade de estabelecer um gancho entre a ideia de interpenetração com o conceito de circulação, no sentido de que há uma compreensão de que vivemos em uma sociedade que não contempla mais a noção de campos, cujas fronteiras são determinadas. O que podemos identificar, em uma sociedade midiatizada, são diversos processos comunicacionais tentativos entre sistemas, cuja ambiência ao entorno produz outras significações a partir da diferença que se estabelece no processo comunicacional.

Transformações das lógicas de processualidades na ambiência midiatizada

Assim, dentro da ambiência midiatizada, o jornalismo se acopla ao acontecimento de tal forma, que a sua existência, seu funcionamento e o seu desdobramento com relação aos processos e aos tempos dependem de práticas cada vez mais complexas desse sistema.

Retomamos, então, a argumentação acerca da noção de que o acontecimento sempre foi a "matéria-prima" do jornalismo, pois se dedica a relatar e construir registros que se passam na sociedade, promovendo o *status* de notícia ao relatar esses acontecimentos em um formato discursivo, algo que é próprio do gênero jornalístico. Ou seja, para que o acontecimento exista, é preciso um dispositivo que o mostre, que o anuncie e que diga que ele existe, assim como submeta esse acontecimento aos seus processos narrativos, técnicos e à temporalidade da difusão.

Diferentemente da era dos meios, em que o acontecimento se tornava visível somente quando era publicado no veículo jornalístico, agora ele ocorre em fluxo contínuo, tornando-se outro fenômeno que ocupa a ambiência de modo tal, que os tempos e processos de articulação, de construção e de investigação do discurso judiciário, político e de outros sistemas se entrelaçam com os processos e temporalidades da atividade do jornalismo na sociedade em midiatização.

Nesse sentido, percebemos que, na sociedade midiatizada, o acontecimento é subsumido por outra complexidade, que se torna uma construção intersistêmica. Porém, para analisarmos essa questão de maneira mais aprofundada, é preciso analisar a tensão entre o campo do estudo da comunicação e o campo midiático. E esse cenário leva em conta a complexidade das interrelações, das práticas, dos processos e da dinâmica dos atores envolvidos em um ambiente que não comporta mais o jornalismo exclusivamente como mediador.

Como aponta Pedro Gilberto Gomes (2017, p. 66), vivemos uma "mudança *epocal*, com a criação de um *bios midiático* que incide profundamente no tecido social", provocando uma nova maneira de ser e atuar, o que caracteriza a superação do conceito de mediação. Fausto Neto (2015) também adverte que a sociedade em vias de midiatização provoca novas problemáticas, pois utiliza tecnologias que se convertem em meios e afetam a lógica das práticas sociais e de suas relações. E uma das consequências da midiatização são seus efeitos sobre o campo jornalístico e suas práticas, na medida em que a dinâmica de uma nova arquitetura comunicacional, que reúne de outra forma produtores e receptores de mensagens – culminaria em um novo processo interacional, enfatizado pelo "atravessamento na sociedade – enquanto instituições e práticas – de lógicas e protocolos midiáticos" (Fausto Neto, 2015, p. 245).

Nesse sentido, entende-se a midiatização como um processo social complexo, que carrega mecanismos de produção de sentido social. É graças a essa ambiência da midiatização que os acontecimentos ganham uma dinâmica e uma organização, com processos narrativos, interpretações e direcionamentos de pontos de vista, pois vivemos em uma sociedade hiperligada de circuitos que se manifestam em fluxo contínuo, dentro dos processos comunicacionais, conforme afirma José Luiz Braga (2018):

> O uso de processos tecnologicamente acionados para a interação já não é mais um "fato da mídia" (campo social) – assim como a cultura escrita não é um fato das editoras, dos autores e das escolas, exclusivamente. Esses dois grandes processos culturais (hoje com fortes interpenetrações) são antes de tudo fatos comunicacionais da sociedade. Na prática social encontramos, então, sobretudo circuitos. Cada setor ou processo de sociedade participa de circuitos múltiplos. Com a midiatização crescente, os campos sociais, que antes podiam interagir com outros campos segundo processos marcados por suas próprias lógicas e por negociações mais ou menos específicas de fronteiras, são crescentemente atravessados por circuitos diversos (p. 44).

De acordo com essa reflexão, percebemos esses circuitos como dinâmicas que subvertem a antiga periodização do jornalismo a partir dessas interpenetrações, uma periodização que ainda é composta por antigos fluxos de anúncio das notícias, a tal ponto que essa processualidade acaba intervindo nos acontecimentos de uma maneira singular, alimentando, assim, a sociedade desses acontecimentos, segundo outras dinâmicas de tempo e de espaço. Então, para compreender melhor o cenário em que se desenvolveu a dinâmica da relação disputativa entre a Operação Lava Jato e a Vaza Jato, precisamos antes reforçar a diferenciação entre lógicas de mídia e lógicas de midiatização. Os teóricos que se desdobraram ao estudar o processo denominado como midiatização passaram a compreender que as lógicas de suas processualidades diferenciam-se daquelas lógicas que caracterizavam a sociedade dos meios. Como afirma Braga (2012):

> [...] não podemos adotar como explicação suficiente da midiatização a perspectiva que se trata apenas da penetração de todos os processos sociais por lógicas dos meios [...] [pois] essas lógicas parecem não esgotar toda a processualidade interacional da midiatização (p. 2).

Outra questão, pontuada por Fausto Neto (2012, p. 298), é sobre a percepção no ambiente midiatizado, de estratégias comunicacionais estabelecidas por outros campos, que deslocam para a sua competência "a vocação intrínseca às práticas jornalísticas, enquanto 'elo de contato' entre as instituições e atores sociais". Inicialmente, há uma ampliação quantitativa de espaços de interações midiatizadas, fazendo com que tudo passe a circular conforme processos midiáticos. Essa ampliação de interações gera uma circulação maior de informações e interações, produzindo mixagens diversas entre processos de debate público com processos que antes se restringiam à circulação privada. Assim, constituem-se circuitos de fronteiras vagas, cujos campos invadem um ao outro, tensionando-os.

Dessa forma, o processo que antes era habitual na mídia, de mediação, recontextualiza-se, modificando-se radicalmente. Por conta da intervenção das novas tecnologias, novos espaços são gerados, não mais apenas restritos à recepção, o que incentiva uma participação ativa de outros campos, desenvolvendo espaços interacionais midiatizados que não dependem mais diretamente do aparato institucional do campo dos *media*. Essa dinâmica permite um atravessamento de todos os campos sociais por processos interacionais midiatizados, que são acionados tanto pelo campo dos *media* quanto de fora, por outros campos e setores da sociedade.

Assim, os acontecimentos que vinculam outros níveis de "subacontecimentos[12]", tais como a Lava Jato e a Vaza Jato, evidenciam singularidades que se distinguem de outros acontecimentos que foram relevantes para a sociedade brasileira, mas que não apresentavam a mesma complexidade. Neste caso, as mídias jornalísticas deixam de ser apenas dispositivos de representação e veiculação, fazendo com que se tornem dispositivos de coengendramento do acontecimento. Dessa maneira, quando o jornalismo atua nessa sociedade hiperorganizada em termos de fluxos de midiatização, age conforme uma nova lógica de funcionamento, na qual todos esses sistemas em interpenetração submetem-se às lógicas de midiatização com relação aos modos de dizer e com relação a temporalidades e desdobramentos.

Tendo em vista as questões refletidas até o momento sobre a gênese dos acontecimentos que se interpenetram a partir de práticas diversas, tendo como base as que envolvem a cobertura jornalística da Lava Jato

---

[12] Subacontecimento é utilizado neste trecho trazendo a ideia de um acontecimento dentro de outro acontecimento, em que um torna o outro possível, tal como no estudo das probabilidades matemáticas.

e da Vaza Jato, sugerimos uma transformação da noção de aconteci-mento em algo que convencionamos como construção intersistêmica, levando-se em conta, principalmente, os processos de sua construção na ambiência midiatizada. Sendo assim, inicialmente, propomos a seguir, nesta obra, uma discussão sobre algumas questões conceituais acerca do jornalismo e da sua transição da era dos meios para a era midiatizada, visando a evidenciar uma evidente transformação das suas práticas e do próprio sistema jornalístico em si, para posteriormente evoluirmos em uma problematização sobre a transição da circulação do acontecimento em processualidades intersistêmicas.

As construções jornalísticas inseridas em uma ambiência em midiatização

Retomando a ideia de jornalismo como construção social, observa-se que essa dinâmica está atrelada a uma construção discursiva que, por sua vez, está submetida a uma construção de sentidos. Segundo esse aspecto, a ideia de acontecimento é percebida como uma instância inaugural, pois, segundo Louis Quéré (2005), para evidenciar o acontecimento na organização da experiência, é necessário situá-lo na ordem do sentido, ou seja, compreender o acontecimento a partir do sentido que ele evoca e não tanto quanto a percepção do sujeito. O autor evolui nessa compreensão ao evocar Hannah Arendt, que afirmava que "o acontecimento tanto poderia representar um fim como um começo, e que cada uma dessas formas de apreender o acontecimento correspondia a um ponto de vista diferente: o do entendimento e o da ação" (Arendt, 1953 *apud* Quéré, 2005, p. 60). Tendo como ponto de vista o entendimento, o acontecimento é visto como um "fato ocorrido no mundo, um fim onde culmina tudo o que o precedeu" (Quéré, 2005, p. 60), inscrito em um contexto causal.

Do ponto de vista da ação, o acontecimento é um fenômeno de ordem hermenêutica, pois se, de um lado, ele pede para ser compreendido, por outro, faz compreender as coisas, mostrando um poder de revelação. Ainda de acordo com Quéré (2005), o acontecimento introduz uma descontinui-dade, só perceptível em um mundo de continuidade. Sendo assim, para que o acontecimento ocorra, é preciso "que ele se manifeste na sua descontinui-dade, e que tenha sido identificado de acordo com uma certa descrição e em função de um contexto de sentido" (Quéré, 2005, p. 61-62). Essa descrição que atribui um sentido ao acontecimento, na visão do historiador Pierre

Nora (1988), é proporcionada pelas mídias de massa. Segundo o autor, "é aos *mass media* que se deve o reaparecimento do monopólio da história" (Nora, 1988, p. 181). Ele argumenta que, para se tornar um acontecimento, o fato deve tornar-se conhecido. É uma ideia que converge com o pensamento do sociólogo Niklas Luhmann (2005), ao afirmar que aquilo que sabemos sobre nossa sociedade sabemos por conta dos meios.

Outro aspecto fundamental ao jornalismo é a temporalidade, na forma do imediatismo. Na era dos meios massivos, a disputa entre concorrentes jornalísticos objetivava uma competição pela audiência de quem informava primeiro, valorizando muito mais quem transmite em tempo real e informa em primeira mão, do que propriamente o conteúdo a ser informado, como argumenta Nelson Traquina (2005, p. 53):

> A obsessão pelos fatos acompanhou uma crescente obsessão com o tempo e uma maior orientação por parte da imprensa para os acontecimentos. O impacto tecnológico marcou o jornalismo do século XIX como iria marcar toda a história do jornalismo ao longo do século XX até o presente, apertando cada vez mais a pressão das horas-de-fechamento, permitindo a realização de um valor central da cultura jornalística — o imediatismo. De novas edições dos jornais no mesmo dia à quebra da programação televisiva anunciada com boletins, novos avanços tecnológicos nas últimas décadas do século XX tornaram possível, de longa distância, atingir o cúmulo do imediatismo — "a transmissão direta do acontecimento".

Em uma ambiência midiatizada, a temporalidade do acontecimento relativiza-se, já que os acontecimentos ocorrem em todos os lugares e podem ser relatados tanto pelos jornalistas quanto por atores anônimos nas redes sociais. Sendo assim, a própria noção de acontecimento subverte-se, já que não há como transmitir tudo a todo momento. E quando o acontecimento é envolvido pela midiatização, a percepção do acontecimento também se torna passível da legitimação das disputas enunciativas nas relações entre circuitos e sistemas.

Devemos também levar em consideração que os novos atores jornalísticos atuam sobre outras lógicas, considerando o tempo de circulação da mensagem e os novos sentidos que se produzem a partir dele. Pensam a comunicação de forma dinamizada, publicada em diferentes plataformas, com um conteúdo personalizado em cada uma delas.

Também utilizam seus colaboradores como parte do processo de circulação, dando liberdade para o jornalista falar, em seus espaços digitais, como um interlocutor do próprio dispositivo jornalístico. Isso imprime personalidade para o que está sendo dito, há rostos, vozes, opiniões. Também há a preocupação com alguns fundamentos jornalísticos que estão sendo um tanto negligenciados pelo jornalismo tradicional, como a preocupação excessiva com a apuração dos fatos e a pluralidade de ângulos e opiniões. Além disso, a forma de se comunicar com o público tenta passar-se como mais humanizada e transparente. Tudo isso ajuda a criar uma noção de intimidade com o público, mas também permite outro entendimento sobre a questão da agenda.

Podemos inferir que, em um passo adiante da transação entre agendas, percebida no momento de transição entre a era pré-midiatizada, o que ocorre agora são transições entre agendas de atores midiatizados, instituições, mídias e sujeitos sociais que, por meio da circulação, disputam narrativas e agem em constante negociação.

Jornalismo dos meios x Jornalismo midiatizado: acontecimentos em transição

Segundo Fausto Neto (2014), a sociedade em vias de midiatização provoca novas problemáticas, pois se utiliza de tecnologias que se convertem em meios e afetam a lógica das práticas sociais e de suas relações. Uma das consequências da midiatização seria justamente os seus efeitos sobre o campo jornalístico e suas práticas, na medida em que a dinâmica de uma nova arquitetura comunicacional faz surgir um novo processo interacional, enfatizado pelo "atravessamento na sociedade – enquanto instituições e práticas – de lógicas e protocolos midiáticos" (Fausto Neto, 2015, p. 245).

Nesse sentido, entende-se a midiatização como um processo social complexo, que carrega mecanismos de produção de sentido social. E, dentro desse processo, temos a circulação como um fenômeno que promove, mediante a inclusão de novas práticas e culturas jornalísticas, uma reavaliação de princípios e uma nova consciência midiática.

Podemos observar alguns indícios de transformação do jornalismo brasileiro a partir do surgimento da Mídia Ninja nas manifestações de 2013. Foi a primeira aparição de visibilidade de um jornalismo independente, que se tornou pauta das grandes mídias, propondo novas processualidades, como a transmissão ao vivo de acontecimentos de forma quase que etnográfica. Ao se misturar aos manifestantes, cobrindo a manifestação como se fosse um deles, correndo de bombas, realizando entrevistas nesse meio tempo e relatando todos os acontecimentos que ocorriam naquele episódio, revelou-se uma nova forma de comunicar, que oferecia uma experiência. Também fez parte dessa transformação o uso das câmeras de celular e a incorporação de práticas próprias das lógicas de midiatização, como o compartilhamento e o *streaming*.

O segundo passo na direção de uma tomada de consciência com relação a uma transformação do jornalismo deu-se em uma série de fatos que influenciaram novas formas de relações jornalísticas com suas fontes, com a apuração e suas próprias práticas. Sendo assim, é importante contextualizarmos o caso da Vaza Jato com outros acontecimentos antecedentes, que são os casos da Wikileaks, do episódio dos vazamentos de Edward Snowden e da fundação do The Intercept por Glenn Greenwald, conforme explica Leon Rabelo:

> Embora os três casos sejam distintos, separados por um intervalo de alguns poucos anos e tenham protagonistas diferentes, eles podem ser vistos como paralelos quanto aos seus movimentos de inflexão. Eles parecem indicar como grupos ou indivíduos estão encenando movimentos *tentativos* (Braga, 2010c) para alterarem os rumos do acesso social à informação publicamente relevante, especialmente sobre problemas e abusos das instituições de poder sobre os direitos individuais e as regras democráticas [...] Em termos práticos, os três casos se fundam na ação de *vazamento* de informações sensíveis e sigilosas, oriundas de diferentes instituições de poder (Rabelo, 2017, p. 88).

O primeiro caso de grande visibilidade nesse sentido, em um mundo já midiatizado, é o da *Wikileaks*. Os vazamentos propostos por Julian Assange trouxeram uma discussão sobre o uso de dados vazados e a forma como o público reagiu a eles. Esse caso acabou por frustrar quem defendia que a divulgação de dados de instituições era uma estratégia de moralização, pois a população não se mobilizou para disseminar o conteúdo vazado, conforme a equipe do *Wikileaks* previa. Entretanto, ao contrário do que os ativistas do *Wikileaks* tentaram demonstrar, esse acontecimento apontou para o quanto o trabalho jornalístico é tão importante e necessário:

> Os resultados práticos da colaboração entre o *Wikileaks* e importantes publicações de notícias foram consideráveis. No caso dos telegramas diplomáticos, por nove dias consecutivos, as histórias extraídas dos documentos publicados pelo *Wikileaks* foram matéria de capa do jornal *The New York Times*, causando considerável repercussão midiática e institucional, além de ocupar, nas semanas e meses seguintes, importante lugar no agendamento noticioso internacional (Rabelo, 2017, p. 91).

O caso *Wikileaks* acabou influenciando diretamente o caso Snowden, pois, na época, houve uma grande frustração em torno da pouca divulgação das denúncias depositadas no repositório, muito em parte pelo fato de não haver uma curadoria do que poderia ser considerado importante ou grave, trabalho que foi posteriormente realizado pela imprensa.

Em 2014, Edward Snowden[13] vazou informações sigilosas da Agência Nacional de Segurança dos Estados Unidos (NSA), revelando em detalhes alguns dos programas de vigilância que o país usa para espionar a população local, além de vários países da Europa e da América Latina, entre eles o Brasil. Nesse acontecimento, Snowden teve o cuidado de organizar muito bem as informações dos vazamentos, catalogando-as, assim como também teve a precaução de procurar um jornalista que já tinha experiência com jornalismo investigativo e que saberia cuidar muito bem do material. Contudo, a própria atuação do jornalista, que recebeu os vazamentos, acabou tornando-se um acontecimento.

Foi a partir da atuação de Glenn Greenwald que o caso Snowden se tornou ainda mais singular. Desde o período em que o jornalista encontrou Snowden, e mesmo depois da publicação das matérias, houve um processo conturbado, no qual o jornalista entrou em embate direto com a empresa jornalística da qual fazia parte, o The Guardian. Greenwald confrontou o jornal sobre a sua própria postura ética, cobrando mais independência e autonomia de ação, impasse que fez com que o jornalista rompesse com o jornal quando percebeu que não teria condições de divulgar a história completa. E embora os vazamentos tenham dado origem a uma série de reportagens publicadas pelo jornal britânico *The Guardian*[14], escritas

---

[13] Disponível em: http://g1.globo.com/mundo/noticia/2013/07/entenda-o-caso-de-edward-snowden-que--revelou-espionagem-dos-eua.html. Acesso em: 26 mar. 2021.

[14] Disponível em: https://www.theguardian.com/world/video/2013/jul/08/edward-snowden-video-interview. Acesso em: 26 mar. 2021.

em 2013 por Greenwald, foi quando o jornalista se desligou do jornal, lançando um livro em que contou toda a história de Edward Snowden e as denúncias contra a NSA, intitulado *Sem lugar para se esconder: Edward Snowden, a NSA e a espionagem do Governo Americano*, que surgiu um novo projeto de comunicação: The Intercept.

O The Intercept revelou, em seus processos jornalísticos, a adesão de uma capacidade autorreflexiva ao jornalismo, característica muito presente na atuação de seus novos atores ingressantes, que conversam bastante com seu público, aceita críticas e reflete sobre elas, adaptando práticas e explicando seus processos. Houve também uma nova proposição de negócio jornalístico, pelo fato do The Intercept se sustentar financeiramente por um investidor (First Look Media) e por uma campanha de financiamento via *crowdfunding*, o que objetiva garantir sua independência editorial.

Assim, percebemos o The Intercept como resultado de novos circuitos que se amplificam em uma sociedade midiatizada. E embora nesse item a nossa abordagem tenha-se preocupado em demonstrar uma fase de transição no sistema jornalístico, agora, sim, abordamos alguns aspectos sobre a construção do acontecimento jornalístico em uma ambiência midiatizada, além dos embates e das articulações entre práticas intersistêmicas.

A construção do acontecimento jornalístico inserido em uma ambiência midiatizada

A partir da percepção de que o jornalismo realizado em uma ambiência midiatizada carrega algumas transformações em suas práticas e lógicas, é interessante refletirmos sobre algumas questões acerca dessa construção jornalística. Define-se o jornalismo como uma prática social na qual representações de determinados fatos, históricos ou singulares, são divulgados a partir de relatos como notícias, reportagens ou entrevistas, por meio da menção ou perspectiva do fato narrado, evidenciando uma maneira de contar, que sempre partirá de determinado ângulo de visão. Dessa maneira, o jornalismo proporciona à sociedade uma forma de conhecimento que permite a sua própria construção social ao longo da interação do campo midiático com outros campos sociais.

Adriano Rodrigues propõe, ainda no contexto da sociedade dos meios, formulações sobre o campo dos *media*, que relacionam suas práticas com intensos processos de institucionalização. Sua visão de sociedade mediática sugere que os *media* instalam e desenvolvem atividades de mediação e que a construção da sua experiência passa pelo trabalho de dispositivos e tecnologias específicas, ocorrendo a ascensão do campo dos *media* (Fausto Neto, 2015). O autor argumenta que "numa sociedade segmentada, torna-se necessária a institucionalização de campos mediadores que assegurem a coesão orgânica do todo, ocupando os interstícios do tecido social" (Rodrigues, 1983, p. 52 *apud* Fausto Neto, 2015, p. 241). Essa situação proposta por Rodrigues coloca-se justamente na fase de transição entre a era dos meios e a era midiatizada. Entretanto, já em um passo adiante à constatação do campo dos *media,* Rodrigues se manifesta sobre a relação dos campos dos *media* com os campos sociais, reforçando os elementos de tensão entre campos, percebendo as disputas entre eles, que possuem a "pretensão de regular um determinado domínio da experiência, a partir da delimitação de um determinado quadro de sentido" (Rodrigues, 2000, p. 191 *apud* Fausto Neto, 2015, p. 242).

Neste contexto, observamos que a autonomia representacional do campo dos *media* permite operações que suscitam elos de contato sobre os demais campos, realizando um trabalho sócio-simbólico de caráter representacional. Por meio dessa dinâmica, outros processos interacionais emergem, causando transformações na sociedade. E as transformações que ocorrem do:

> [...] deslocamento de dinâmicas de processos da sociedade midiática para a sociedade em vias de midiatização instauram novas problemáticas, entre elas, as repercussões sobre a atividade e identidade dos campos sociais, especialmente a do campo dos medias (Fausto Neto, 2015, p. 243).

A partir dessa dinâmica, as tecnologias passam a se converter em meios, e isso altera as lógicas relacionais. O campo dos *media* passa, então, de protagonista a uma interface de contato entre campos, fazendo com que a sua característica mediadora se torne enfraquecida. Sendo assim, como argumenta Rodrigues, o campo dos *media* passa a ter a característica de fazer circular os discursos de outros campos, fruto de novos acoplamentos entre campos em processos. Então, observamos que diferentes processos se complexificam a partir dessa ambientação. Um deles é a circulação.

Embora se subentenda que os jornalistas considerem que, em suas enunciações, se compreenda uma completude em sua mensagem, no sentido que seu relato já compreende uma tradução global daquele fato, não podemos ignorar que, quando os jornalistas se comunicam, também sofrem a influência de vários fatores externos. Pode tanto ser a pauta do editor quanto o direcionamento jornalístico da empresa, ou mesmo da fonte, que se torna o produtor inicial da mensagem ao passar uma informação, na qual o jornalista simplesmente reproduzia algo que alguém lhe contava. Porém, quando uma fonte passa uma informação para um jornalista, está fazendo-o em termos de um lugar de produção, a partir de sua própria gramática e lógica, mas também segundo uma filtragem específica.

Da mesma forma, é preciso considerar que, quando a fonte relata algo a um jornalista, ele se origina de outra cadeia de produção de sentidos que o precede, porque antes teve acesso à outra fonte de informação, passando a relatar para o jornalista, que passa adiante a mensagem. Assim, o jornalista acaba virando um coprodutor, justamente porque absorve e descreve.

Quando o jornalista ouve o relato da fonte e traduz isso em texto, ele está deslocando esse relato original para um texto interpretado, que se dá em outro contexto e adquire nele outra gramática e outra lógica. São dois textos distintos que se enunciam em momentos diferentes, que se conectam, mas que trazem uma nova forma de dizer ao texto do outro que comunicou a informação, criando um discurso que se funda em gramáticas e lógicas próprias. Quando esse texto passa para a mão do jornalista, este realiza uma filtragem, de acordo com suas próprias gramáticas próprias e deontológicas da profissão, colocando-se também como um produtor de mensagens.

Esse encontro não se fecha, porque há uma zona de transformação do texto original em um texto interpretado, que se configura como uma zona de passagem, o que traz muitas descontinuidades e cadeias intermináveis que desviam a comunicação da zona da simetria e do automatismo. A simples maneira de o jornalista enunciar já é percebida como uma interpretação, pois é impossível relatar uma coisa que é escutada sem acrescentar algo da sua experiência e do seu modo de dizer, que independe daquele que o disse. Dessa forma, não há o relato imparcial, porque já existe uma interpretação, e, mesmo que essa interpretação esteja em convergência, são diferentes maneiras de dizer, é algo novo que se constrói, como afirma Robert Darnton (1990):

> Evidentemente, seria absurdo sugerir que as fantasias dos jornalistas são assombradas por mitos primitivos como os imaginados por Jung e Lévi-Strauss, mas a redação de notícias é fortemente influenciada por estereótipos e concepções prévias sobre o que deve ser a matéria. Sem categorias preestabelecidas do que constitui a notícia, é impossível classificar a experiência. Há uma epistemologia do fait divers. [...] O contexto do trabalho modela o conteúdo da notícia, e as matérias também adquirem forma sob a influência de técnicas herdadas de contar histórias. Esses dois elementos na redação da notícia podem parecer contraditórios, mas estão juntos no treinamento de um repórter, quando ele é mais vulnerável e maleável. À medida que passa por essa fase de formação, ele se familiariza com a notícia, tanto como uma mercadoria que é produzida na sala de redação quanto como uma maneira de ver o mundo (Darnton, 1990, p. 92-97).

Sendo assim, no meio do caminho entre o que é dito e o que é interpretado, existe um lugar de articulação e negociação, que expressam fundamentos desses lugares de onde eles falam. Essa comunicação ocorre segundo um filtro de interpretação que é intrínseco aos valores, lógicas, culturas e mecanismos interpretativos de quem recebe a mensagem. Assim, essa profusão de sentidos circulantes que se disputam e se pretendem negociar são ocasionados por meio da circulação. A partir desse entendimento, sugerimos que a circulação não é uma articulação simétrica ou isomórfica, pois não há um domínio equilibrado do que é dito pelas duas partes, porque a comunicação sempre busca um esforço de entendimento mútuo, justamente porque não há a garantia dessa compreensão completa. Em uma conversa, a pessoa que está escutando apropria-se do que está sendo dito, manejando outro conjunto de operações, diferentes das operações de quem proferiu a mensagem. Isso porque a **circulação é o resultado da diferença da relação.**

Com base nisso, podemos afirmar que a sociedade em midiatização interage contigo mesma, por meio dos dispositivos interacionais midiatizados, dessa maneira, se tornando autorreferente. Essa situação foi-se modificando ainda mais, à medida que os processos comunicacionais foram se complexificando, com o uso da internet. De acordo com Fausto Neto, pode-se perceber uma transformação nesse sentido, quando ocorre "um delineamento de um outro período caracterizado pela intensificação de tecnologias transformadas em meios [...] afetando todas as práticas sociais" (Fausto Neto, 2018, p. 11). Essa processualidade foi apresentada por Eliseo Verón em um diagrama (Figura 1) em que ele exemplifica, como uma das características da midiatização, "o fato de sua dinâmica não contemplar relações de causa e efeito, nas relações de seus componentes", destacando-se, no lugar destes, "circuitos de *feedbacks* não-lineares" (Verón, 1997, p. 14 *apud* Fausto Neto, 2018, p. 12). O diagrama demonstrado a seguir ilustra uma dinâmica interacional própria da midiatização, que tem como característica central a não linearidade de causa e efeito em seus processos, destacando-se circuitos de *feedbacks* não lineares, representados pelas fechas duplas, que exemplificam a complexidade dos fluxos não lineares, que se contatam por meio da circulação.

Figura 1 – Complexidade da midiatização (modelo gráfico de Verón, 1997)

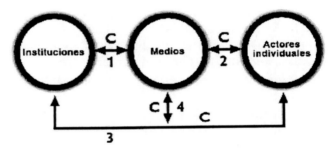

Fonte: Verón (1997)

De acordo com Eliseo Verón (2004), não há produção de sentidos sem a enunciação, que, em seu entendimento, são os modos de dizer. Então, para o autor, há dois elementos que constituem os diversos discursos: o enunciado e a enunciação. Assim como a frase é a unidade linguística, o enunciado é a unidade do discurso. É um acontecimento singular, da ordem do conteúdo, daquilo que é dito e realizado por um enunciador (Verón, 1984). Já a enunciação significa a forma desse conteúdo, a maneira como esse conteúdo é dito. Portanto, o dispositivo de enunciação consta de um enunciador, um destinatário e das relações entre eles. Nessa dinâmica, o enunciador traz marcas da "relação daquele que fala ao que ele diz" (Verón, 1984, p. 216), o destinatário traz uma imagem daquele a quem o discurso é endereçado, e a relação entre eles é proposta no discurso e pelo discurso. Dessa forma, Verón (1984) afirma que todo o suporte midiático possui o seu dispositivo de enunciação e os contratos de leitura, visando a vínculos entre eles, que se constroem mediante essas operações discursivas, fazendo com que a mídia contate seus receptores:

> Verón conclui, assim, que a diferença entre as duas frases estaria na relação do autor com aquilo que foi dito, no âmbito da enunciação, ou nas modalidades do dizer. Essa enunciação se dá a partir de um dispositivo que chamou de contrato, constituído por: (1) a imagem do enunciador, ou o lugar que ele atribui a si mesmo; (2) a imagem do destinatário, do ponto de vista do enunciador; (3) a relação proposta para eles. O contrato é uma situação de troca, permeada por regras, permissões e restrições que devem ser reconhecidas pelos envolvidos na comunicação (Cavenaghi *et al.*, 2016, p. 369).

Sendo assim, Verón considera como parte desse contrato "o processo que vai da produção de sentido até a 'consumação' de sentido, sendo a mensagem o ponto de passagem que sustenta a circulação social das significações" (Verón, 1984, p. 216). Contudo, Fausto Neto (2006) argumenta que os contratos de leitura são elaborados como estratégias de produções de sentidos, que regulam as relações entre a oferta e recepção dos discursos midiáticos. Ele afirma que "os processos de midiatização vem desencadeando várias mutações em práticas sociais, afetando suas identidades e seus funcionamentos" (2006, p. 1). Essas mutações, então, incidem sobre as regras e estratégias promovidas pelas instituições midiáticas, que servem para organizar e desenvolver suas "políticas de sentidos" e propiciam uma relação entre os produtores da notícia, os receptores, as instituições e a sociedade como um todo:

> Esta comunicação procura fazer uma reflexão mais focada em torno de alguns elementos que, resultando do próprio ambiente da midiatização, repercutem em operações que constituem o trabalho de produção de sentido do jornalismo. De um modo específico, são destacadas estas questões relevantes para a organização dos contratos de leitura, enquanto 'prática enunciativa', através da qual o jornal, enquanto sujeito, põe-se em contato com o leitorado. Evidentemente, que esta problemática transcende ao universo do jornal, tensionando a 'arquitetura' das mídias,

diferentes modalidades de discursos, suportes, práticas de produção de sentidos, especialmente aquelas relacionadas com o trabalho de produção da atualidade. Diz respeito às discussões que envolvem macro-políticas editoriais, se considerarmos que fenômenos de sentido afetam e são afetados por dinâmicas e relações que se engendram nestes lugares (Fausto Neto, 2007, p. 1).

Assim, no processo evolutivo de midiatização, as mídias deslocam as lógicas desses contratos de leitura "de uma construção de realidade, para a realidade de construção" (Fausto Neto, 2006, p. 3), passando a chamar a atenção para si e para suas ações, assim como os dispositivos técnico-simbólicos acabam apreendendo algumas singularidades de outros sistemas, porém mantendo a essência de seu próprio sistema, gerando, assim, um complexo processo de produção de sentidos que cria uma própria realidade:

> Um novo dispositivo que opera segundo um tipo de ação baseado em operações, funda a própria realidade midiática, que se reporta às realidades de outros sistemas, mas valendo-se, sempre de uma autonomia de suas 'regras de produção' para produzir o seu dizer. Tal mecanismo chama-se a capacidade auto-referencial que tem a mídia jornalística em dispor dos meios para construir a inteligibilidade sobre o mundo, ou seja, 'construir a realidade'. Porém, este é um lado deste trabalho da auto-referencialidade da produção de sentido midiática jornalística. Há, um outro, e que vai se cristalizando no âmago dos próprios 'contratos de leitura'. É da 'realidade da construção', assim lembrado por Luhmann: "o sistema sempre fará referência a um estágio próprio de informação, ao que ele considera novidade e surpresa, para conferir-lhes um valor de informação" (Luhmann, 2000:20). Este mundo próprio midiático jornalístico se faz forma, dando, por força do manejo que tem sobre suas próprias operações e regras, modos de existência aos conceitos abstratos, como os de 'rotina produtiva' e de 'contrato'. Transforma a linguagem jornalística em experiência, gerando-se assim em uma realidade própria (Fausto Neto, 2006, p. 3).

Dessa maneira, a partir de uma grande transformação na ambiência comunicacional e social, proposta pelo fenômeno da midiatização, as processualidades jornalísticas passaram a operar sob outras lógicas. Elas afetam e são afetadas por interpenetrações de outros sistemas, cujo resultado são uma perturbação na ambiência que gera disputas e conflitos imprevisíveis de serem antecipados, o que se convenciona por *feedbacks* complexos. Dentro desse contexto, o jornalismo é uma prática que vai se midiatizando, e os processos, que vão se desenvolvendo no âmbito policial, judiciário e na esfera do campo político, ganham corpo na esfera da sociedade por meio da intervenção do discurso jornalístico.

Essa dinâmica se percebe a partir de uma ocorrência que se produz em outros sistemas, com implicações dos sistemas político-judiciário, mas que só se midiatiza e ganha contornos de inteligibilidade na medida em que se destaca a intervenção do jornalismo. Observamos, desse modo, uma primeira transformação dessa complexidade da investigação, que é a transformação engendrada pelo discurso jornalístico. Destaca-se, então, outro dispositivo de leitura que produz outras chaves interpretativas sobre as duas outras operações que não mais se restringem ao ambiente jurídico, mas se interpenetram, segundo complexas construções midiáticas, cuja ênfase, de alguma forma, é chamar a atenção para o papel do jornalismo como operador de sentidos.

Portanto, o caso analisado nesta obra consiste em um acontecimento envolvido por intervenções de vários sistemas, mas cujo olhar está voltado para uma construção que coloca o acontecimento na esfera pública, o que ocorre a partir do discurso jornalístico. Nesse sentido, as próprias denominações "Lava Jato" e "Vaza Jato" são designações jornalísticas, os nomes simbólicos de duas operações que se realizam no âmbito das interpenetrações dos sistemas judiciário e político, com seus discursos traduzidos para a esfera pública, segundo a intervenção jornalística que se realiza no decorrer do acontecimento, como será demonstrado posteriormente neste livro.

Concordamos que o acontecimento é uma categoria central da razão de ser do jornalismo, no sentido em que ele obtém uma singularidade quando o registro se torna algo a merecer o relato jornalístico. Poderíamos definir aqui o acontecimento jornalístico como notícia, mas ele é problematizado neste livro como uma construção, pois, quando esse acontecimento representa uma complexidade da sociedade, ele traz um grau de singularidade, tem uma raridade, ou seja, algo que o diferencia de uma ocorrência normal.

Segundo o historiador Pierre Nora (1988), o acontecimento é aquilo que se constitui em torno de meios ou de tecnologias de meios, pois o autor percebeu a importância dos meios como um referencial para entender os processos históricos. De acordo com Nora (1988), o acontecimento é projetado pelos meios massivos na vida privada, ao ser oferecido sob forma de um espetáculo, fator que marca a sua presença. Porém, essa perspectiva contempla processos típicos da sociedade dos meios, mas não é suficiente na análise dos processos comunicacionais complexificados em uma ambiência midiatizada, ao contrário de antes, quando era como se a ambiência fosse constituída somente pelos meios massivos e os acontecimentos passassem exclusivamente pelos seus fluxos.

Para exemplificar a diferença entre as temporalidades dos processos da era dos meios em contraponto à ambiência midiatizada, concebemos a perspectiva do estudo de Eliseo Verón (1981) – sobre a construção do acontecimento jornalístico na cobertura da explosão da usina nuclear Three Mile Island, ocorrida na Rússia, em 1979. Ao analisar o caso, o autor verificou que, na era dos meios, havia uma temporalidade própria dos relatos obtidos, que ocorriam de uma maneira lenta e desconectada com o momento em que havia ocorrido o acidente, além dos desdobramentos decorrentes dos relatos jornalísticos, publicados pelos jornalistas russos. Esses fatores, então, acabavam por fragmentar o acontecimento pela intervenção da imprensa.

Assim, evoluímos da proposição de Nora, que considera o acontecimento como algo que se constitui em torno dos meios massivos, para um estágio de um fenômeno que se tornou mais complexo, que é o acontecimento a caminho da midiatização. Em uma sociedade midiatizada, a temporalidade do acontecimento ocorre de forma concomitante com sua ocorrência, justamente por não depender mais da mediação dos meios. A partir da ambiência midiatizada, qualquer pessoa pode divulgar qualquer fato, porque todos estão nas redes sociais, por conta da revolução do acesso.

Dessa maneira, o acontecimento é esgaçado pela midiatização. Neste contexto, não se espera mais pelo dia seguinte para divulgar os acontecimentos, nem esperamos mais pelo mediador (jornalista) para relatar esses fatos. E esse processo é exatamente o que entendemos por uma construção jornalística que transforma o acontecimento em uma construção de relações de interpenetrações entre sistemas em um ambiente midiatizado, pois essa interação não se sobrepõe à sociedade, nem ao tecido social, mas se comporta como uma ambiência de fluxos e intensos investimentos técnicos discursivos, gerando fatos, por meio de lógicas e matrizes técnico-discursivas.

Oferecemos, desse modo, alguns aspectos que afetam e complexificam a própria noção de acontecimento na midiatização em processo, tornando-o um caso midiatizado. Segundo Fausto Neto (2012, p. 298), os "acontecimentos são tecidos hoje no contexto da midiatização no qual as mediações, enquanto práticas sociais, são afetadas por uma nova arquitetura comunicacional." Ou seja, dessa maneira, compreendemos que o acontecimento sempre foi a "matéria-prima" do jornalismo como sistema. Podemos estabelecer uma diferenciação de como o acontecimento se desenrolava diferente na sociedade dos meios, a partir do estudo[15] de Fausto Neto sobre a cobertura e publicização da doença e morte do ex-presidente Tancredo Neves, nos anos 1980, que, conforme aponta o autor, ocorreu na sociedade dos meios. E embora nesse acontecimento a atividade discursiva tenha desempenhado um grande papel, pois surgiram vários discursos de diversos campos sociais sobre o ocorrido, todos esses discursos se afunilaram na mediação do porta-voz, que edificou seus pronunciamentos em heranças jornalísticas para representar discursivamente o campo médico. Segundo observa o autor:

> O caso acima descrito é uma atividade de mediação típica da "sociedade dos meios" na qual os mídias, suas operações e seus *experts,* aparecem como instância INTERMEDIÁRIA entre as diferentes práticas dos outros campos sociais. Nela, os meios "constituem numa espécie de espelho donde a sociedade industrial se reflete e pela qual se comunica. O essencial deste imaginário é que marca uma fronteira entre uma ordem que é do "real" da sociedade (sua ordem que é da representação, da reprodução e que progressivamente se ocupou dos meios". (Verón, 2004, p. 14) O acontecimento assim funciona sobre lógica que repousa nas "mediações dos meios". (Fausto Neto, 2012, p. 299-300).

Fausto Neto (2012, p. 299) observa que, nesse acontecimento, "couberam às práticas e peritos midiáticos, especialmente as jornalísticas, desenvolver a tarefa explicativa de fazer o caso chegar à sociedade",

---

[15] Disponível em: https://static.scielo.org/scielobooks/k64dr/pdf/mattos-9788523212056.pdf. Acesso em: 11 nov. 2020.

enfatizando a mediação jornalística, mediante relatos destinados para as mídias sobre o estado de saúde do político, o que evidencia a realização de uma "ponte" entre o mundo médico e a sociedade. Para estabelecer uma comparação que diferencie de que forma o acontecimento se transforma em uma sociedade em midiatização, o autor compara, no mesmo artigo, a maneira do desenrolar do acontecimento sobre a cobertura midiatizada da doença do ex-presidente Lula. Segundo Fausto Neto (2012, p. 300), a publicização da enfermidade de Lula se desenrola em "uma outra ambiência comunicacional, na qual tecnologias se convertem em meios, afetando não só a organização social, mas as práticas de diferentes campos".

Pode-se identificar uma mudança no entorno comunicativo, que leva em conta a disseminação de modos específicos de operações de mídia, diferentes lógicas e culturas, por todas as práticas sociais. Sendo assim, essa nova ambiência considera que o funcionamento das instituições e suas práticas são diretamente afetadas pela presença dos meios e de suas lógicas e operações. E essa presença se evidencia ao longo de processos de afetações diversas (técnicas, sociais, discursivas), que se impõem a todos os campos sociais, gerando vários efeitos, inclusive, em estruturas e práticas de mediação, produzindo transformações que misturam diferentes práticas sociais. Como todas as práticas (interacionais e institucionais) estão atravessadas pelos efeitos das configurações dessa nova ambiência, conseguimos perceber que a midiatização produz um enfraquecimento de algumas estruturas de mediação, fazendo com que o acontecimento resulte menos de uma decisão soberana do ambiente jornalístico, porque é permeado por transações que envolvem o deslocamento das instituições e dos atores sociais, na medida em que eles próprios passam a ser gestores e produtores de sentidos. No caso da Operação Lava Jato, a noção da criação de um acontecimento jornalístico ultrapassa a mediação jornalística, sendo que os próprios atores jurídicos criam a possibilidade de gerir a construção jornalística, a partir do domínio de lógicas midiáticas em estratégias de ações comunicacionais, como as que se pode perceber no depoimento de Lula ao juiz Sergio Moro e no vazamento da ligação de Dilma e Lula.

Porém, também a Vaza Jato subverteu esse processo, ao utilizar uma estratégia argumentativa antagônica à da Lava Jato, subvertendo, por meio do discurso, a dinâmica da circulação nas redes sociais para ampliar a repercussão sobre as denúncias, que se tornaram mais fortes a partir das discussões estabelecidas nos campos jurídico e midiático. Nesses dois acontecimentos, a mediação ainda permanece, porém seu poder de decisão e noticiabilidade desloca-se, por exemplo, para as estratégias do campo jurídico e na habilidade jornalística dos dispositivos que contemplam seus contratos de leitura. Segundo Fausto Neto (2012, p. 301),

> [...] a mediação tem sua importância deslocada do âmbito de transmissão propriamente dita, para o da organização da estratégia e do seu discurso. É nele que as práticas — política e comunicacional — se contatam e se contaminam.

Segundo o autor:

> As afetações dos processos de midiatização fazem com que produtores e receptores de discursos se desloquem para novos contextos difusamente definidos como de mediações. estes podem ser definidos como "zonas de interpenetração" (Verón, 2009), OU POR "processos interacionais de referência" (Braga, 2006), ou ainda de uma de intermedialidade; (Martín-Barbero, 2009a), cujas dinâmicas se impõem à gestação do acontecimento (Fausto Neto, 2012, p. 302).

A partir dessa reflexão, é interessante observar como os desdobramentos que se desencadearam a partir da cobertura jornalística da Operação Lava Jato possibilitaram uma série de mudanças de paradigma em campos diversos, inclusive dentro do campo jornalístico, mas também dentro do campo jurídico e político. Retomamos aqui a discussão que se iniciou anteriormente, sobre a dupla vida do acontecimento, questão trazida por Louis Quéré (2012). O autor problematiza uma definição do historiador Pierre Nora, que afirma que "o acontecimento midiatizado deixou de ser uma garantia de real, uma vez que é a midiatização que o constitui" (Nora, 2006 *apud* Quéré, 2012, n.p.).

Sendo assim, a partir da comunicação, o acontecimento se torna um objeto passível de significado, pois "a comunicação atenua, assim, o impacto dos acontecimentos e transforma suas qualidades imediatas, fazendo com que se tornem objetos de julgamento" (Quéré, 2012, n.p.). Porém, em um momento adiante, imerso em uma ambiência midiatizada, o acontecimento toma outra forma, tornando-se uma construção mediante uma situação de tensões entre sistemas, que ocasiona um cruzamento de construções jornalísticas, como no caso analisado nesta obra, que se refere às construções jornalísticas provenientes das disputas argumentativas das coberturas jornalísticas da Operação Lava Jato e da Vaza Jato. É esse diálogo entre sistemas, promovido por esse cruzamento entre as diferentes construções jornalísticas, que emergem as interpenetrações.

No caso da Vaza Jato, é exatamente essa processualidade investigativa que revela novas construções, a partir da desconstrução dos acontecimentos da Operação Lava Jato. Esse acontecimento inicial disparou uma série de novos processos, gerando novos acontecimentos e meta-acontecimentos, revelando o surgimento de novos atores jornalísticos nesse cenário, que atendiam a novas lógicas midiatizadas. A partir do ingresso da Vaza Jato, interferindo em um acontecimento maior, que é a Operação Lava Jato, a narrativa anterior foi rompida por outro acontecimento jornalístico, apresentando um antagonismo inesperado, de duas visões comunicacionais diferentes. Destacamos ainda que a série de reportagens do The Intercept Brasil também provocou um meta-acontecimento ao fazer surgir uma intensa discussão sobre jornalismo, algo que, de alguma forma, já foi lembrado por Rodrigues:

> [...] é o próprio discurso do acontecimento que emerge como acontecimento notável a partir do momento em que se torna dispositivo de visibilidade universal, assegurando assim a identificação e a notoriedade do mundo, das pessoas, das coisas, das instituições. Uma segunda categoria de acontecimentos veio, por isso, alastrar no mundo atual, uma espécie de acontecimentos segundos ou de meta-acontecimentos provocados pela própria existência do discurso jornalístico (Rodrigues, 1993, p. 29).

Porém, dois exemplos bastante claros sobre o processo de meta-acontecimento, neste caso, dizem respeito à repercussão sobre a Vaza Jato, fazendo com que seus agentes jornalísticos se tornassem atores midiatizados do processo. Um desses exemplos se materializou na atuação do jornalista Glenn Greenwald, um dos protagonistas da Vaza Jato, ao ser entrevistado por vários programas jornalísticos, como o programa Roda Viva e o Pânico, da Jovem Pan. Nesse sentido, a Vaza Jato gerou uma nova noção de construção jornalística dentro de seu próprio campo, também provocando novas interpenetrações em outros sistemas. Dessa maneira, é necessário discernir que a intenção de realizar essa análise das estratégias jornalísticas dá-se porque as coberturas da Lava Jato e da Vaza Jato são dois registros impregnados de operações diversas, como notícias, coberturas, relatos, entrevistas e releases, que ganham a sociedade, tentando afirmar os pontos de vistas diferentes acerca dessas operações, segundo as próprias operações. Na sociedade em vias de midiatização, tudo está impregnado por fluxos e circuitos, atravessado por lógicas interpretativas de meios em dinâmicas de circulação, que derivam em interpenetrações sistêmicas, como veremos no próximo item.

A circulação do acontecimento: processualidades de interpenetrações sistêmicas

Considerando a era dos meios como uma zona de passagem de discursos entre emissor e receptor, no qual se verificava apenas o ponto de partida e o ponto de chegada das mensagens, a circulação passou a ser vista de outra forma quando as relações entre emissão e recepção passam a se realizar em torno de novas dinâmicas. Então, a partir desse outro momento, a circulação passou a ser convencionada como "como resultado da diferença entre lógicas de processos de produção e de recepção de mensagens" (Fausto Neto, 2010, p. 10), em um espaço de oferta/apropriação. Porém, em um momento seguinte da circulação, ele se transiciona em um "lugar no qual produtores e receptores se encontram em jogos complexos de oferta e reconhecimento" (Fausto Neto, 2010, p. 11), considerando, mediante lógicas de contratos, as desarticulações entre produção e recepção. Por força da ambiência da midiatização, as novas condições de circulação acabaram afetando as lógicas de "instituições produtoras e sujeitos-receptores" (p. 14), fazendo com que as lógicas de contratos fossem substituídas por lógicas de interfaces em disputas de sentidos.

Então, essa zona de contato é inevitável, porque não há uma certeza de que a comunicação atingirá a significação exata da mensagem que foi proferida, porque ainda há outros aspectos que podem interferir na decodificação da mensagem, como os dispositivos tecnológicos e as interações sociais. Dessa maneira, afirma-se que, na comunicação, há um processo tentativo, no qual os comunicadores intuem, por conta de alguns indícios, que estão sendo compreendidos, inferindo sobre uma possibilidade de comunicação, porém não havendo um controle de um direcionamento para onde o interpretante está conduzindo a significação que este está fazendo dela. Isso ocorre porque não há uma simetria entre o que é dito e o que é ouvido/lido. O que ocorre é uma dissimetria. Dessa forma, afirmamos que **a circulação é uma zona de dissimetrias**, pois é um processo tentativo.

É exatamente por conta dessa processualidade que o processo de circulação não é meramente mecânico, mas um processo que se resulta da diferença da relação. A partir desse processo de busca de significação e interpretação, vão-se criando zonas de leitura e contato entre sistemas e campos. Isso é exatamente o que torna a circulação uma zona de intercambialidade assimétrica, fundada em articulações de diferenças de lógicas, de produtores e receptores.

Então, existe uma articulação entre Lava Jato e Vaza Jato, porém ela é fundada em dissimetrias, que envolvem vários aspectos que merecem ser pontuados adiante. Porém, é importante reforçar que o que se desenvolve entre esses dois acontecimentos é uma relação assimétrica, que compreende dois lugares, de duas entidades que estão fabricando discursos. Sendo assim, fica evidente que a Lava Jato e a Vaza Jato realizam processos tentativos. De um lado, por parte dos operadores da Lava Jato, no sentido de monitorarem a imprensa o tempo todo para verificarem se o sentido comunicacional que pretendiam empregar estava sendo contemplado, ou por meio do sugestionamento da mensagem, mediante *releases* e divulgações das iniciativas da operação. E do outro, a Vaza Jato, realizando, na forma de explicar ao público as suas processualidades, uma maneira de diminuir a simetria entre o processo jornalístico e a relevância dessa prática perante a opinião pública e os desdobramentos de suas ações na sociedade. Então, concluímos que a circulação é, sim, um processo de articulação, mas não se pode afirmar que exista um compartilhamento de compreensão de sentidos partilhados.

Portanto, a circulação é "transformada em lugar no qual produtores e receptores se encontram em jogos complexos de oferta e reconhecimento" e no qual "as lógicas dos contratos são subsumidas por várias mídias, migrando em seus contatos com os mesmos e quebrando zonas clássicas de fidelização" (Fausto Neto, 2010, p. 11-14 *apud* Braga, 2012, p. 39). Mas há outro aspecto a ser considerado na circulação, que vai além da relação direta entre produção e recepção: trata-se da noção do "fluxo adiante" (Braga, 2012, p. 39), que nada mais é do que a retroalimentação dos produtos circulantes da mídia de massa em outros ambientes, ultrapassando a situação de recepção, fazendo com que a origem da fonte se perca nesse processo. Essa dinâmica do fluxo adiante ocorre de diversas formas dentro do ambiente midiatizado, podendo aparecer por meio de elaborações de comentários, estimulação de debates, compartilhamentos, análises, polêmicas e estudos sobre a questão exposta, além de várias outras possibilidades que incluem a circulação que ocorre nas redes sociais. Assim, o processo de circulação reconfigura-se como um contrafluxo, processo que oferece novos sentidos a partir das respostas que produzimos e que derivam dessas produções de sentido iniciais. Assim, o espaço entre a produção e o reconhecimento, que era antes definido como intervalo, agora "torna-se a instância operadora da comunicação, uma vez que a produção de sentido é ali efetivada" (Rosa, 2019, p. 12).

Dessa forma, percebe-se que, nos macroambientes de interação social, o esforço interacional se desloca do modelo conversacional para um processo de fluxo contínuo, que segue adiante e promove novos sentidos. É exatamente essa característica de fluxo contínuo, marcada pela retroação da escuta prevista, a característica destacada por Braga como um dos aspectos mais pregnantes da midiatização. Segundo Fausto Neto (2015), o tempo de produção de uma obra e o da circulação são distintos e geram inevitáveis efeitos

> [...] como "mutações complexas que ocorrem na 'arquitetura comunicacional', segundo o 'esforço interacional que se desloca do modelo conversacional (comunicação, de ida e volta) para um processo de fluxo contínuo, sempre adiante' (Braga, 2012, p. 9 *apud* Fausto Neto, 2015, p. 237).

Esse fluxo contínuo se manifesta concretamente na sociedade, na forma de "circuitos, que são culturalmente praticados, reconhecíveis por seus usuários e podem ser descritos e analisados pelos pesquisadores" (Braga, 2012, p. 41).

Porém, esses circuitos geram articulações entre os campos diversos da sociedade, porque "todos os setores da sociedade são instados, pela dinâmica da midiatização como 'processo interacional de referência' (Braga, 2007) [a se articularem] através de circuitos pouco habituais" (Braga, 2012, p. 43). Dessa maneira, na prática social, encontramos circuitos que fazem com que os campos sociais, que antes interagiam com outros campos, em processos marcados por suas distintas lógicas, com negociações de fronteiras, sejam agora atravessados por outros múltiplos circuitos diversos, "como consequência de uma série de processos, de expectativas, de interesses e de ações que resultam em sua composição como 'um objeto para circular' - e que, por sua vez, realimenta o fluxo da circulação" (Braga, 2012, p. 41). Isso porque, segundo Fausto Neto (2018, p. 11), "o cenário da midiatização tem relação direta com as transformações de circulações de sentidos".

Há também um aspecto da circulação proposto pela pesquisadora Ana Paula Rosa, que trabalha especificamente com a representação dos sentidos por meio das imagens. Segundo a autora, a circulação implica em circularidade e, essencialmente, em uma relação de atribuição de valor, na qual tanto instituições jornalísticas quanto atores sociais reelaboram os sentidos, mas também preservam a força das imagens anteriores (Rosa, 2019). Compreende-se que, dessa forma, a circulação não é abstrata, mas ela tem manifestações, pois é no funcionamento da circulação no ambiente jornalístico que aparecem os sentidos que emergem das disputas entre as reportagens da Vaza Jato e a cobertura jornalística da Lava Jato, gerando um caso que emerge de uma dinâmica de dois acontecimentos que se relacionam por conta de sua complexidade.

Indo adiante sobre a noção de interpenetração, considera-se a proposição de Luhmann (2016), na Teoria dos Sistemas Autorreferenciais, como um tipo de relação que ocorre quando um sistema coloca à disposição a sua própria complexidade para construir outro sistema, o que pressupõe uma correlação de forças evidentes na relação entre seres humanos e sistemas sociais. Dessa forma, a interpenetração é o conceito para a análise dessa relação, proposta como uma dinâmica que realiza interações entre dois sistemas, sem que estes se modifiquem em suas essências.

O que ocorre é uma nova dinâmica, em que outros sentidos são produzidos, por conta da comunicação estabelecida, Essa interação colabora com a criação de novos sistemas, dinâmica explicada por meio da noção de autopoiese, conceito que define a autorreprodução de uma espécie e que foi deslocado da biologia para as ciências sociais pelo autor, ao considerar a observação do objeto ao longo da interação entre seus elementos. No caso dessa conceituação, compreende-se a Vaza Jato e a Lava Jato como operações de sistemas distintos que se interpenetram, envolvendo fundamentos dos campos jurídico, jornalístico, midiático e político, gerando, mediante as interações entre eles, produções de sentidos diversas.

É, ao longo da perspectiva que enxerga a **circulação como diferença da interpenetração entre diferentes sistemas,** o foco da observação da

Lava Jato e da Vaza Jato como acontecimento jornalístico, pois uma ocorrência deriva da outra, o que gera uma nova dinâmica interacional entre elas. A partir do surgimento da Operação Lava Jato, a Vaza Jato emerge como uma ruptura de sua narrativa, cuja complexidade desencadeia uma série de relações entre circuitos diversos, gerando *feedbacks* complexos, permeada pelo fenômeno da circulação.

Segundo Fausto Neto (2012, p. 298), os "acontecimentos são tecidos hoje no contexto da midiatização no qual as mediações, enquanto práticas sociais, são afetadas por uma nova arquitetura e dinâmica do processo comunicacional." **É na circulação de sentidos que o acontecimento é percebido na ambiência jornalística por seus atores individuais, transformando-se em intrigas e posto em circulação, por meio das interpenetrações, ocorrendo tensões entre sistemas e produzindo novas percepções a cada contato.** Nessas tensões, as alterações não se dão apenas em termos de fluxo de informações, mas interferem na estrutura dos sistemas que se interpenetram, alterando processos e instaurando novas lógicas de funcionamento.

A ambiência da midiatização, viabilizada por intermédio da internet e das interações nas redes sociais, permite, graças às suas conexões, que o processo de correferencialidade amplie-se a todos os dispositivos do sistema, fazendo com que novos acontecimentos sejam provocados mediante disputas e/ou negociações, ocasionadas por interpenetrações de sistemas. O acontecimento, dessa forma, retorna midiatizado para a sociedade, porém autorreferenciado. Suas manifestações não são mais centradas nas mídias, mas sofrem a afetação dos processos tentativos dos diferentes sistemas, por conta das interações de dispositivos, como redes sociais, sites, blogs, e das próprias mídias. Ou seja, quando o acontecimento começa a circular pelo aparato midiático, modificando e sendo modificado por ele, ele afeta de forma mais perceptível os campos sociais. Então, os acontecimentos agem transformando sentidos, porque a notícia que dispara o processo gera uma série de significações novas. O acontecimento, em uma sociedade permeada pelo resultado da diferença entre sistemas, pode produzir processos fugazes de significação, que se retroalimentam pela autorreferencialidade e se reforçam a partir das autopoieses. Ou seja, esses acontecimentos somente são reproduzidos se os elementos que os compõem forem providos de capacidade de conexão, permitindo o surgimento de novos sentidos e outros acontecimentos que derivam do acontecimento inicial.

REFLEXÕES METODOLÓGICAS SOBRE O CASO MIDIATIZADO

Percursos metodológicos: do acontecimento ao caso midiatizado

Pierre Nora (1988) afirma que devemos aos meios de massa o reaparecimento do monopólio da história. Essa perspectiva também é trabalhada por Eliseo Verón, observando como cenário de estudo a sociedade dos meios, época na qual os acontecimentos se materializavam por meio dos seus relatos:

> Os acontecimentos sociais não são objetos que se encontram já feitos em alguma parte da realidade e cujas propriedades e transformações nos são dados a conhecer de imediato pelos medios com maior ou menor fidelidade. Só existem na medida em que esses medios o elaboram. [...] Os medios informativos são o lugar aonde as sociedades industriais produzem nossa realidade (Verón, 2002, p. 2).

Embora esse trecho seja datado de uma obra do início dos anos 2000, podemos perceber que o autor constata um aspecto definidor da interação jornalística que existia na era dos meios, quando havia uma temporalidade sobre o acontecimento que o fragmentava. Isso ocorria devido aos relatos de diferentes meios, que, no artigo citado, eram relatos televisivos, a partir de fragmentos fornecidos para as empresas jornalísticas sobre o fato, tornando essa comunicação lenta, devido à dinâmica temporal, como a diferença de fuso horário.

Na era dos meios, a temporalidade se diferenciava com relação à distância, pois, neste caso, os veículos somente informavam o fato mediante as condições de sua veiculação, advinda de um dispositivo tecnológico, chamado telex, que era emitido em determinado horário, relatando um acontecimento que havia ocorrido na noite anterior ou na manhã daquele dia. Naquele caso, portanto, o acontecimento foi um resultado dos investimentos sócio-técnicos existentes na sociedade daquela época (telex), e assim se considerava que os meios eram vetores intermediários da informação. Dessa forma, havia uma demora específica de reconstrução e transmissão do relato, assim como sobre as repercussões do fato e das diferentes interpretações ofertadas pelos veículos de mídia, que traziam processos mais artesanais de apuração e relato, na medida em que o alerta sobre o acontecimento não acontecia em tempo real. É por isso que a construção do acontecimento na era dos meios passava pela mediação destes meios, enquanto meios institucionalizados, com características típicas da sociedade dos meios.

Ao estabelecermos uma relação com casos ocorridos em uma sociedade midiatizada, constatamos que o fenômeno se tornou muito mais complexificado, por diversos fatores. Um deles é que os processos sócio--técnicos estão dinamizados em temporalidade distinta que permeia hoje todos os sistemas sociais. É uma processualidade direta, sem mediações nem intermediários. Um exemplo concreto é a divulgação do vídeo e da transcrição do depoimento que o ex-presidente Luiz Inácio Lula da Silva deu ao juiz Sergio Moro, pois, no mesmo instante que o juiz liberou para a escrivã a divulgação desses materiais, eles foram disponibilizados para a mídia, resultando em um tempo quase que zero de transmissão do acontecimento, que se desdobrou quase que em tempo real.

O processo de produção do acontecimento passou por outras condições de produção, nas quais o jornalismo não possui uma centralidade, mas é submetido a uma dinâmica de midiatização, cuja distância de sua circulação é controlada em um primeiro nível, pelo sistema que o produz, no caso, a esfera judiciária. Sendo assim, o material chegava à redação, e os jornalistas o reproduziam no mesmo momento, inerentes sobre alguns elementos do processo produtivo da redação, para, logo em seguida, os atores sociais compartilharem o conteúdo nas redes sociais e as mídias jornalísticas tratarem de editá-los, por exemplo, a partir de materiais editorais, reportagens e análises sobre o assunto, introduzindo inevitavelmente os elementos de suas lógicas e gramáticas.

O que se desenvolve nesse processo é outra dinâmica, com processos e tempos diferentes de outras instâncias de outros sistemas de produção, como os jornalísticos. Isso também mostra que atores avulsos e anônimos interferiram nos relatos, assim como outros meios interferiram na circulação de notícias sobre o acontecimento, construindo novas narrativas que vão além daquilo que está sendo ofertado pelo processo jurídico-policial-midiático. Foi exatamente o que se resultou da intervenção do The Intercept Brasil no fluxo desse relato quando instituiu outra instância de narratividade no processo da noticiabilidade, por meio da Vaza Jato. São essas dinâmicas que caracterizam o caso que se passa na esfera dos processos em midiatização, uma vez que são diferentes processos de narração, enunciação e semantização, se compararmos com os acontecimentos que foram tecidos e postos em circulação há cerca de 30 anos.

É com base nessa contextualização que a investigação apresentada neste livro considera que o **acontecimento midiatizado é esgaçado pela midiatização,** já que, presente nas redes sociais, não obedece ao tempo comum nem à espera do jornalista. Assim, esse acontecimento existe de várias formas e de uma maneira mais ampla.

Algumas diferenciações importantes entre o estudo de caso clássico e estudo de caso midiatizado

Para explicarmos a opção pelos procedimentos metodológicos mais adequados ao estudo que apresentamos nesta obra, devemos destacar, em primeiro lugar, a singularidade do tipo de acontecimento que se constituiu objeto desta pesquisa. Convém lembrar que a relação entre a Lava Jato e a Vaza Jato aponta para um acontecimento complexo, que se engendra nas fronteiras de outra tensão, apontando para a existência de múltiplas relações de narrativas e estratégias intersistêmicas e envolvendo campos distintos. A consequência dessa dinâmica surge como um **meta-acontecimento**, por conta de estratégias argumentativas que disputam pontos de vista disputativos acerca dos procedimentos adotados entre sistemas acoplados, transcendendo fronteiras de campos específicos. Por conta dessa complexidade do fenômeno, aliada à singularidade do caso, inicialmente foi sugerida a possibilidade de pensar a processualidade metodológica da pesquisa em torno da noção de um estudo de caso, tal como a perspectiva formulada por Braga (2014, p. 11):

> De nossa parte, achamos que os estudos de caso, na sua diversidade, são fundamentais como base experimental para derivação de questões mais abrangentes. Mas certamente não se trata de circunscrever a investigação apenas a tais assuntos. O objetivo é desenvolver um nível *meso* aproximado a esse objeto, das lógicas interacionais em experimentação e desenvolvimento, que se articule adequadamente com o caso a caso, em vez de descartar a estes por explicações abrangentes que desconheçam o não instituído.

Essa ideia metodológica se destacaria como uma ferramenta utilizada para entendermos a forma e os motivos que levaram à determinada decisão. Considerada, conforme Yin (2014), como uma estratégia de pesquisa que abrange abordagens específicas de coletas e análise de dados, o estudo de caso é um método útil quando o fenômeno a ser estudado é amplo e complexo e não pode ser examinado fora do contexto em que ocorre naturalmente. Como observa Howard Becker, essa metodologia consiste em uma análise detalhada da dinâmica de um caso individual:

> O termo 'estudo de caso' vem de urna tradição de pesquisa médica e psicológica, onde se refere a uma análise detalhada de um caso individual que explica a dinâmica e a patologia de uma doença dada; o método supõe que se pode adquirir conhecimento do fenômeno adequadamente a partir da exploração intensa de um único caso. Adaptado da tradição médica, o estudo de caso tornou-se uma das principais modalidades de análise das ciências sociais. (Becker, 1993, p. 117).

Na visão de Yin (2014), o estudo de caso seria o método preferencial em comparação aos outros nas situações em que o objeto de estudo é um fenômeno contemporâneo, considerando o fato de que o pesquisador tem pouco ou nenhum controle sobre esses eventos comportamentais e as fronteiras entre o fenômeno e o contexto não são claramente evidentes. Contudo, outra caraterística marcante sobre o estudo de caso é sobre a análise documental, quando se há uma ampla variedade de evidências, como documentos, entrevistas, reportagens, vídeos e outros materiais. O estudo de caso é um modo de investigar um dado empírico mediante um conjunto de procedimentos pré-especificados, tais como:

- ter como finalidade descrever um acontecimento e o contexto da vida real em que ela ocorreu;

- ilustrar acontecimentos de modo descritivo, ou mesmo dentro de uma perspectiva jornalística;

- explicar os vínculos causais sobre acontecimentos cotidianos muito complexos e explorar situações que não apresentam um conjunto simples e claro de resultados.

Sendo assim, o estudo de caso é interessante não somente por suas características estruturais, fundamentalmente narrativas, mas por realizar o reingresso ou a substituição da informação e da argumentação na análise dos temas de interesse público (Ford, 1999).

Entretanto, a análise que Braga (2008) faz do uso do estudo de caso aplicado à comunicação conclui que as lógicas do trabalho com situações singulares relacionam-se diretamente com o paradigma indiciário. Significa considerar que, a partir de uma análise do caso, a investigação empírica se articula com a teoria, buscando indícios e pistas que, a partir de algumas tentativas, elaborem percepções de realidades mais complexas sobre um fenômeno singular. Contudo, o estudo de caso, usado de forma rigorosa, seria demasiado limitado como metodologia nesta pesquisa, porque, mesmo que se apresente de uma forma adequada na análise de uma ocorrência de singularidade complexa, também haveria a necessidade de analisar este caso considerando as diferentes processualidades que se mantêm em um movimento contínuo de significações. Portanto, precisamos compreender como o estudo de caso poderia ser adaptado à análise de um fenômeno comunicacional que representa uma realidade complexa.

Uma abordagem inicial nos remete à variação do estudo de caso no uso aplicado à comunicação, que pode ser verificada na análise de casos midiáticos, exemplificado pelo livro de Aníbal Ford, *La Marca de la Bestia* (1999). Na obra, o autor examina a cobertura jornalística sobre o assassinato da jovem María Soledad Morales e as transformações que foram observadas em consequência na sociedade argentina, levando em conta aspectos que apontavam a transição de um fenômeno que se construiria nas fronteiras de uma sociedade à outra. O autor relata que, depois da constatação do envolvimento do crime de personagens vinculados à diligência política da cidade de Catamarca, local do assassinato, houve um debate público em torno de outros temas, como corrupção, narcotráfico, paternalismo político e abusos de poder, originando um debate que se alastrou da esfera local para todo o país, assim, revelando uma situação que, antes desse acontecimento, estava submersa. Ford (1999), então, constatou que:

> [...] o caso María Soledad descobriu novas séries ou formações sociais, em um modo de [trazer] novas questões, apresentando tendências e gerando uma discussão pública que esses temas não teriam despertado em uma abordagem estrutural (Ford, 1999, p. 276, tradução livre minha).

Percebemos, então, como a noção de caso remete à interrupção de uma série, uma ruptura da normalidade, conforme argumenta Ford (1999), de uma descontinuidade que não é percebida como um fenômeno isolado. Desta maneira, existem certos casos que provocam uma massa maior de discussão pública ou de persistência nos meios, por fazer emergir discussões que são propostas tanto pelos campos institucionais quanto pelos sujeitos da sociedade civil (Ford, 1999). Nesse sentido, o autor do estudo de caso, em um sentido amplo, examina um conjunto de casos agrupados para investigar algo que ocorre em um nível individual ou microsocial e que está exposto em uma estrutura discursiva bastante narrativa. Assim, dá-se particular importância ao caso como exemplo do crescimento do narrativo frente ao macro e ao estrutural na cultura contemporânea. De acordo com Ford (1999), os temas de violência, insegurança e o aumento da criminalidade são alguns dos temas centrais da agenda global, que transbordam das editorias policiais, pois se estendem por todos os meios, tornando-se uma mediação com larga trajetória em uma cultura patriarcal. Segundo o autor, é a estrutura social que origina os meios de massa, cujos temas são fundamentais como dispositivos de construção da hegemonia, pois ingressam na opinião pública e no imaginário social por meio de gêneros não somente informativos, mas discursivos, afetando de maneira profunda a construção da cidadania (Ford, 1999). O caso analisado por Ford, embora trouxesse características que o centralizavam no universo midiático, também observava o surgimento de outras lógicas de produção de sentidos e atravessamentos de campos, repercutindo em ações concretas na sociedade, o que já indicam desdobramentos de outras lógicas comunicacionais. Embora suas considerações reflitam sobre desdobramentos sociais decorrentes dos sentidos ofertados a partir dos atores sociais a partir das coberturas midiáticas, elas ainda se referem à análise de um caso no momento de transição, da era da mediação dos meios massivos à problemática da midiatização.

Dessa forma, é importante reforçar que a diferença entre caso midiático e caso midiatizado é evidenciada a partir do foco de análise a respeito dos processos que constituem suas respectivas especificidades. O caso midiático pode ser entendido como aquele em que os meios possuem um papel de protagonista, são atores centrais, tanto em termos de funcionamento quanto de produção de sentidos. O caso midiatizado passa por diferentes dinâmicas, pois analisa uma processualidade mais complexa, na qual a sociedade, as instituições e a mídia participam ativamente, interagindo entre si, seja produzindo conteúdo, seja fazendo esse conteúdo circular, ou retroalimentando os diferentes sentidos produzidos a partir desses conteúdos que se propagam. Então, por conta de lógicas diversas, que se atravessam em uma dinâmica processual muito mais complexa, que escapa, inclusive da centralidade dos meios, é que se constitui, dessa forma, o caso midiatizado:

> Em vista disso, entendemos que para desenvolver um estudo de caso, que esteja inserido nessa nova organização socio-comunicacional, é necessário voltar o olhar para a totalidade do fenômeno, buscando compreendê-lo através de atividades interacionais, além do foco nas plataformas midiáticas, bem como dos meios. Diante disso, se estabelece o "caso midiatizado", o qual engendra uma dinâmica interacional ainda mais complexificada do que aquela do "caso midiático", visto que na conjuntura da midiatização todos os envolvidos são colocados em evidência – meios, instituições, atores individuais e coletivos (Weschenfelder, 2019, p. 5).

Portanto, as diferenças entre os acontecimentos da Lava Jato e Vaza Jato também emergem nas distintas dinâmicas de circulação e redação, que ganham mais ênfase no caso midiatizado, na medida em que múltiplas operações sociodiscursivas são empreendidas por variados meios, instituições, indivíduos e coletivos decorrentes dos avanços sócio-técnicos (Verón, 1997). São acontecimentos distintos, mas que se acoplam, segundo operações suscitadas por manifestações de complexos e intensos contatos, provocados por dinâmicas técnicas discursivas próprias da sociedade em midiatização, que, segundo Fausto Neto, dão "nova conformação à organização social e ao seu funcionamento, gerando, de modo complexo, mutações nas condições das circulações de sentidos" (Fausto Neto, 2018, p. 15). Assim, a opção pelo caso midiatizado confirma-se porque este fenômeno já se engendra em uma dinâmica de sociedade de midiatização em curso, na qual os sistemas travam relações que são dinamizadas por diferentes circuitos.

Das regras às estratégias: etapas do caso midiatizado

Recuperamos aqui a noção de que o caso midiatizado envolve interpenetrações de sistemas diversos que, mediante o relato jornalístico, midiatiza as operações da Lava Jato e da Vaza Jato, produzindo sentidos em disputas a partir de processualidades e temporalidades próprias da midiatização. É por meio da leitura dos materiais jornalísticos e da análise das coberturas jornalísticas que conseguimos identificar a singularidade da midiatização jornalística, especificada nessas coberturas. A especificidade do ato jornalístico em um contexto de midiatização jornalística singulariza-se a partir das gramáticas e operações de cada instituição. Significa que cada uma possui um modo de dizer, ou seja, opera segundo determinado **contrato de leitura**, que são as suas regras, os fundamentos com o que cada veículo constitui a notícia, como métodos de apuração, modo de organização dos conteúdos, identidade visual ou divisão das editorias. As gramáticas podem ser definidas como competências, que são os fundamentos nos quais nos baseamos para nos comunicar. Elas podem ser regras tanto universais quanto particulares, mas são regras que não estão claras nem declaradas. Exatamente por isso que a leitura analítica dos materiais jornalísticos é tão fundamental.

Segundo Verón (2004), há uma diferença no âmbito da enunciação, conforme as modalidades do dizer, que se dá a partir de um dispositivo chamado de contrato, uma relação de troca permeada por gramáticas e regras de cada dispositivo. Nesse contrato, são estabelecidos:

1. a imagem do enunciador ou o lugar que ele atribui a si mesmo;

2. a imagem do destinatário, do ponto de vista do enunciador;

3. a relação proposta para eles.

Dessa forma, podemos considerar que diferentes dispositivos jornalísticos, mesmo que publiquem a mesma notícia e se utilizem das mesmas fontes, apresentam relatos segundo gramáticas enunciativas próprias. Portanto, cada instituição jornalística firma um diferente contrato com seu público, o que significa que seus processos de enunciação – seus *modos de dizer* – são diferentes. Ou seja, a identidade de cada telejornal e sua especificidade perante a concorrência são fatores elaborados a partir das estratégias discursivas que ele utiliza para estabelecer vínculos com o telespectador. Portanto, a mídia propõe ao telespectador um relacionamento e estabelece as regras para essa relação, via um contrato comunicativo. Isso significa dizer que o discurso jornalístico midiatizado tenta estabelecer um sentido a partir de um caminho que deve ser percorrido pelo público.

Nesse percurso, estarão estabelecidas certas regras do jogo comunicativo que se tornam perceptíveis ao longo do discurso. Mas a ideia de contrato também pressupõe uma aproximação entre o leitor e o processo de produção do sentido, considerando a relação entre ele e o emissor.

Assim, em um processo tentativo de intercambialidades, a forma como o receptor reconhece o discurso influencia o "modo de dizer" dos enunciados, conforme afirma Fausto Neto (2010, p. 18):

> Para Verón, o importante entre um enunciado e outro é a relação que o emissor estabelece com o que ele diz. Essa interdiscursividade — na qual o receptor constrói o sentido de acordo com sua cultura, crença e vivências, gerando assim diversos outros discursos — provoca um constante processo de negociação entre produtor e receptor, numa troca permanente de sentidos.

Entretanto, apesar de suas competências, veremos que nem sempre as estratégias convergem com as suas competências e gramáticas. As estratégias dos veículos são as **performances,** ou seja, misturas de polifonia de pontos de vista. Dessa maneira, competência e performance são articuladas e operadas por cada dispositivo jornalístico, que constrói um aparato próprio para falar da realidade, para expressar seu modo de dizer e colocar em ação sua gramática por meio da atividade discursiva. Assim, a pesquisa que origina esta obra examina a construção e o funcionamento do caso midiatizado em estudo mediante a leitura de materiais discursivos, que se acoplam segundo enunciações dos materiais jornalísticos, de acordo com corpus que será dividido em dois subconjuntos, de acordo com os níveis acontecimentais que revelarão disputas e acoplamentos decorrentes das relações entre as coberturas jornalísticas da Operação Lava Jato e da Vaza Jato. O material analisado foi publicado no site do The Intercept Brasil, edição impressa e on-line da *Folha de São Paulo*, edição impressa e on-line da revista *Veja*, além de edições do programa Jornal Nacional da Rede Globo e relatos do livro *Vaza Jato: os bastidores das reportagens que sacudiram o Brasil*, escrito pela jornalista Letícia Duarte, em conjunto com a equipe do The Intercept Brasil, e que será analisado de maneira comparativa.

Estratégia de análise comparativa entre a cobertura jornalística da Operação Lava Jato *versus* a cobertura jornalística da Vaza Jato

A proposta do estudo que apresentamos nesta obra é justamente a de descrever a midiatização do caso por meio de manifestações discursivas que revelam as relações de interpenetração e de acoplamentos de operações discursivas de mídias diversas, exteriorizando, segundo discursividades jornalísticas, quais sentidos emergem. Portanto, estuda-se o caso segundo perspectivas e referências que envolvam as condições de midiatização de acontecimento, que ocorrem segundo operações que vão além da atividade de autopoieses[16] de cada meio estudado. Ainda que possamos mostrar suas especificidades, a ênfase está nos acoplamentos que se dão em termos de contratos que se manifestam em termos das estratégias de ações comunicacionais estudadas. Assim, as operações discursivas escolhidas foram organizadas segundo injunções de processos jornalísticos, fazendo com que sejam percebidas não somente pela produção de sentidos, mas nos acoplamentos de práticas sistêmicas diversas, gerando complexas narrativas que disputam o ponto de vista no âmbito da especificidade das interpenetrações discursivas. Por conta dessas constatações, afirmamos que o caso está revestido de polifonia e de heterogeneidade e que, para estudá-lo, elas devem ser consideradas.

Partimos da percepção de que cada mídia estudada possui um modo de dizer, de se acoplar, de interpelar uma à outra, em suma, de construir outro tipo de narrativa, que resultam dos sentidos produzidos nesses relatos. Assim, a partir desse modo de interpretar esses indícios é que compreendemos os fundamentos desenvolvidos por cada veículo, especificando suas estratégias e, assim, demonstrando seus contatos, destacando, dentre outras coisas, seus processos de apuração, que evidenciam o seu modo de falar sobre o que enunciam. Essas gramáticas podem ser definidas como as competências de cada veículo, regras tanto universais quanto particulares, mas que não são totalmente claras e declaradas. Exatamente por esse motivo, esta obra evidencia, mediante a leitura do material jornalístico, os modos de dizer dos materiais escolhidos.

A pesquisa que apresentamos neste livro contempla temporalidades: a investigação de matérias jornalísticas durante o período de um ano da Vaza Jato, entre junho de 2019 e julho de 2020, e as reportagens da imprensa de mídias consideradas hegemônicas, como o jornal *Folha de São Paulo*, a revista *Veja* e o telejornal Jornal Nacional, da Rede Globo, que se colocam em disputas. Mas, por se tratar de um caso midiatizado, é importante frisar que o recorte do *corpus*[17] analisado teve como objetivo realizar um corte temporal

---

[16] Autopoiese é um termo criado na década de 1970, pelos biólogos e filósofos chilenos Francisco Varela e Humberto Maturana, para designar a capacidade dos seres vivos de produzirem a si próprios.

[17] O detalhamento do corpus de trabalho é apresentado com profundidade na dissertação que origina este trabalho, "Estratégias de Construções jornalísticas: Lava Jato x Vaza Jato" (p. 91). Disponível em: http://repositorio.jesuita.org.br/handle/UNISINOS/9958. Acesso em: 8 ago. 2024.

do primeiro ano em que as reportagens da Vaza Jato foram publicadas. Esse recorte somente reforça o argumento de que, na ambiência midiatizada, o acontecimento jornalístico possui uma diferente temporalidade com relação à sua circulação, no sentido de que é construído e dinamizado por meio de novos relatos sobre ele e ressignificado a partir de outros acontecimentos que surgem como consequência destes. Demonstramos esse fenômeno na prática, inclusive, a partir do caso apresentado no prólogo deste livro. Assim, é apresentada, a partir do caso analisado, a evolução do trabalho jornalístico, apontando as marcas de circulação que complexificam ainda mais a processualidade comunicacional, assim como as marcas que revelam algumas lógicas de midiatização. Pois é a partir da análise do funcionamento desses casos que se torna possível buscar a especificidade das dinâmicas de articulação, que, ao se cruzarem, apontam para novos sentidos em produção, segundo contextos de complexas práticas interpenetrantes.

Também é importante ressaltar que o trabalho de pesquisa não teve como objetivo analisar as duas estratégias isoladas, no caso da Lava Jato e da Vaza Jato. A intenção é mostrá-las em termos comparativos, uma vez que suas dinâmicas se articulam. Para tanto, os objetos de análise concentram-se, em um primeiro momento, em investigar o material jornalístico produzido no contexto da Operação Lava Jato, representado pelas reportagens veiculadas pela Rede Globo, *Folha de São Paulo* e revista *Veja*. Posteriormente, foi realizada a leitura do material produzido pelo The Intercept Brasil, mediante reportagens da série Vaza Jato, assim como o material produzido em parceria com a *Folha de São Paulo* e a revista *Veja*. Por último, é realizada uma análise das disputas enunciativas do The Intercept Brasil com a Rede Globo. O conjunto do material estudado contempla o período de janeiro de 2016 até junho de 2020. Durante todo o período da análise, é possível constatar que a Operação Lava Jato foi concebida como uma operação comunicacional, assim como também identificamos a criação de uma narrativa que coloca o juiz Sérgio Moro como o protagonista da Operação Lava Jato, com ampla aderência da cobertura da mídia hegemônica sobre o assunto. Essa movimentação obteve como produção de sentidos uma articulação política, mediante ações do sistema Judiciário, que culminou na divulgação da ligação telefônica entre o ex-presidente Lula e a então presidenta Dilma Rousseff, em 2016. Esse acontecimento teve como desdobramentos o *impeachment* da presidenta, em 2016, e a posterior prisão do ex-presidente Lula, em 2018, tornando-o inelegível para as eleições presidenciais desse mesmo ano. A Vaza Jato, então, surge como resposta a essa estratégia, desconstruindo a versão da cobertura jornalística da mídia hegemônica e questionando as ações jurídicas dos envolvidos na Operação Lava Jato, o que desencadeou uma crise institucional.

A análise apresentada neste livro contempla a diferença entre discursividades e as interpenetrações entre sistemas a partir delas, que emergem, como consequência, a partir das disputas de sentido que ocorrem com relação às duas estratégias jornalísticas. E, a partir das perspectivas de cada uma das estratégias jornalísticas, estabelecendo comparações entre elas, podemos mapear as autopoieses de cada uma delas, com base em suas próprias gramáticas. Porém, acionaremos essas divisões a partir da análise dos contratos de leitura estabelecidos por cada dispositivo jornalístico, para que possamos perceber as diferenças enunciativas entre cada discurso.

A proposta da análise é demonstrar como os relatos jornalísticos convergem para além de uma nomeação de um acontecimento, pois, na verdade, esses fatos estão tematizados em torno de duas nomeações — a Lava Jato e a Vaza Jato. Levando-se em conta os relatos que são enunciados e chamam a atenção para as disputas, as divergências e os acoplamentos entre eles, destaca-se, mediante o estudo de caso, os embates que se manifestam a partir de construções que envolvem fragmentos do discurso jornalístico, mas também de outras práticas sociodiscursivas, como a do sistema jurídico e político.

A partir das observações que comparam as duas estratégias, o objetivo é identificar diferenças e semelhanças entre as coberturas jornalísticas. É fundamental reforçar que cada análise traz como referências as especificidades das instituições jornalísticas que as constituem, incluindo aspectos de suas estratégias explícitas e não explícitas, baseadas nas interações com os diferentes sistemas e entre elas. É a partir desse reconhecimento, do que possuem em comum e das diferenças entre elas, que podemos tentar identificar a problemática da circulação entre as duas estratégias, com relação à circulação de sentidos. Com base nesse recorte, foi realizada uma categorização de subconjuntos de análise, que, a partir de uma divisão cronológica, enumera os diferentes momentos "acontecimentais"[18] estimulados por essas coberturas jornalísticas. Pos-

---

[18] Refere-se aqui a uma proposta de níveis acontecimentais como fenômenos que são desencadeadores de outros acontecimentos que vão-se formando a partir dos indícios verificados nas coberturas jornalísticas. São as disputas enunciativas e os desdobramentos desses que nos servem como material para análise deste caso midiatizado, no sentido que a cobertura da Operação Lava Jato mostra-se como um grande momento acontecimental, e a Vaza Jato, outro segundo grande momento acontecimental. As relações de interpenetrações entre eles são vistas como um macroacontecimento.

teriormente ao estabelecimento desses critérios preliminares, também foram definidas algumas categorias de análise que serão contempladas como condutoras da investigação:

1. **Análise comparativa de enunciados:** diferenças e semelhanças entre as coberturas jornalísticas, assim como o funcionamento das temporalidades e processualidades sob a forma de notícias, manchetes, escaladas de telejornais, editoriais, análises, linhas de apoio e capas de revista. Quais ângulos são abordados nos materiais jornalísticos e qual a linguagem explicita, de acordo com as gramáticas de cada dispositivo jornalístico, que revelam as noções sobre as quais os textos se acoplam, assim, apontando para uma dinâmica de interpenetrações.

2. **Interações:** quais estratégias emergem ao longo dos processos de interações, seja em conversações diretas, seja em indiretas. Quem fala a quem, sobre qual assunto e o que se deseja do outro como resposta aos apelos das mensagens feitas, assim como a identificação de coenunciadores citados. Como os textos explicitam os processos de interpenetrações, mencionando estratégias argumentativas sobre as práticas de diferentes sistemas e como elas se conectam por meio de diferentes estratégias e práticas institucionais, gerando efeitos de sentidos, como uma desqualificação das estratégias que são construídas pelas outras ações em conflito.

3. **Autopercepção, autorreferência e autolegitimação:** qual a percepção que as empresas jornalísticas possuem sobre o próprio discurso jornalístico e de que forma essa construção da própria imagem relaciona-se com a noção de uma identidade jornalística particular. O modo como cada empresa jornalística age em construção jornalística para honrar o contrato de leitura com seu público. Como as empresas jornalísticas esclarecem aos seus leitores o porquê de suas práticas serem declaradas como legítimas e como elas se alinham aos seus próprios valores, legitimando-se por intermédio destes.

ESTUDO DO CASO MIDIATIZADO

A complexificação do acontecimento segundo análise das estratégias: Lava Jato x Vaza Jato

Ao longo das estratégias de cada cobertura jornalística, é possível perceber as especificidades desses dois processos distintos, que fazem parte de um macroacontecimento e se articulam em disputas, tensões e negociações. É a partir do entendimento de seus modos de funcionamento, compreendendo as estratégias jornalísticas da Lava Jato e da Vaza Jato, que podemos identificar diferenças e semelhanças entre elas, além dos acoplamentos e interpenetrações entre sistemas.

A estratégia jornalística da Operação Lava Jato

A Lava Jato tem o foco na relação interacional do campo jurídico com o campo midiático, com o objetivo de publicizar suas ações e, dessa forma, atingir suas finalidades. Como vimos no histórico sobre a Lava Jato, de fato, ela se constituiu uma operação fundamentalmente comunicacional, inspirada em um grande acontecimento midiático dos anos 1990, a Operação Mãos Limpas. Contudo, um fator se diferencia dos dois casos.

Diferentemente da década de 1990, em que ainda vivíamos da decorrência da intermediação do campo midiático com a sociedade, hoje nos encontramos em meio a uma ambiência midiatizada. Conforme Verón (1997), ao observarmos o fenômeno da midiatização, percebemos que ela afeta todas as práticas sociais, ao serem atravessadas por operações e lógicas de mídia, segundo *feedbacks* complexos, ou seja, efeitos não lineares (Fausto Neto; Prass, 2017). Sendo assim, mesmo que haja de fato uma intencionalidade comunicacional e que se utilize da incorporação das lógicas midiáticas, para fazer com que a mídia atenda a determinado discurso, na ambiência da midiatização, não há como ter uma previsibilidade de suas operações.

Entretanto, levando-se em conta a dinâmica da midiatização, Fausto Neto e Prass (2017) consideraram que, no caso da Lava Jato, a dimensão circulatória compôs, em termos de oferta, um complexo sistema, como se observa no diagrama da imagem a seguir, que se inspira no gráfico elaborado por Eliseo Verón. O diagrama mostra os diferentes sistemas que se formam a partir das interações provenientes da cobertura jornalística, que estabelecem a mediação entre os operadores da Lava Jato e a sociedade, composta por atores sociais, campos sociais e instituições. Nesse sentido, a comunicação que parte da Lava Jato assume, em seus enunciados, as gramáticas do sistema jornalístico, contando com o auxílio da sua assessoria de imprensa especializada para realizar a interação entre os sistemas jurídico e jornalístico.

Figura 2 – Fluxos observatórios da Operação Lava Jato

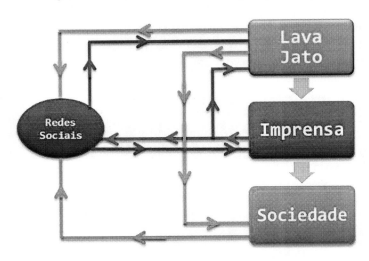

Fonte: Fausto Neto; Prass (2017)

Esse conteúdo, inicialmente enquadrado pelos atores da Operação Lava Jato e remixado pelo campo jornalístico, assim, sendo oferecido à sociedade mediante determinada produção de sentidos, flui nos espaços das redes sociais, oferecendo uma nova interpretação sobre o fato, por meio de disputas e adesões à operação. Esses *feedbacks* complexos retornam aos sistemas de origem e, assim, seguem reverberando, em um fluxo adiante. A partir do diagrama, Fausto Neto e Prass (2017) inferem que a Lava Jato estabelece múltiplas formas de comunicação, pois se desenrolam em relações mais complexas, que levam em conta o fato de que, na ambiência comunicacional da midiatização, não há apenas o fluxo linear:

> Apesar de a imprensa receber informações da operação e repassá-las à sociedade (Lava Jato→ Imprensa→ Sociedade), adiciona-se um movimento inverso: a própria influencia a força-tarefa e as redes sociais (Imprensa→ Lava Jato + Redes Sociais), que, por sua vez, são alimentadas pela sociedade, imprensa e operação (Sociedade + Imprensa + Lava Jato→ Redes Sociais), as influenciando em movimento contrário (Redes Sociais→ Sociedade + Imprensa + Lava Jato). Também há modos mais diretos e variados, alguns expostos no decorrer do artigo (por exemplo: Lava Jato→ Sociedade; Imprensa→ Lava Jato etc.) (Fausto Neto; Prass, 2017, p. 5).

Pode-se constatar que foi a partir desses complexos processos que a Operação Lava Jato se midiatizou, utilizando essa processualidade como estratégia. Essa preocupação com o midiático também se manifesta durante o que foi considerado por Fausto Neto, Prass e Thiesen (2017, p. 2) como um "interrogatório-acontecimento". Essa reflexão foi realizada a partir de uma investigação sobre o depoimento de Lula ao juiz Sergio Moro, em um contexto de análise das marcas midiatizadas. De acordo com o texto, "o start do processo de midiatização passa também pela performance do 'juiz inquiridor'", fazendo com que a "circulação leve adiante o acontecimento para a esfera dos 'novos' e 'velhos' meios, onde se materializa uma paisagem interacional", que envolve discursos midiáticos e atores sociais (Fausto Neto; Prass; Thiesen, 2017, p. 2). Os pesquisadores reforçam que, quando deslocado para a realidade midiática, os depoimentos sofrem condensações, feitas tanto pelo dispositivo jurídico quanto por processos midiáticos, o que aponta que o módulo de interrogatório passa por processos de construções. A recorrente preocupação do magistrado com o midiático demonstra-se justamente na sua intenção de estabelecer uma distância mínima entre o sistema judicial e a sociedade, pois ele mesmo também assume o papel de agente de variadas ações comunicacionais, como a autoria de livros e artigos, ou ao conceder entrevistas e realizar palestras e conferências. Dentro desses processos, os autores destacam que há uma transformação do interrogatório jurídico para interrogatório midiático, acontecimento que somente se torna possível mediante a atuação do juiz:

> Da perspectiva teórica, sabemos que no funcionamento da midiatização ocorrem muitos *feedbacks* — complexos e não lineares — nas tentativas de produção de vínculos por

> parte de mensagens enunciadas por níveis de produção e de recepção de discursos. E que tais *feedbacks* não apontam, portanto, convergência entre interesses e expectativas de cada um destes polos. No nível empírico, os discursos jornalísticos e dos atores sociais se fazem em torno de duas dinâmicas, a de oferta e a de apropriação dos discursos. E a materialidade dessas se faz em torno de lógicas distintas de gramáticas, fato que aponta para a inevitável defasagem entre sentidos idealizados pela produção jornalística e aqueles atribuídos pela leitura dos atores (Fausto Neto; Press; Thiesen, 2017, p. 17).

Esse foco na questão comunicacional, praticado pelos atores jurídicos da Operação Lava Jato, é abordada como tema de uma matéria do Intercept que traz a entrevista com a coordenadora de imprensa da Lava Jato, a assessora de imprensa Christianne Machiavelli. Na reportagem, o Intercept inclusive cita o artigo de Sergio Moro, publicado na Revista CEJ, em que ele comenta sobre a operação Mãos Limpas, relacionando as iniciativas da operação citada como o acontecimento inspirador para a preocupação com o midiático nas ações do magistrado da Lava Jato:

> Tão logo alguém era preso, detalhes de sua confissão eram veiculados no L'Expresso, no La Republica e em outros jornais e revistas simpatizantes. Apesar de não existir nenhuma sugestão de que algum dos procuradores mais envolvidos com a investigação teria deliberadamente alimentado a imprensa com informações, os vazamentos serviram a um propósito útil. O constante fluxo de revelações manteve o interesse do público elevado e os líderes partidários na defensiva", continuou o juiz, já dando pistas de como achava que uma operação desse tipo deveria ser tratada (Moro, 2004, p. 59 *apud* Audi, 29 out. 2019, on-line).

Foi exatamente por isso que a imprensa endossou a versão dos procuradores, porque os agentes do Judiciário adotaram lógicas comunicacionais nas suas ações e falas, fato que foi comprovado no relato de Machiavelli, que afirmou, em entrevista[19] para a jornalista Amanda Audi, publicada pelo The Intercept Brasil, que a imprensa publicava as divulgações da Lava Jato sem qualquer questionamento:

---

[19] Disponível em: https://theintercept.com/2018/10/29/lava-jato-imprensa-entrevista-assessora/. Acesso em: 13 mar. 2020.

> P: *Para você, por que a imprensa 'comprou' a Lava Jato sem questionar?*
>
> R: *Era tanto escândalo, um atrás do outro, que as pessoas não pensavam direito, as coisas eram simplesmente publicadas. O caso da cunhada do [ex-tesoureiro do PT, João] Vaccari foi bem significativo. Os jornalistas foram na onda do MPF e da PF. Todo mundo divulgou a prisão, mas ela foi confundida com outra pessoa. Foi um erro da polícia. Quando perceberam o erro, Inês já era morta. O estrago já tinha sido feito. Acho que a gente vem de uma fase que remonta à ditadura, em que a imprensa foi violentamente cerceada. Na Lava Jato a imprensa tinha muita informação nas mãos, dos processos, e entendeu que era o momento de se impor.*
>
> P: *Qual a responsabilidade da imprensa?*
>
> R: *Vou dar um exemplo. O áudio do Lula e da Dilma é delicado, polêmico, mas e o editor do jornal, telejornal, também não teve responsabilidade quando divulgou? Saíram áudios que não tinham nada a ver com o processo, conversas de casal, entre pais e filhos, e que estavam na interceptação. A gente errra a mão em nome de um suposto bem maior* (Audi, 29 out. 2019, on-line).

Alguns exemplos do endosso mencionado pela assessora de imprensa referem-se à narrativa elaborada em torno das reportagens das empresas jornalísticas consideradas hegemônicas. Em 2017, a reputação do juiz Sergio Moro estava no auge, sendo considerado pela imprensa brasileira um fator de fortalecimento da Operação Lava Jato, enquanto algumas reportagens buscavam exaltar a popularidade do magistrado, mostrando uma manifestação favorável da população ao juiz no dia do depoimento de Lula. Um exemplo é a reportagem[20] feita pela BBC Brasil, em 7 de novembro de 2018, com o título "'Lava Jato será fortalecida com Moro no Ministério da Justiça', diz promotor que fundou instituto contra corrupção". A matéria cita, inclusive, a declaração do promotor de justiça do Ministério Público de São Paulo, Roberto Livianu, de que Moro era uma "grife" para o governo Bolsonaro. Outra reportagem[21], realizada em 19 de março de 2017, pelo portal G1, afirma que Sergio Moro é o protagonista da Operação Lava Jato, publicando um vídeo em que o magistrado agradece o apoio da população. O Portal UOL também destacou, em 13 de setembro de 2017, Moro como um dos protagonistas da Lava Jato e indica o magistrado como uma figura

---

[20] Disponível em: https://www.bbc.com/portuguese/brasil-46078777. Acesso em: 13 mar. 2020.

[21] Disponível em: https://g1.globo.com/pr/parana/noticia/2017/03/sergio-moro-grava-video-agradecendo-apoio-da-populacao-na-lava-jato.html. Acesso em: 13 mar. 2020.

considerada heroica. A matéria "'Super-Moro' é destaque em ato pró-Lava Jato em dia de depoimento de Lula"[22] é ilustrada por uma imagem que mostra um boneco gigante inflável de Moro como um super-herói, vestido com as cores verde-amarelo. É exatamente nesse momento que a Vaza Jato surge, oferecendo uma ruptura dessa narrativa proposta por Moro, conjuntamente com os integrantes da força-tarefa da Operação Lava Jato, e endossada pelo sistema jornalístico. As denúncias das reportagens do The Intercept Brasil, reveladas a partir de conversas privadas entre o juiz, a equipe de procuradores da Operação Lava Jato e outras instituições, como a Polícia Federal, ingressam na ambiência midiatizada com a proposta de desmontar as estratégias persuasivas dessa narrativa jornalística.

A estratégia jornalística da Vaza Jato

Uma das estratégias da Vaza Jato foi a de aliar a sua prática jornalística a uma atenciosa consultoria jurídica, formada pelos advogados do The Intercept Brasil, Rafael Borges e Rafael Fagundes. Os encontros com os advogados, assim como todo o processo de apuração, foram filmados para ficar como registro e posteriormente ser lançado como documentário, assim como ocorreu no caso Snowden, que foi filmado desde o início e rendeu o documentário *Citizenfour*[23]. *Outra medida sempre colocada em prática era do confisco de todos os celulares de todos os envolvidos, jornalistas e advogados. No primeiro encontro com os advogados, a equipe do The Intercept Brasil já recebeu as primeiras orientações:*

> [Alexandre de] Santi (editor) aproveitou para atualizar o grupo sobre os diálogos que ele e Rafael Martins haviam encontrado no dia anterior. Num deles, Moro sugeria a Dallagnol que trocasse a ordem das fases da Lava Jato. Também recomendava uma testemunha para a acusação.
>
> *"O juiz sugerir testemunha? Isso é absurdo!"*, escandalizou-se Borges. Quanto mais eles falavam, mais o advogado se impressionava. *"A República vai cair, isso é muito sério!"*

---

[22] O *link* para esta reportagem está fora do ar atualmente, mas a imagem da matéria pode ser conferida na dissertação "Estratégias de Construções Jornalísticas: Lava Jato x Vaza Jato", na página 96, pelo link: <https://repositorio.jesuita.org.br/handle/UNISINOS/9958?show=full>. Acesso em: 8 ago. 2024.

[23] *Citizenfour* é um documentário norte-americano de 2014, dirigido por Laura Poitras, que mostra os encontros dela e do jornalista Glenn Greenwald com Edward Snowden, para denunciar o escândalo de espionagem mantido pela NSA, que posteriormente foram divulgados pelo jornal The Guardian. O documentário recebeu em 2015 o Oscar de melhor documentário de longa-metragem.

> Apesar da relevância das informações e do seu próprio espanto, Borges advertiu a equipe de que eles não deveriam esperar nenhuma punição às autoridades citadas, como Moro e Dallagnol. Por mais grave que fossem as denúncias, a origem ilícita das provas invalidaria um eventual processo contra eles. No Direito, o princípio é conhecido como *The fruits of the poisonous tree*, a teoria dos frutos da árvore envenenada, que tem origem na jurisprudência norte-americana.
>
> *"A maçã é podre para fins de incriminação"*, explicou. *"Mas não é podre para fins de repercussão política"*.
>
> Usando a mesma analogia, reforçou que a lei brasileira permite aos jornalistas receber maçãs envenenadas. Só não poderia, de forma alguma, participar da colheita. Virando-se para Greenwald, repassou orientações práticas do que isso significava em seu contato com o *hacker*:
>
> "Você não pode pagar, orientar, instigar, ser cúmplice de nenhuma maneira. Você pode receber o material, mas não pode ser coautor. E registre tudo o que você falar com a fonte para ter comprovação" (Duarte; The Intercept Brasil, 2020, p. 39, grifos meus).

O jornalista também recebeu uma cartilha que foi preparada pelo escritório de advocacia, contendo todo o ordenamento jurídico sobre a liberdade de imprensa e o direito de proteção à fonte do Brasil, "para se preparar para os previsíveis questionamentos que enfrentaria quando o caso viesse a público" (Duarte, The Intercept Brasil, 2020, p. 39). Consideramos uma importante estratégia elaborada pela Vaza Jato informar-se sobre a gramática própria do campo jurídico, assim como eleger Glenn Greenwald o porta-voz da Vaza Jato, pois ele é advogado constitucional e já tinha uma experiência prévia em lidar com questões como a defesa da liberdade de imprensa, a legitimidade de uso de vazamentos para fins jornalísticos e o uso destes para denunciar práticas arbitrárias de figuras de poder na sociedade. Curiosamente, Greenwald teve que, de fato, responder de forma insistente aos seus próprios colegas jornalistas sobre a origem da fonte dos vazamentos e porque teria aceitado divulgar material coletado de maneira ilícita. Alguns desses questionamentos ocorreram no programa Roda Viva[24], da TV Cultura, que trouxe Greenwald como entrevistado e foi veiculado no dia 2 de setembro de 2019, portanto, dois meses depois da publicação das primeiras reportagens da Vaza Jato.

---

[24] Disponível em: https://www.youtube.com/watch?v=0zMSZuTPJB4. Acesso em: 13 mar. 2020.

O jornalista aproveitou a oportunidade para contestar a própria dinâmica do campo jornalístico, quando revelou que não somente a Operação Lava Jato adotava estratégias de manipulação da mídia, apropriando-se de lógicas midiáticas, como também sugeriu que a imprensa brasileira não adotou um olhar crítico quanto às divulgações disponibilizadas pela assessoria da Operação.

> [...] *acho que é uma parte muito importante e muito grave da história da Lava Jato o fato de que grande parte da mídia brasileira funcionou quase que como parceira da Lava Jato, e não como jornalistas, investigando e questionando (a operação). Tem veículos específicos que muitas vezes simplesmente receberam materiais muito explosivos e bombásticos e publicaram, sem se questionar se estava recebendo muitos benefícios* (por meio dessa prática). *É muito importante entender o papel que a mídia brasileira teve nessa história* (Greenwald, 2 set. 2019).

O programa, que fez a então apresentadora, Daniela Lima, se manifestar no Twitter, exaltando a audiência de 200 mil visualizações como um recorde de audiência para o período, teve uma abordagem bastante curiosa dos jornalistas da bancada, que perguntaram insistentemente sobre a origem da fonte dos vazamentos da Vaza Jato. Os entrevistadores, inclusive, questionaram Greenwald sobre um possível direcionamento político editorial por parte do The Intercept e se as *"supostas denúncias não estariam atrapalhando"* o andamento de uma operação que visava a combater a corrupção.

Uma das perguntas mais comentadas nas redes sociais foi a da jornalista Lílian Tahan, do portal Metrópoles, que questionou a Glenn se ele consideraria interromper a Vaza Jato caso fosse constatado que houve um pagamento pelas atividades do suposto *hacker* que se constituiu como fonte das reportagens. Greenwald respondeu: *"o jornalismo mais importante, mais influente, mais premiado muitas vezes vem de uma fonte que cometeu crimes para obter essa informação e não é o papel do jornalista perguntar de onde vem essa informação"*.

Diante da resposta, a jornalista perguntou se não era, então, o caso de dispensar os jornalistas e contratarem *hackers*. Greenwald rebateu, respondendo que *"ser jornalista não significa que você tem o direito de participar de crimes, mas quando o jornalista recebe uma informação, mesmo que essa informação tenha sido obtida de maneira ilegal, você tem não só o direito, mas a obrigação para publicar isso e isso não é um crime e ninguém acredita que é um crime"*. No programa, Glenn referenciava constantemente as reportagens da Vaza Jato nas respostas aos entrevistados, como também foi firme na argumentação de que era uma obrigação social como jornalista divulgar as conversas. O jornalista também esclareceu na entrevista que usou como método de apuração as mesmas técnicas que utilizou no caso Snowden e que também submeteu os arquivos a especialistas em tecnologia de Nova York, que asseguraram sua autenticidade.

Além de questionarem de maneira insistente sobre a fonte jornalística, os entrevistadores também abordaram questões sobre a vida privada do jornalista, lembrando o fato de Glenn ser homossexual e casado com o então deputado federal David Miranda, assim como também levantaram como pauta jornalística a disseminação de uma *fake news* nas redes sociais de que Greenwald havia trabalhado como ator pornô. No momento em que a questão da sexualidade do entrevistado vem à tona, de uma forma sugestiva, observamos que esta questão também está implícita em uma tentativa de desqualificação. Comparativamente, ao analisarmos a entrevista de Sergio Moro ao mesmo programa, não houve qualquer pergunta sobre sua sexualidade ou gênero. Essa postura denota o olhar masculinista do jornalismo hegemônico, demonstrado nas problematizações de Márcia Veiga da Silva (2014), que trouxe a compreensão de que o gênero também é um marcador importante na produção de sentidos jornalísticos:

> Acompanhando as rotinas jornalísticas na pesquisa de campo, percebi que os valores das notícias estavam muito relacionados às visões de mundo de meus interlocutores, e que esses valores em muito correspondiam às convenções hegemônicas de gênero e à heteronormatividade. A subjetividade das escolhas superava a ingerência dos valores da própria empresa – cujas diretrizes não chegavam a cercear ou comprometer, de forma evidente, a criação profissional no processo de produção das notícias, e muitas vezes ia ao encontro das visões dos próprios profissionais (Veiga da Silva, 2014, p. 267).

Entretanto, a equipe do The Intercept Brasil também temia sofrer retaliações das instituições brasileiras, como a polícia, o Judiciário (que na época tinha Sergio Moro como ministro) e o governo, pois consideravam como certa a constatação de que o presidente Jair Bolsonaro não enxergava a imprensa como aliada:

Por três horas, discutiram os próximos passos. Parte do desafio era projetar cenários de risco. Ainda que estivessem agindo dentro da lei, temia reações arbitrárias, desde pedidos de busca e apreensão do material até a prisão dos jornalistas. Como o governo Bolsonaro já vinha tratando a imprensa como inimiga, o escalonamento das tensões era previsível num momento em que um dos ministros mais populares e poderosos se tornasse alvo. Greenwald já tinha enfrentado todo tipo de perseguições no Caso Snowden, mas a batalha que estava por vir seria diferente. Enquanto nos Estados Unidos a intimidação vinha da espionagem digital ostensiva e poderosa por parte do governo, no Brasil era justamente a falta de clareza sobre a natureza das instituições que oferecia risco. Por mais que as autoridades brasileiras repetissem que "as instituições seguiam funcionando normalmente", a despeito dos discursos cotidianos do presidente Jair Bolsonaro contra a democracia, o próprio furo de reportagem demonstrava que essa normalidade era seletiva. *"A gente estava pintando um alvo nas nossas costas"*, lembra Andrew Fishman. *"Seria o primeiro teste do governo Bolsonaro"* (Duarte; The Intercept Brasil, 2020, p. 40).

É claro que a assessoria jurídica também ajudava a compreender as processualidades e o que havia de inadequado na conduta dos agentes da força-tarefa da Lava Jato. E embora, nas conversas[25] vazadas, se perceba como bastante clara a interferência ilegal do juiz com relação ao trabalho dos procuradores, antes de somente publicar as reportagens sobre a denúncia, o The Intercept Brasil iniciou seu público sobre o assunto, na forma de um texto explicativo. O site publicou um editorial no qual justificava o porquê da matéria, explicava a gravidade das denúncias e a relevância jornalística que teria sua divulgação no contexto político do momento. Essa maneira de informar ao público sobre o que a gravidade das denúncias representava, explicando também que havia ainda outras denúncias por vir, não somente colocou o público a par da complexidade do projeto jornalístico, como suscitou uma série de repercussões no campo jornalístico e jurídico. Sendo assim, também demonstraremos, nesta obra, como as mídias trabalharam publicamente a questão da Vaza Jato, para compreender até que ponto há convergência de agendas entre os dispositivos jornalísticos. Esse tema foi mencionado em um texto escrito pelos editores do Intercept, Glenn Greenwald e Leandro Demori, que, inclusive,

---

[25] Disponível em: https://theintercept.com/2019/06/12/chat-sergio-moro-deltan-dallagnol-lavajato/. Acesso em: 10 out. 2020.

questionaram o agendamento jornalístico mantido por grande parte da mídia hegemônica brasileira quanto à Operação Lava Jato. Eles também realizaram no artigo uma provocação com relação ao fato de serem questionados sobre a origem da fonte jornalística, princípio que se configura protegido pelo direito constitucional de sigilo:

> Durante cinco anos, a Lava Jato usou vazamentos e relacionamentos com jornalistas como uma estratégia de pressão na opinião pública. Funcionou, e a operação passou incólume, sofrendo poucas críticas enquanto abastecia a mídia com manchetes diárias. Teve pista livre para cometer ilegalidades em nome do combate a ilegalidades. Agora, a maior parte da imprensa está pondo em dúvida os procuradores e o superministro. Mas existe uma força disposta a mudar essa narrativa. A grande preocupação dos envolvidos agora, com ajuda da Rede Globo – já que não podem negar seus malfeitos – é com o *"hacker"*. E também nunca vimos tantos jornalistas interessados mais em descobrir a fonte de uma informação do que com a informação em si. Nós jamais falamos em *hacker*. Nós não falamos sobre nossa fonte. Nunca (Greenwald; Demori, 17 jun. 2019, on-line).

Além da preocupação com a parte jurídica, a equipe do The Intercept também teve que redirecionar seu fluxo de trabalho para atender à grande demanda com a apuração do extenso material vazado e com a publicação das reportagens:

> Juntos, (Leandro) Demori e (Alexandre de) Santi começaram a discutir um plano de ação. Optaram por redistribuir o trabalho. Tudo o que não fosse Vaza Jato ficaria com apenas uma pessoa – a editora do Intercept em São Paulo, Tatiana Dias – enquanto a prioridade da equipe no Rio seria a Vaza Jato. O ponto mais controverso era como justificar essas mudanças para a equipe. Santi queria contar o que estavam fazendo para todo mundo, para que todos se sentissem integrados no processo. Demori discordava, temendo vazamentos. [...] Os dois ficaram discutindo prós e contras até chegarem a um meio termo. Decidiram convocar uma reunião com toda a equipe. No encontro, anunciaram que estavam trabalhando em algo "importante e sensível" e que no momento oportuno todos iriam saber do que se tratava. Anteciparam que, em função do trabalho, todos precisariam

redobrar os protocolos de segurança – que vinham sendo articulados por Fishman com o escritório do Intercept em Nova York (Duarte; The Intercept Brasil, 2020, p. 43).

A preocupação com medidas de segurança digital foi também um dos pilares da estratégia jornalística da Vaza Jato. O assistente-administrativo André Souza foi o encarregado de treinar a equipe sobre processos de criptografia, a partir das orientações do escritório nos EUA do The Intercept. Houve a criação de uma campanha interna para assegurar que as orientações da empresa estavam sendo seguidas, como a de que todos deveriam trocar suas senhas, mudar as suas configurações no computador e usar a autenticação de dois fatores para todas as contas em redes sociais. Para se conectarem à internet, usavam sempre VPN (ou *Virtual Private Network*), uma rede privada virtual que oferece navegação sigilosa por intermédio de ferramentas de criptografia. Também houve a recomendação de que os jornalistas teriam que fazer *backups* dos computadores e guardá-los em HDs externos fora da redação, caso houvesse alguma ordem de busca e apreensão. Ainda foi exigido que todos "apagassem conversas antigas com fontes e qualquer informação que pudesse relevar suas identidades ou ser distorcida contra o Intercept" (Duarte; The Intercept Brasil, 2020, p. 44).

Outra grande preocupação foi quanto à temporalidade. Os jornalistas debateram sobre qual seria o momento certo de publicar os arquivos e de que forma. Glenn Greenwald queria publicar o material o mais rápido possível, pelo fato de que não sabia se o *hacker* não havia liberado o material para outras empresas jornalísticas e porque estava recebendo o material em sua casa e temia pela sua segurança, caso a Polícia Federal batesse em sua porta.

Os colegas argumentavam que, em virtude do extenso material, haveria necessidade de mais tempo para a apuração, tendo consciência de que eram uma equipe bastante enxuta. Resolveram pensar em uma alternativa, que foi a de oferecer o material para outras empresas jornalísticas, como uma parceria, em que publicariam conjuntamente. Essa iniciativa havia sido posta em prática pelo próprio Greenwald no caso Snowden. Dessa forma, a Vaza Jato lançou uma série de parcerias com empresas da mídia hegemônica, como *Folha de São Paulo*, revista *Veja*, UOL, Buzzfeed e outros.

Contudo, outro episódio acabou por tornar ainda mais complexa a decisão sobre a partir de quando publicar as reportagens. O *hacker* começou a perguntar insistentemente aos jornalistas do The Intercept Brasil sobre o dia que a Vaza Jato seria publicada, pois ele justificava que pretendia

LAVA JATO X VAZA JATO: ENFRENTAMENTOS ENTRE ESTRATÉGIAS JORNALÍSTICAS

investir na bolsa de valores, como se estivesse querendo beneficiar-se da repercussão sobre as publicações. Essa situação influenciou diretamente no planejamento do dia da publicação das matérias. Com medo de que essa situação atrelasse o Intercept a algum favorecimento financeiro por parte do *hacker*, os advogados aconselharam que a publicação ocorresse em um domingo, dia em que as bolsas nacionais e internacionais estivessem fechadas. A data foi então marcada para o dia 9 de junho de 2019. A partir da decisão, os jornalistas da equipe do The Intercept Brasil foram orientados novamente a tomar precauções quanto à segurança:

> Lembraram que o conteúdo era explosivo e mexia com gente grande. Pediram que todos se preparassem. Esperavam retaliações. Não seria surpresa se sofressem batidas policiais. Alguém poderia ser preso. E mesmo aqueles não diretamente envolvidos na cobertura deveriam se precaver. Temiam que tentassem incriminá-los por vias tortuosas (Duarte; The Intercept Brasil, 2020, p. 51).

As medidas de proteção mostraram-se realmente válidas desde que as primeiras denúncias da Vaza Jato foram publicadas, pois houve de fato uma tentativa de desqualificação das denúncias pelos próprios atores jurídicos, que acusaram seus telefones de terem sido invadidos, assim como realizaram uma tentativa de culpabilizar criminalmente os jornalistas do Intercept pelo vazamento. O hackeamento que deu origem à Vaza Jato recebeu acusações pelas redes sociais de ser conivente com uma prática criminosa, levando, inclusive, o jornalista Glenn Greenwald a prestar depoimento na Câmara dos Deputados, que, na ocasião, usou o princípio constitucional de sigilo da fonte jornalística e da legitimidade de divulgar informações que atendiam ao interesse público. Glenn também foi denunciado pela Procuradoria da República pelo crime de invasão de celulares de autoridades brasileiras, porém foi inocentado da acusação.

As atividades dos *hackers* também provocaram uma intensa investigação da Polícia Federal sobre o assunto, que realizou a prisão de uma quadrilha, acusada pelo hackeamento. Na ocasião da prisão dos *hackers*, o juiz Moro chegou a anunciar que destruiria todo o conteúdo dos vazamentos, declaração que foi desmentida horas depois pela Polícia Federal. O editor do The Intercept Brasil, Alexandre de Santi[26], acredita que a Vaza Jato *"provocou*

---

[26] Palestra de Alexandre de Santi – Aula inaugural do curso de jornalismo da Unisinos, realizada no Campus Porto Alegre em 17/09/2019.

uma reação emocional nas pessoas, pois ameaçou uma narrativa política" (2019), o que se materializou, de certa forma, em dois episódios que se relacionaram com a presença de Glenn Greenwald, muitas vezes considerado uma personificação da Vaza Jato. Em uma das ocorrências, Glenn foi agredido[27] fisicamente ao vivo durante um programa de rádio da rede Jovem Pan, pelo jornalista Augusto Nunes. A discussão entre os dois ocorreu porque Nunes havia feito um vídeo em que sugeria que o juizado de menores retirasse a guarda dos filhos de Glenn com seu companheiro, David Miranda.

Outro episódio aconteceu durante a Feira Literária de Paraty, a Flip. Ao ser convidado para um painel denominado "Os desafios do jornalismo em tempos de Lava Jato"[28], Glenn teve que chegar ao evento de lancha, pois a organização do evento havia recebido várias ameaças de agressão por parte de lavajatistas que protestavam contra a presença do jornalista nos espaços da Flip. O evento literário precisou solicitar apoio da cavalaria da Polícia Militar fluminense e da Patrulha Ambiental, pois, além do grande número de pessoas que aguardavam a palestra de Greenwald, também havia manifestantes que disparavam fogos de artifício no momento de sua fala, tocando o hino nacional em volume alto e mostrando faixas com dizeres "Somos Todos Sergio Moro" e "Fora Glenn Greenwald".

Outras marcas trazidas pela Vaza Jato suscitaram manifestações inéditas, como coberturas incomuns de outros acontecimentos midiáticos. No dia 20 de janeiro de 2020, o programa Roda Viva, da TV Cultura, exibiu ao vivo uma entrevista[29] com o então ministro da Justiça, Sergio Moro. Na semana anterior à exibição, a equipe do The Intercept Brasil questionou nas redes sociais o porquê de não participarem da bancada de entrevistadores, sendo que foram eles que denunciaram, por meio da série de vazamentos da Vaza Jato, as várias irregularidades da conduta de Sergio Moro no processo da Lava Jato. Os apoiadores da iniciativa aderiram à campanha, com a *hashtag* #InterceptNoRodaViva, para que um dos seus integrantes fosse convidado para a bancada do programa, o que não ocorreu. Na mesma semana, os jornalistas do The Intercept Brasil denunciaram que os nomes dos entrevistadores passariam previamente pela aprovação do próprio Sergio Moro.

---

[27] Disponível em: https://www1.folha.uol.com.br/poder/2019/11/jornalista-augusto-nunes-agride-glenn--greenwald-que-revida-assista.shtml. Acesso em: 10 out. 2020.

[28] Disponível em: https://www1.folha.uol.com.br/ilustrada/2019/07/protestos-marcam-mesa-com-glenn--greenwald-na-flip.shtml. Acesso em: 10 out. 2020.

[29] Disponível em: https://www.youtube.com/watch?v=a6pJr7XdaiY. Acesso em: 10 out. 2020.

Sendo assim, além da polêmica envolvendo o ministro da Justiça e a equipe do Intercept, a entrevista de Sergio Moro no programa Roda Viva gerou um fenômeno até então incomum: foi comentada por jornalistas, em canais de vídeo, em tempo real. Dois canais no YouTube disponibilizaram-se a realizar a proposta: o The Intercept Brasil[30] e o Boletim do Fim do Mundo[31], do jornalista Bruno Torturra. A equipe do The Intercept Brasil exibiu a equipe do site assistindo e comentando a entrevista, enquanto Torturra optou por realizar comentários com o advogado criminalista Augusto de Arruda Botelho.

É importante destacar que a intenção do The Intercept Brasil, ao oferecer esse canal de informação, não era somente de analisar as respostas do entrevistado, mas também as próprias perguntas dos entrevistadores da bancada, assim como aproveitar a oportunidade para gerar uma reverberação do próprio conteúdo. Os jornalistas também realizaram, em meio ao programa, uma publicação[32], em forma de Thread[33], na página oficial do Twitter[34], em que compartilhavam os links para as matérias da Vaza Jato que refutavam imediatamente as declarações dadas por Sergio Moro ao vivo no programa, ao mesmo tempo que escreviam, na rede social, as perguntas que gostariam de fazer ao ministro.

É interessante observar, a partir desse fenômeno, os acontecimentos que geraram outros acontecimentos, provocando **autorreferencialidade** e uma reverberação de metalinguagem. A partir das duas estratégias de ações comunicacionais, elaboramos, em um processo tentativo, um diagrama, ilustrado na imagem a seguir, que se dedica a explicar a dinâmica circulatória de produção de sentidos acerca das disputas entre a Operação Lava Jato e a série de reportagens da Vaza Jato. O diagrama demonstra que os diferentes sistemas se encontram entrelaçados nas relações de interpenetrações que causam novas produções de sentido, porém conservando as lógicas de cada sistema. Essas zonas de interpenetrações, provocadas

---

[30] Disponível em: https://www.youtube.com/watch?v=KcvYfi6xnPE. Acesso em: 2 out. 2020.

[31] Disponível em: https://www.youtube.com/watch?v=4HXob2GLtqs. Acesso em: 2 out. 2020.

[32] Essa imagem pode ser acessada na página 109 da dissertação "Estratégias de Construções jornalísticas: Lava Jato x Vaza Jato". Disponível em: http://repositorio.jesuita.org.br/handle/UNISINOS/9958. Acesso em: 8 ago. 2024. Também pode ser vista no *link*: https://twitter.com/TheInterceptBr/status/1219423628430921728.

[33] Uma thread no Twitter é um conjunto de tuítes vinculados uns aos outros, que tem como objetivo contar uma história, compartilhar informações ou iniciar um debate. Esse recurso é útil para trazer detalhes pertinentes a uma grande história, mantendo uma leitura prática e uma comunicação de fácil entendimento. Cada tuíte da thread permite a adição de conteúdos multimídia, como *links* de outros sites, fotos e vídeos.

[34] O Twitter, como é popularmente conhecido, é uma rede social e um serviço de microblog que está no ar deste 2009. Em 2023 foi vendida para o empresário Elon Musk que resolveu modificar o nome da rede social para "X".

pelas disputas entre os dois acontecimentos, fazem emergir novas discursividades, cuja produção de sentido tem como consequência *feedbacks* complexos, justamente por estar envolvido em uma processualidade dentro de uma ambiência midiatizada. É por intermédio desse bios midiatizado que ocorre uma processualidade não linear em um fluxo sempre adiante, que reverbera os conteúdos e os ressignifica.

Figura 3 – Diagrama do esquema de midiatização do caso

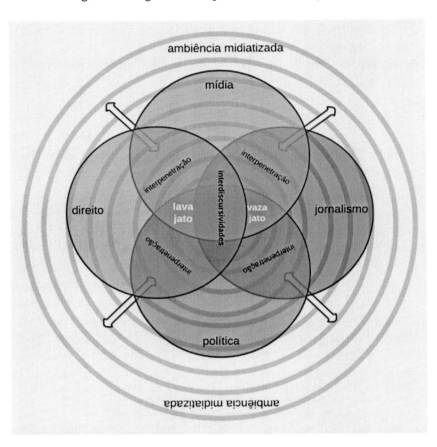

Fonte: elaborado pela autora (2020)

Estratégias em disputa a partir das construções jornalísticas das duas operações

Para estabelecermos a comparação entre as estratégias jornalísticas investigadas e que apresentamos neste livro, dedicamo-nos a observar incialmente a cobertura jornalística da Operação Lava Jato realizada pelo olhar da TV Globo, da revista *Veja* e do jornal *Folha de São Paulo*. Tal escolha se justifica segundo duas razões. A primeira se relaciona com a Rede Globo e se deve ao fato de que foi a veiculação da gravação telefônica entre o ex-presidente Lula e a presidenta Dilma Rousseff pelo Jornal Nacional o acontecimento-base que disparou outras ocorrências, como por exemplo a fundação do The Intercept Brasil. A segunda escolha se deu pelo motivo de que tanto a *Veja* quanto a *Folha de São Paulo* produziram amplas e intensas coberturas sobre a Operação Lava Jato, porém, posteriormente, também aderiram à Vaza Jato, valendo-se, inclusive, do seu material narrativo. Sendo assim, partimos do episódio de divulgação do vazamento da ligação entre Lula e Dilma, assim como do depoimento do ex-presidente Lula ao juiz Sergio Moro e da análise das capas da revista *Veja*, que são mostradas na seção "Carta ao Leitor", edição em que já apresenta uma parceria com o The Intercept Brasil. Dessa maneira, captamos dois momentos da cobertura sobre a Operação Lava Jato, relacionando-os a um outro terceiro acontecimento que já demonstrava vínculos de cooperação entre mídias sobre a Vaza Jato. Assim, percebe-se que essas mídias construíam narrativas bem distintas com relação à Operação Lava Jato até o surgimento da Vaza Jato.

Análise sobre as operações jornalísticas da Operação Lava Jato

Rede Globo

A Rede Globo foi uma das emissoras que mais se comprometeu a criar uma narrativa que realmente alçou a Operação Lava Jato a uma grande operação comunicacional. Foi a partir da veiculação da ligação entre Dilma e Lula que a pressão pública para o *impeachment* de Dilma intensificou-se e a Operação Lava Jato ganhou credibilidade máxima, referendando suas ações, como a prisão do ex-presidente Lula. Porém, antes de relatar esses acontecimentos pela perspectiva da cobertura jornalística dessa empresa, precisamos destacar algumas características sobre suas gramáticas e regras internas. A linha editorial da Rede Globo de Comunicação é anunciada de maneira pública no site G1, em um texto no qual a empresa afirma que acredita que o jornalismo serve para produzir conhecimento e buscar a verdade dos fatos.

> Dizer, portanto, que o jornalismo produz conhecimento, um primeiro conhecimento, é o mesmo que dizer que busca a verdade dos fatos, mas traduz com mais humildade o caráter da atividade. E evita confusões. Dito isso, fica mais fácil dar um passo adiante. Pratica jornalismo todo veículo cujo propósito central seja conhecer, produzir conhecimento, informar. [...] O Grupo Globo terá sempre e apenas veículos cujo propósito seja conhecer, produzir conhecimento, informar (G1, 2011, on-line).

A empresa faz alusões sobre suas gramáticas, anunciando princípios sobre seu caráter apartidário, laico, isento, e que atendem aos critérios de objetividade jornalística e neutralidade:

> O Grupo Globo será sempre independente, apartidário, laico e praticará um jornalismo que busque a isenção, a correção e a agilidade, como estabelecido aqui de forma minuciosa. Não será, portanto, nem a favor nem contra governos, igrejas, clubes, grupos econômicos, partidos. Mas defenderá intransigentemente o respeito a valores sem os quais uma sociedade não pode se desenvolver plenamente: a democracia, as liberdades individuais, a livre iniciativa, os direitos humanos, a república, o avanço da ciência e a preservação da natureza (G1, 2011, on-line).

Entretanto, a Rede Globo já tem um longo histórico de interferência midiática em acontecimentos políticos, como o apoio ao golpe militar de 1964, fato que foi inclusive admitido pelo seu próprio fundador, o jornalista Roberto Marinho, em um editorial assinado por ele e publicado no jornal *O Globo,* em 7 de outubro de 1984. No texto, percebemos que a empresa fundamenta historicamente os elementos que alicerçam as suas gramáticas:

> Participamos da Revolução de 1964, identificados com os anseios nacionais de preservação das instituições democráticas, ameaçadas pela radicalização ideológica, greves,

> desordem social e corrupção generalizada. [...] Temos permanecidos fiéis aos seus objetivos, embora conflitando em várias oportunidades com aqueles que pretenderam assumir o controle do processo revolucionário, esquecendo-se de que os acontecimentos se iniciaram, como reconheceu o Marechal Costa e Silva, "por exigência inelutável do povo brasileiro". [...] O Globo, desde a Aliança Liberal, quando lutou contra os vícios políticos da Primeira República, vem pugnando por uma autêntica democracia, e progresso econômico e social do País (Marinho, 7 out. 1984, on-line).

Coincidência ou não, a TV Globo foi criada em 1965, um ano após o golpe de estado de 1964, consolidando-se como a maior rede de televisão do país durante a década de 1970, período no qual o regime militar implementou uma política de modernização das telecomunicações, com a criação da Embratel e a integração ao sistema mundial de comunicação por satélite. O regime militar também fez vistas grossas à parceria, vetada por lei, entre Roberto Marinho e a multinacional Time-Life, o que contribuiu para o salto tecnológico da TV Globo. Contudo, o apoio ao golpe militar foi considerado pela empresa um erro, quase 50 anos depois de sua consumação, em outro editorial do jornal, publicado no dia 2 de setembro de 2013, com o título "Apoio ao golpe de 1964 foi um erro[35]". No texto, a Globo busca justificar ao público o motivo pelo qual escolheu esse posicionamento editorial:

> Diante de qualquer reportagem ou editorial que lhes desagrade, é frequente que aqueles que se sintam contrariados lembrem que O GLOBO apoiou editorialmente o golpe militar de 1964. A lembrança é sempre um incômodo para o jornal, mas não há como refutá-la. É História. O GLOBO, de fato, à época, concordou com a intervenção dos militares, ao lado de outros grandes jornais, como "O Estado de S. Paulo", "Folha de S. Paulo", "Jornal do Brasil" e o "Correio da Manhã", para citar apenas alguns. Fez o mesmo parcela importante da população, um apoio expresso em manifestações e passeatas organizadas em Rio, São Paulo e outras capitais. [...] O GLOBO não tem dúvidas de que o apoio a 1964 pareceu aos que dirigiam o jornal e viveram aquele momento a atitude certa, visando ao bem do país.

---

[35] Disponível em: https://oglobo.globo.com/politica/apoio-editorial-ao-golpe-de-64-foi-um-erro-9771604. Acesso em: 2 out. 2020.

> À luz da História, contudo, não há por que não reconhecer, hoje, explicitamente, que o apoio foi um erro, assim como equivocadas foram outras decisões editoriais do período que decorreram desse desacerto original. A democracia é um valor absoluto. E, quando em risco, ela só pode ser salva por si mesma (*O Globo*, 2 set. 2013, on-line).

Também é um fato conhecido a estratégia de manipulação para que o candidato Fernando Collor de Mello se tornasse mais carismático com o público em seu debate televisivo com o também candidato a presidência, Lula da Silva, em 1989. Essa estratégia, admitida pelo ex-diretor geral da Rede Globo, José Bonifácio de Oliveira Sobrinho, em entrevista para o jornalista Geneton Moraes Neto, em 2011, demonstra a história das gramáticas desenvolvidas pela emissora, cujas circunstâncias sobre os modos de agir envolvem agentes e práticas de outros campos sociais:

> *Nós fomos procurados pela assessoria do Collor, o Manuel Pires Gonçalves (superintendente executivo da Rede Globo) me procurou para que eu desse alguns palpites nos debates, porque que a briga do Collor com o Lula nos debates estava desigual, porque o Lula era o povo e o Collor era a autoridade. Então nós conseguimos tirar a gravata do Collor, botar um pouco de suor com uma "glicerinazinha" e colocamos as pastas todas que estavam ali com supostas denúncias contra o Lula — mas as pastas estavam inteiramente vazias ou com papéis em branco. Foi uma maneira de melhorar a postura do candidato junto ao espectador para que ele ficasse em pé de igualdade com a popularidade do Lula* (Dossiê Globo News, 20 nov. 2011).

Dessa forma, mesmo que a empresa afirme que possui um código moral e ético alinhado com o senso comum da deontologia jornalística, suas gramáticas denunciam regras não declaradas de uma atuação política que ocorre ao longo de seus enunciados jornalísticos, editoriais e criações de narrativas. Porém, ao analisar a cobertura jornalística realizada pela TV Globo na Operação Lava Jato, percebe-se que a emissora entra em cena de maneira gradativa, incialmente não dando muito destaque ao fato, situação que se modifica após uma ação da Polícia Federal que prende o ex-diretor da Petrobras, Renato Duque e a diretoria da empreiteira OAS. Segundo a pesquisadora Anielly Dias (2018), houve uma transição de narrativas nas reportagens televisivas sobre o fato:

> A primeira matéria selecionada foi exibida pelo telejornal Jornal Nacional (JN) em 17.03.2014, dia em que foi deflagrada, pela PF, a primeira fase da operação. Na realidade, JN exibiu apenas uma *nota coberta* sobre a operação, onde o apresentador Willian Bonner descrevia o fato enquanto eram mostradas as imagens produzidas durante a operação e imagens arquivos, já que um dos presos também estava envolvido no escândalo do mensalão. A abordagem limitou-se ao fato e a própria expressão facial do apresentador, ao "chamar" a notícia, reflete a insignificância e incredulidade da emissora em relação à operação. Isto é, aparentemente esta seria apenas mais uma, entre tantas, operações de "combate à corrupção". [...] A segunda matéria selecionada foi exibida pelo telejornal Jornal Hoje (JH) em 15.11.2014, um dia após a realização da 7a etapa da operação, com a prisão de 19 pessoas. Oito meses após a primeira etapa, o tratamento jornalístico sobre o assunto já foi alterado. Nesse dia em especial, o Jornal Hoje exibiu duas matérias e uma entrada ao vivo do repórter Fernando Parracho diretamente da sede da PF em Curitiba, cidade que concentra as investigações. [...] Os detalhes destacados pelo repórter chamam a atenção e imprimem um caráter espetacular ao acontecimento (Dias, 2018, p. 7-8, grifos meus).

Segundo a análise da autora, ocorreu, a partir desses relatos iniciais, uma progressiva espetacularização do acontecimento, tanto com relação ao tempo destinado à cobertura do evento, que invadiu a grade de programação da emissora, como no uso de dispositivos, como imagens aéreas ao vivo de helicóptero e de outros pontos de cobertura, demonstrando a realização de uma transmissão em tempo real, grande parte pelo fato de o ex-presidente Luiz Inácio Lula da Silva ser apontado como um dos investigados pela operação e ter sofrido a ordem de condução coercitiva mediante decisão do juiz Sergio Moro:

> A quinta matéria foi exibida no dia 04.03.2016 pelo telejornal Jornal Hoje e refere-se à 24a etapa da operação Lava Jato, que resultou na prisão de 33 pessoas e mais 11 conduções coercitivas, dentre essas 11 pessoas está o ex-presidente Luiz Inácio Lula da Silva, que foi levado ao salão de autoridade do aeroporto de Congonhas, localizado na capital paulista, para prestar depoimento. O VT iniciou com uma nota coberta, onde a apresentadora Sandra Annemberg traz um panorama dos acontecimentos enquanto mostra imagens ao vivo do

aeroporto de Congonhas. [...] Além das informações sobre o depoimento de Lula, o repórter destaca a manifestação pró e contra a condução coercitiva do ex-presidente. Usa-se imagens ao vivo e aéreas, também gravações feitas pela emissora, do saguão do aeroporto e imagens captadas em frente ao apartamento de Lula, em São Bernardo do Campo. A duração na nota coberta e da entrada ao vivo foi de 3'28". Observa-se que a edição desse dia do JH foi atípica, ou seja, o telejornal começou a ser exibido ainda pela manhã e ficou no ar até o começo da tarde. Das 23 matérias exibidas, 19 estavam relacionadas à operação Lava Jato, incluindo a exibição na íntegra e ao vivo da coletiva dada por Lula, com duração de 26'15". Sem dúvida, um espetáculo que atraiu milhões de telespectadores interessados em entender o que de fato estava acontecendo (Dias, 2018, p. 9).

Essa contextualização de fatos precedentes sobre a Operação Lava Jato faz-se necessária para ingressar na análise das estratégias jornalísticas da TV Globo na cobertura deste caso. O primeiro material de análise é a reportagem da edição do Jornal Nacional de 16 de março de 2016, que divulga, praticamente em primeira mão, a ligação telefônica entre o ex-presidente Luiz Inácio Lula da Silva e a então presidenta do Brasil, Dilma Rousseff. Esse acontecimento havia sido divulgado com exclusividade horas antes pela emissora Globo News, que faz parte da própria Rede Globo, mas foi recirculado como material inédito no principal noticiário da empresa. Primeiro, faremos uma análise a partir da transcrição da escalada[36] do jornal dessa edição:

> *[Bonner e Renata]: Boa noite.*
>
> *[Bonner]: A crise no governo Dilma Rousseff atinge o ponto mais alto.*
>
> *[Renata]: Luiz Inácio Lula da Silva é nomeado o chefe da Casa Civil.*
>
> *[Bonner]: Ele sai do alcance de Sergio Moro, juiz federal do Paraná, responsável pela Lava Jato.*
>
> *[Renata]: E passa a ter o chamado "foro privilegiado" no Supremo Tribunal Federal.*
>
> *[Bonner]: O juiz Sergio Moro suspende o sigilo.*

---

[36] Escalada é um resumo sobre os principais conteúdos que serão exibidos no telejornal, geralmente gravado previamente e veiculado antes de começar o programa.

[Renata]: E a Justiça Federal torna públicos os grampos telefônicos do ex-presidente.

[Bonner]: Um deles, de hoje à tarde.

[Renata]: Lula recebe ligação da presidente Dilma:

[abre imagem com gráfico de imagens de Lula e Dilma, mostrando parte do diálogo com áudio]

[Dilma]: Alô

[Lula]: Alô

[Dilma]: Lula, deixa eu te falar uma coisa...

[Lula]: Fala, querida

[Dilma]: Seguinte, eu tô mandando o "Bessias" junto com o papel pra gente ter ele, e só usa em caso de necessidade, que é o termo de posse, tá?

[Lula]: Uhum. Tá bom, tá bom.

[Dilma]: Só isso, você espera aí, que ele tá indo aí.

[Lula]: Tá bom, eu fico aqui aguardando.

[Dilma]: Tá!?

[Lula]: Tá bom.

[Dilma]: Tchau.

[Lula]: Tchau, querida.

[volta a imagem para William Bonner]

[Bonner]: Os grampos têm indícios fortes de que o objetivo da ida de Lula para o ministério foi mesmo tirar do alcance do juiz Moro.

[Renata]: E indica que o ex-presidente tentou influenciar várias autoridades para se proteger.

[Bonner]: Uma edição extra do diário oficial publica a nomeação do agora ministro Lula.

[Renata]: Quarta-feira, 16 de março.

[Bonner]: O Jornal Nacional está começando agora.

(Jornal Nacional, 16 mar. 2016).

A escalada dessa edição do Jornal Nacional quebrou totalmente os padrões de gramática do próprio noticiário, por vários motivos. Normalmente, as escaladas do jornal não passam de 1 minuto, mas, nessa edição, a escalada teve 1 minuto e 10 segundos e foi totalmente dedicada a um único assunto, amplamente tematizado, ao contrário de uma escalada normal, em que vários acontecimentos do dia são colocados como destaque nessa chamada inicial, para chamar a atenção do telespectador. Nessa noite, não somente o fato de Lula ter sido indicado como ministro da Casa Civil foi bastante enfatizado, como também foi mencionado, segundo uma articulação opinativa do telejornal, por três vezes, que essa atitude seria uma "manobra" para afastar o ex-presidente Lula do alcance de ação do juiz Sergio Moro, que era titular do caso.

Dessa maneira, o jornal dedicou 25 segundos da escalada para veicular a ligação entre Dilma e Lula, sendo Dilma Rousseff a presidenta da República naquele momento. Segundo a constituição brasileira, o grampo telefônico pode ser utilizado para fins de prova, mediante ordem judicial, porém, em modalidade de segredo de justiça, fato que se agrava mais ainda com relação a um dos participantes da gravação gozar de foro privilegiado, como a presidenta Dilma Rousseff. Nesses casos, a recomendação é que o material seja enviado ao Superior Tribunal Federal, o órgão competente para analisar a prova. Mas, nesse caso específico, não só a gravação em questão foi divulgada para imprensa em caráter irregular, pois não deveria ter sido passada diretamente à imprensa, como também ocorreu após a decisão de Moro de retomar o sigilo das gravações, como demonstra a matéria do G1[37]. Temos aqui, como exemplo de regra de gramática própria da emissora, a Globo passando a palavra sobre o acontecimento ao juiz Sergio Moro, privilegiando sua versão do fato:

> A conversa entre a presidente Dilma Rousseff e o ex-presidente Luiz Inácio Lula da Silva, a respeito do termo de posse dele como ministro-chefe da Casa Civil foi feita quase duas horas depois de o juiz federal Sérgio Moro mandar a Polícia Federal suspender as interceptações telefônicas de Lula. Segundo um documento da própria Polícia Federal, o diálogo entre Dilma e Lula foi interceptado às 13h32, desta quarta-feira (16). No entanto, o juiz Sérgio Moro havia determinado às 11h20 o fim das interceptações dos terminais telefônicos ligados ao ex-presidente. Na manhã desta quinta-feira (17), o juiz Sérgio Moro disse que não havia reparado antes no

---

[37] Disponível em: http://g1.globo.com/pr/parana/noticia/2016/03/conversa-entre-dilma-e-lula-foi-grampeada-apos-despacho-de-moro.html. Acesso em: 11 abr. 2021.

ponto, mas que não viu maior relevância. "Como havia justa causa e autorização legal para a interceptação, não vislumbro maiores problemas no ocorrido", argumentou o juiz. Sérgio Moro argumentou ainda que "não é ainda o caso de exclusão do diálogo considerando o seu conteúdo relevante no contexto das investigações" (Nunes, 17 mar. 2016, on-line).

Logo depois da escalada da edição do Jornal nacional do dia 16 de março de 2016, o programa reafirma, na voz de William Bonner, que a crise no governo Dilma Rousseff *"atinge seu ponto mais alto desde o início"*, o que também evidencia uma modalidade de avaliação sobre o fato e ganha uma expressão opinativa do próprio âncora do jornal, de acordo com a transcrição a seguir:

> *Nesta quarta-feira, a crise que envolve o governo Dilma Rousseff atingiu o ponto mais alto, desde o início. Antes que o Diário Oficial efetivasse a nomeação de Lula como ministro, o juiz Sergio Moro retirou o sigilo de toda a investigação sobre o ex-presidente e com isso tornaram-se públicas, no fim da tarde, conversas telefônicas de Lula. Os integrantes da Lava Jato afirmam que há indícios de uma ação para atrapalhar as investigações. Ainda nesta edição, o Jornal Nacional vai mostrar o conteúdo destes grampos e as reações que eles provocaram* (Jornal Nacional, 16 mar. 2016).

Outra operação resultante das gramáticas é que o fato se desdobra em microacontecimentos, devidamente hierarquizados pelas narrativas do âncora principal do telejornal. No mesmo programa, William Bonner, antes de chamar uma reportagem, adverte que a decisão de tornar Lula ministro chefe da Casa Civil ocorreu seis dias depois de os procuradores da Lava Jato pedirem a prisão de Lula. A matéria relata as diversas reuniões entre a presidenta Dilma Rousseff, o ex-presidente Lula, ministros do governo e lideranças petistas sobre o melhor caminho para manter a aliança com a base aliada. Na passagem[38], a repórter reafirma que, na verdade, a decisão é uma manobra do governo Dilma para proteger Lula e escapar das mãos do juiz Sergio Moro. Logo em seguida, a matéria mostra uma fala do delegado da Polícia Federal, Igor de Paula, que foi um dos coordenadores da força-tarefa da Lava Jato em Curitiba. Ele realiza

---

[38] Passagem, na linguagem televisiva, é quando a repórter do telejornal aparece falando diretamente com os telespectadores durante a reportagem gravada.

uma explicação técnica sobre a processualidade jurídica e esclarece que os autos serão encerrados em Curitiba, para que o processo siga em uma nova instância, e que será apreciado pelo Supremo Tribunal Federal. Em 2019, Igor foi nomeado[39] diretor de investigação e combate ao crime organizado da Polícia Federal (Dicor), em Brasília.

O jornal segue falando de Lula e afirma que ele já estava em São Paulo quando foi publicada uma edição extra do Diário Oficial, com a nomeação do ex-presidente como ministro. A nota coberta[40], lida por Renata Vasconcellos, aponta que não é uma prática normal a publicação da medida antes da assinatura do termo de posse, que é costumeiramente assinada pela presidenta em uma cerimônia e só depois publicada no Diário Oficial. Dessa forma, percebemos que o telejornal vai além de sua função informativa e interioriza seu olhar testemunhal sobre o fato, como se fosse um personagem que acompanha o fato em tempo real. O tempo de narração do fato ultrapassa o tempo cronometrado ao longo de pequenos textos e pequenos relatos.

Assim, esse acontecimento se torna um objeto central para o Jornal Nacional, que opera como se fosse um manto a abrigar o fato segundo outra temporalidade em termos de construção de narrativa. Quem opera essa articulação de microfatos, articulando-os entre si, é justamente a conectividade tramada pelos jornalistas, espalhados em vários lugares da cobertura.

O primeiro bloco do jornal já segue há 8 minutos ininterruptos falando do mesmo assunto, chamando, em seguida, uma reportagem para falar sobre a repercussão negativa que a nomeação de Lula provocou nos partidos de oposição no Congresso Nacional e nos ministros do Supremo Tribunal Federal. O repórter Fernando Rego Barros é chamado ao vivo de Brasília para mostrar uma manifestação em frente ao Palácio do Planalto. O editor de imagens corta para uma tomada aérea dos manifestantes, mostrando faixas da cor amarela, um carro de som no centro da imagem e fogos de artifício ao lado. O repórter afirma que, segundo a Polícia Militar, haveria, aproximadamente, 2,5 mil pessoas presentes, mas que esse número foi atualizado para 5 mil pessoas. Barros finaliza a entrada ao vivo, dizendo que "*eles* [os manifestantes] *não aceitam a nomeação de Lula como*

---

[39] Disponível em: https://g1.globo.com/politica/noticia/2019/01/17/delegado-que-atuou-na-lava-jato-e-no-meado-como-diretor-de-combate-ao-crime-organizado-da-pf.ghtml. Acesso em: 11 abr. 2021.

[40] Nota lida em *off* (sem o apresentador estar em foco), com imagens ilustrando o que está sendo dito.

ministro chefe da Casa Civil" e reforça que a manifestação é pacífica e que não houve violência, mas informa que alguns deputados que compareceram na manifestação foram expulsos. Do ao vivo em Brasília, a âncora Renata Vasconcellos passa ao repórter que está transmitindo ao vivo em São Paulo uma manifestação na Avenida Paulista. A imagem mostra a fachada do prédio da Fiesp, que está decorado nas cores verde e amarelo e traz na fechada uma faixa em preto com os dizeres "Renuncia já". A imagem é aérea, pois o repórter fala de um helicóptero, mostrando uma multidão de pessoas com camisetas verde e amarela. Nas duas incursões ao vivo, os repórteres afirmaram que as manifestações começaram antes da divulgação da gravação telefônica entre Dilma e Lula.

No entanto, a Globo News divulgou com exclusividade o diálogo no programa "Edição das 18h", com a apresentadora Leilane Neubarth trazendo uma transmissão direto de Brasília, com a comentarista de política Cristiana Lobo. Assim, na incursão ao vivo do JN, o repórter acaba admitindo que a manifestação da Avenida Paulista tomou mais corpo depois da divulgação da gravação. Na chamada para o comercial, a apresentadora Renata Vasconcellos volta a falar "*na crise política no auge em Brasília*", que é complementada por Bonner, ao relembrar que divulgariam ainda na edição a íntegra dos áudios vazados e que a polícia tinha indícios de ações que tinham o intuito de atrapalhar as investigações da Operação Lava Jato. O primeiro bloco do Jornal Nacional teve 11 minutos, integralmente dedicados a uma narrativa que supostamente apontava uma grave crise no governo federal e que colocava em suspensão a medida de nomear Lula ministro-chefe da Casa Civil, acusando-o de obstrução da justiça.

Até esse momento, o princípio da gramática é considerado como cumprido. Então, no segundo bloco, o programa decide dar a palavra aos personagens envolvidos com o fato. Somente no segundo bloco do jornal é exibida a fala da presidenta do país, Dilma Rousseff, resultado de uma entrevista coletiva. São exibidos trechos editados a partir de respostas da governante, que se inicia com uma fala descontextualizada e editada. A primeira pergunta que ela responde é se, com a nomeação de Lula, ela estaria perdendo poderes.

Em outra resposta, Dilma afirma que acha estranha a maneira com que Lula estaria sendo investigado, pois estaria prestando todos os esclarecimentos e, mesmo assim, havia um pedido de condução coercitiva e um pedido de prisão contra ele. Ela também esclarece que a prerrogativa de foro privilegiado não significa que não haverá investigação. As respostas de Dilma ocupam praticamente todo o segundo bloco do programa, mas os apresentadores chamam o comercial falando sobre *"a crise política no auge em Brasília"*, repetindo que a justiça federal havia autorizado a divulgação das gravações, e mencionam, novamente, que haveria indícios de ações para atrapalhar as investigações da Lava Jato. Dessa maneira, identificamos como estratégia o uso de discursos publicizantes e comerciais, que se misturam com o discurso jornalístico, para gerar mais audiência.

No terceiro bloco, a primeira reportagem fala sobre o *impeachment* de Dilma Rousseff, que foi mantido pelo STF. É veiculada uma matéria sobre as gravações, novamente com a frase *"nessa quarta-feira, a crise política atingiu seu ponto mais alto"* e mencionado novamente que *"integrantes da Operação Lava Jato afirmam que há indícios de ações para atrapalhar as investigações"*. No mesmo texto, a apresentadora afirma que o juiz Sergio Moro quebrou o sigilo da fase 24 da Operação Lava Jato, tornando públicas conversas telefônicas decorrentes dessa operação. Na reportagem, do jornalista Vladimir Netto, direto de Curitiba, foram reveladas conversas de Lula com o então presidente do PT, Rui Falcão, dizendo que estaria esperando mandados de busca e apreensão em sua casa e de seus filhos, motivo que foi apontado por integrantes da Lava Jato como indícios de ações pensadas para atrapalhar as investigações da operação. O jornalista narra alguns diálogos em que o ex-presidente Lula comenta sobre as processualidades da Lava Jato e deixa a entender que ele está buscando articular influências com algumas autoridades, uma delas, com o então novo ministro da Justiça, Eugênio Aragão, a partir de uma conversa captada com o ex-ministro dos Direitos Humanos, Paulo de Tarso Vanucci.

É muito clara a participação do âncora do telejornal como o principal cadenciador do acontecimento jornalístico em gestação, pois sua centralidade visa a um efeito de sentido. O jornal se corporifica na figura do apresentador William Bonner, que, depois de veiculada a matéria, relê o mesmo diálogo ao vivo, retomando o discurso de que a Polícia Federal acredita que há indícios de ações para atrapalhar as investigações da operação, em uma clara acusação de obstrução da justiça por parte do ex-presidente Lula, mesmo que não usando esse termo diretamente. Então, os apresentadores começam a relatar alguns diálogos e interpretar algumas ações do ex-presidente Lula, que, na leitura apresentada, parecem suspeitas, inclusive alguns diálogos com o então prefeito do Rio

LAVA JATO X VAZA JATO: ENFRENTAMENTOS ENTRE ESTRATÉGIAS JORNALÍSTICAS

de Janeiro, Eduardo Paes. Os apresentadores repetem os diálogos mais de uma vez. Depois de lerem as transcrições dos diálogos, Bonner enfim faz a chamada para a gravação entre Dilma e Lula, que foi realizada no celular do segurança do ex-presidente. Logo depois da gravação, Bonner está de pé, no estúdio, fora de uma posição habitual, o que faz com que o fato se imponha ao ambiente de rotina do telejornal, para mostrar que ele se reveste de uma excepcionalidade, pois é preciso dizê-lo de outro modo, estabelecendo uma nova conversação entre os jornalistas. O âncora então chama o repórter Ricardo Soares, em Belo Horizonte, que está em enquadramento fechado e cercado por uma multidão que grita "Lula Ladrão, seu lugar é na prisão". Ele afirma que há no local cerca de 300 pessoas que combinaram de fazer a manifestação pelas redes sociais. Enquanto o repórter falava, a imagem mostrava os manifestantes com faixas verde e amarela na cabeça, fazendo movimentos de jogos da velha e segurando bonecos de Lula vestido de presidiário. O repórter afirma que os manifestantes pedem a renúncia da presidenta Dilma Rousseff. Logo em sequência, o programa mostra novamente a manifestação na Avenida Paulista, em São Paulo e em Brasília.

Bonner, então, chama a repórter Camila Bomfim, também de Brasília, agora com as explicações do juiz Sergio Moro sobre a quebra do sigilo telefônico. A repórter usa em sua fala uma citação do juiz, que afirma que *"a democracia em uma sociedade livre exige que os governados saibam o que fazem os governantes, mesmo quando esses buscam agir protegidos pelas sombras"*. Logo em seguida, a repórter afirma que é uma prática recorrente de Moro tornar tudo público depois que as *"diligências estão cumpridas"*. Ela ainda argumenta que, mesmo que a gravação tenha a presença de pessoas com foro privilegiado, a gravação é divulgada como prova pelo fato de que estão recebendo ligações de Lula e que há indícios de que Lula sabia que estava sendo monitorado, o que, então, demonstra indícios de *"aparente tentativa de obstrução de justiça"*. Nesse momento, a repórter lembra do caso de Delcídio Amaral, que foi preso justamente por uma acusação de obstrução da justiça. Em seguida, o telejornal dá a palavra ao juiz Sergio Moro, que se torna um copersonagem.

Bonner, então, afirma que a divulgação dos diálogos entre Lula e Dilma provocou uma reação imediata no Congresso Nacional e chama ao vivo o repórter Julio Mosquera, relatando que o clima no Congresso esquentou e que muitos deputados não acreditaram que o diálogo seria real. Ele depois afirma que a oposição ao governo pediu imediatamente a renúncia de Dilma e a prisão de Lula. Também relatou a indignação dos políticos governistas sobre a atuação do juiz Sergio Moro.

No fechamento do terceiro bloco, o telejornal traz a rua para dentro do *setting* televisivo, e a apresentadora Renata Vasconcellos informa que houve panelaços em, pelo menos, 11 capitais brasileiras, mostrando vídeos publicados pelas pessoas nas redes sociais. O jornal termina com imagens de um ato pró-Lula e Dilma, sem falar do número de manifestantes presentes no total, seguido das imagens de manifestações contra Lula e Dilma na Avenida Paulista. William Bonner termina o jornal dizendo que aquele foi um 16 de maio histórico e que o jornal trouxe aos telespectadores uma cobertura dos acontecimentos ao vivo.

Trazemos aqui marcas das gramáticas e algumas de suas incidências sobre o funcionamento do telejornal, uma vez que essa edição foi integralmente devorada pelo fato, cujo agendamento foi sugerido ao longo das suas estratégias de ações comunicacionais. Chamamos ainda a atenção para algumas construções retóricas, que se materializaram nos enunciados jornalísticos, tais como: *"a grave crise no governo atingiu o seu ponto mais alto"*, *"integrantes da Lava Jato afirmam que há indícios de ações para atrapalhar as investigações da operação"* e que *"Lula estaria articulando para 'fugir do alcance do juiz Sergio Moro'"*. Essas afirmativas foram insistentemente repetidas em todos os blocos do jornal, além da recorrente insinuação pela renúncia de Dilma, trazendo aspectos do fato como anaforizados, isto é, repetidos para persuadir o telespectador de uma ideia. Também identificamos como interpenetrações intersistêmicas o uso de argumentações proferidas por integrantes da Polícia Federal, do Judiciário e figuras políticas, assim como o uso de imagens de manifestações, tanto com o aparato técnico da própria emissora, quanto mesclado com as imagens amadoras dos panelaços que estavam circulando pelas redes e denotavam uma repercussão imediata sobre o que estava sendo veiculado, assim, construindo uma narrativa que sugestionava uma crise política e que foi corroborada por uma eficiente estratégia narrativa. Essa estratégia contribuiu enormemente para o fortalecimento da Operação Lava Jato e seus desdobramentos, como a confirmação do processo de *impeachment* da presidenta Dilma Rousseff, em 31 de agosto de 2016, e a efetivação da posterior prisão do ex-presidente Lula, em 7 de abril de 2018.

Uma das maiores constatações a partir da análise desse primeiro programa é que o ex-presidente Lula é o personagem principal dessa narrativa da cobertura jornalística da TV Globo sobre a Operação Lava Jato. A partir da percepção das gramáticas que emergem na análise do primeiro programa, identifica-se que esse personagem não somente fez com que o telejornal transpusesse os próprios rituais normativos do programa, como também dedicasse a elaboração de uma estratégia narrativa para agendar o político petista como envolvido nos *"fortes indícios de corrupção"* denunciados pelo programa. Sendo assim, segue-se uma construção dessa mesma narrativa em outras duas edições do Jornal Nacional: os programas dos dias 10 e 11 de maio de 2017, que trazem alguns fragmentos do depoimento do ex-presidente Luiz Inácio Lula da Silva ao juiz Sergio Moro, em Curitiba. No primeiro programa, como mostra a imagem divulgada pela força-tarefa da Lava Jato, o registro que se tem do fato é a imagem de Lula em primeiro plano e a voz do juiz Sergio Moro como inquisitor, não enquadrado na imagem.

Figura 4 – Imagem divulgada pela Lava Jato do depoimento de Lula ao juiz Sergio Moro

Fonte: reprodução (2017)

Nessa edição, já na escalada, ocorre um rastreamento do fato, seguindo Lula em uma menção curta sobre o evento e mostrando imagens de Lula no aeroporto, desembarcando em Curitiba, e logo após chegando no prédio da Justiça Federal. A descrição do ambiente interno do interrogatório pelos apresentadores faz com que o telejornal se desloque de um ambiente a outro, seguindo a rotina do fato enquanto um ritual judicial, como mostra o trecho seguinte:

> [Bonner] *O interrogatório do ex-presidente. Lula vai à Curitiba como réu por lavagem de dinheiro e corrupção passiva.*
>
> [Renata] *Ele fica frente a frente com o juiz Sergio Moro por mais de cinco horas.*
>
> [Bonner] *E a justiça só divulgou as gravações da sessão há menos de 40 minutos* (Jornal Nacional, 10 maio 2017).

No programa, os jornalistas narram as suas rotinas de apuração e produção jornalística, demonstrando uma preocupação inicial em informar que receberam os vídeos e as transcrições em um tempo muito próximo do fechamento do jornal. Os apresentadores também afirmaram, por diversas vezes, que a equipe do jornal estava realizando uma apuração prévia do conteúdo para veiculá-lo ainda naquela edição. O programa, então, se inicia com os relatos do depoimento, com Bonner informando que o ex-presidente Lula prestou depoimento como réu pela segunda vez em uma ação judicial relacionada à Lava Jato. O apresentador recordou que, na primeira vez, Lula havia prestado depoimento quanto à acusação de obstrução da justiça. Renata, então, informa que é a primeira vez que Lula fala como réu ao juiz Sergio Moro, em Curitiba, e esclarece que, nessa ação, o ex-presidente é acusado de ter recebido propina da construtora OAS por meio do recebimento de um triplex. Bonner afirma que os jornalistas de todo o Brasil estão todos dedicados a um mesmo trabalho: analisar as declarações de Lula no depoimento dado a Moro.

Em seguida, o jornalista explica aos telespectadores que esse é um desafio imenso (de analisar o conteúdo dos vídeos do depoimento), porque os vídeos somente foram liberados depois que o depoimento terminou e que era exclusivamente por meio dos vídeos que os jornalistas poderiam saber o que havia acontecido no depoimento. Os vídeos só foram liberados às 19h36min, portanto, menos de uma hora da edição do telejornal começar. A partir dessa explicação do apresentador, podemos perceber a intenção, por parte do editor do jornal, de informar ao telespectador sobre os processos e as temporalidades do fazer jornalístico televisivo, mas também justificando para a audiência a necessidade de o acontecimento se tornar pauta daquela edição do jornal e da próxima, tal

LAVA JATO X VAZA JATO: ENFRENTAMENTOS ENTRE ESTRATÉGIAS JORNALÍSTICAS

como um acordo entre o programa jornalístico e seus seguidores. Assim, coincidência ou não, esse fator permitiu que o depoimento de Lula ao juiz Sergio Moro tomasse duas edições do Jornal Nacional, gerando um fenômeno de convergências entre as temporalidades do telejornal para se adequar à temporalidade do interrogatório.

Depois de informar que a defesa de Lula havia tentado adiar o depoimento, sem sucesso, os apresentadores chamaram a reportagem sobre o acontecimento, que mostrou o percurso de Lula, desde São Bernardo do Campo até Curitiba, e a sua participação no depoimento, que foi considerado o mais longo da história da Operação Lava Jato, o que demonstra que esse fato se desdobra em microacontecimentos colaterais.

Os vídeos do depoimento foram exibidos no segundo bloco do programa, reforçando que o juiz Sergio Moro foi o primeiro a perguntar. O apresentador reforça que o juiz se referiu a Lula no depoimento como *"senhor ex-presidente"*. As primeiras imagens focam em Lula, que responde as perguntas olhando para Moro, de quem só ouvimos a voz. As imagens, fornecidas pela gravação disponibilizada pela equipe do Ministério Público Federal, sofrem uma mixagem no tratamento jornalístico quanto à questão do agendamento de uma construção de uma imagem culposa de Lula.

O programa mostra o juiz Moro perguntando, reiteradas vezes, se houve alguma intenção de adquirir o apartamento triplex, no que Lula nega enfaticamente. A imagem segue sendo veiculada sem cortes e mostra um trecho do depoimento, de 3 minutos e meio, para depois revelar outro trecho sem cortes, de 5 minutos, os dois trechos tratando sobre a questão do triplex. Logo depois, é mostrado outro trecho, de menos de 1 minuto, em que Lula fala sobre Renato Duque, ex-diretor da Petrobras, que havia acusado Lula de ser o líder do esquema de propinas ao PT.

O jornal também veicula uma breve fala do ex-presidente Lula, no ato público que foi realizado depois de seu depoimento, em que ele diz que sempre vai prestar todos os depoimentos a que for chamado e afirma estar em busca da verdade. No terceiro bloco do programa, são mostrados novos trechos do depoimento, com Bonner reiterando que a equipe do Jornal Nacional ainda estava realizando a apuração dos materiais. Nessa segunda parte, são exibidos novos trechos do depoimento. Em uma das respostas, Lula afirma que não solicitou destruição de provas, e logo depois o juiz Moro volta a perguntar se Lula quis alguma vez ficar com o apartamento triplex e se realmente não sabia de conversas sobre propina em seu governo. Neste trecho, o ex-presidente responde que *"se seu filho recebe nota baixa ele nunca irá lhe contar"*, no que o juiz Sergio Moro responde que *"sempre fica sabendo das notas dos filhos"*. Em um último trecho, Moro volta a perguntar do triplex e inclusive cita uma reportagem de *O Globo*, reportagem essa que inspirou a denúncia contra Lula na denúncia apresentada contra ele pelos procuradores do Ministério Público na Operação Lava Jato. Lula responde de maneira veemente, negando as acusações, dizendo que isso é invenção do Ministério Público. Por último, foi divulgado um trecho que falava sobre uma conversa de Lula com Renato Duque, e ele, então, responde que só procurou esse ex-diretor da Petrobras porque ele tinha sido indicado pelo PT.

Essa tensão, gerada pelos jornalistas do Jornal Nacional, focando exclusivamente na questão do triplex e na reportagem usada como prova, corrobora a argumentação narrativa usada pelos procuradores da Operação Lava Jato e demonstra uma deficiência de apuração do próprio telejornal, que não conseguiria abordar uma análise opinativa em tempo real sobre o acontecimento, pois ocorreu minutos antes de o programa entrar no ar. O jornal termina com a fala de Cristiano Zanin Martins, advogado de defesa de Lula, que afirma que seu cliente respondeu a todas as questões, assim demonstrando que não possui envolvimento nas acusações que sofreu.

A diferença de temporalidades entre a apuração necessária para publicação no telejornal e das processualidades próprias do campo judiciário que se demonstraram no interrogatório ocasionou uma nova edição do Jornal Nacional, mais aprofundada sobre o assunto. O programa do dia 11 de maio de 2017 retoma o depoimento de Lula, mostrando mais imagens sobre o acontecimento, em uma tomada de um plano diferente, captado de um ângulo lateral, que agora também mostra o juiz Sergio Moro.

A apresentadora Renata Vasconcellos começa o programa dizendo que o Jornal Nacional cumprirá o compromisso de mostrar detalhadamente os principais momentos do depoimento de Lula e que só não foi possível realizar esse intuito na edição anterior porque o horário em que os vídeos foram liberados não permitiu que eles pudessem ser analisados, pois eram 5 horas de depoimento. A exibição de trechos do depoimento de Lula no programa integralizou 31 minutos ao total, retomando assuntos tratados na edição anterior, além de outras questões que foram pontuadas pelos apresentadores, como a reforma no sítio em Atibaia.

Figura 5 – Imagem divulgada pela Operação Lava Jato sobre o depoimento de Lula a Moro

Fonte: reprodução (2017)

Na escalada, os apresentadores já afirmaram que trariam os relatos de Lula e que a Operação Lava Jato havia quebrado o sigilo de João Santana (coordenador de campanha de Lula), além de citar outros assuntos não relativos à Lava Jato. Os dois apresentadores relembram o que foi dito sobre o depoimento na edição anterior e reafirmaram que mostrariam de forma detalhada o que ocorreu na arguição, iniciando com uma declaração do juiz Sergio Moro. Ele diz a Lula que não tem nada pessoal contra ele, que o que vai prevalecer no final do julgamento são as provas apresentadas e que ele queria deixar claro que quem faz as acusações no processo é o Ministério Público. A fala inicial do juiz também demonstrou preocupação em dizer que seriam infundados os boatos de que ele determinaria a prisão do acusado em meio ao depoimento.

O jornal veiculou novamente a resposta de Lula sobre a questão do triplex, que havia sido veiculada na edição anterior, mas em uma versão editada, com a ressalva da apresentadora que mostrariam somente os aspectos mais importantes da resposta. O telejornal também apresentou uma discussão entre o juiz Sergio Moro e o advogado de defesa de Lula, Cristiano Zanin Martins, na qual o juiz repreendia o advogado por interceder demais no depoimento pelo seu cliente e lhe indeferiu o direito à palavra. Nesse momento, o programa veicula um trecho em que Lula é perguntado por Moro se recebeu Leo Pinheiro em seu apartamento para discutir a reforma do sítio em Atibaia, e Lula diz que não se lembra, mas o fato é mostrado como uma confissão pelo jornal, tratando-se de uma interpretação opinativa dos apresentadores do Jornal Nacional. É então mostrada uma fala do ex-presidente em que ele denuncia o Ministério Público de coagir testemunhas para acusá-lo no processo.

Em seguida, a apresentadora Renata Vasconcellos afirma que o juiz Moro confrontou Lula sobre a denúncia de Leo Pinheiro, empreiteiro da OAS, sobre o fato de que a diferença da soma entre o apartamento simples para o apartamento triplex foi paga com dinheiro de propina, mas, na imagem mostrada do depoimento, Lula afirma categoricamente que Pinheiro está mentindo.

Os dois apresentadores ainda apresentam um trecho editado sobre uma pergunta de Moro sobre qual era a relação entre Lula e Renato Duque e que este último havia relatado uma conversa entre eles em um aeroporto, na qual Lula havia dito que ele não poderia ter contas no exterior em seu nome e que Duque afirmou que naquele momento percebeu que Lula não só sabia do esquema de propina, como o liderava. A resposta de Lula reforçou a história do encontro no aeroporto, justificando que procurou Duque para confrontá-lo sobre reportagens na imprensa que o denunciavam por desvio de dinheiro ao exterior. Porém, o trecho foi exibido para mostrar uma aparente contradição na fala de Lula: ele havia dito antes que não sabia da relação entre João Vaccari Neto, ex-tesoureiro do PT e ex-presidente do Bancoop com Renato Duque, mas, na resposta sobre o encontro no aeroporto, Lula disse que havia pedido a Vaccari que levasse Duque a ele.

Então, os apresentadores do telejornal mostraram um vídeo em que Moro pergunta sobre uma incoerência na resposta de Lula, no que o advogado de defesa do ex-presidente intervém, dizendo que eram momentos diferentes e que as duas pessoas se conheciam de fato, mas que não necessariamente mantinham uma relação de amizade. Esse trecho demonstra que os apresentadores, mediante uma interpretação opinativa combinada às imagens editadas, pareciam querer evidenciar uma provável contradição apontada a Lula pelo juiz no depoimento.

Outra questão levantada no programa foi sobre o questionamento de Moro sobre se Lula havia usado a sua influência como fundador do PT para solicitar investigações internas na Petrobras, depois das denúncias de corrupção. Bonner ironiza o fato de que Lula responde que não gozava de tanta influência no Partido dos Trabalhadores, depois de ter-se tornado ex-presidente, pelo fato de que Lula foi um dos fundadores do partido e um dos presidentes da entidade.

Em seguida, foram veiculados diversos trechos em que falaram de inconsistências de falas de Lula, a exemplo das falas sobre o mensalão. Novamente Moro veta a palavra dos advogados de defesa quando eles advertem seu cliente a não falar sobre o assunto, mas as imagens que aparecem no programa são somente das falas de Moro. Também aparecem vários trechos editados nos quais o juiz Moro aponta críticas de Lula à Lava Jato e pergunta se eventuais ameaças de processos que partiriam do ex-presidente Lula não seriam tentativas de intimidação. O juiz cita a frase *"se eles não me prenderem logo, quem sabe um dia eu mando prendê-los pelas mentiras que eles contam"* e pede esclarecimentos, no que Lula responde: *"que a história não para com esse processo. Um dia a história vai julgar se houve abuso ou não de autoridade, nesse caso, do comportamento da Polícia Federal e do Ministério Público"*. Os apresentadores comentaram que Lula, ao afirmar que estava vivendo um julgamento político, foi advertido por Moro de que aquele espaço não era palanque, e que *"o ex-presidente disse que tem sido perseguido"*.

Nesse momento, identificamos a mídia como um objeto das falas de Lula e do juiz Moro, que, por meio da veiculação no Jornal Nacional, se torna também assunto no contexto do interrogatório. Isso se reforça quando o programa veicula na parte final uma crítica de Lula à imprensa, citando, inclusive, o Jornal Nacional. O ex-presidente afirma que a imprensa sabia das acusações contra Lula, mesmo antes de sua defesa ser notificada, declaração que fez o juiz Sergio Moro afirmar no depoimento que a imprensa não tinha qualquer papel no processo e que o julgamento estava sendo realizado com base na lei. A última declaração veiculada no programa foi do juiz Sergio Moro, afirmando que ele mesmo era perseguido por blogs e reafirmando no vídeo que não estava dando a palavra para a defesa, mas que realizaria um julgamento justo.

A análise discursiva dos dois programas deixou bastante clara a intenção dos jornalistas de apontar contradições no depoimento de Lula e de mostrar o juiz Sergio Moro como uma figura intimidadora e que exerce seu poder. Os apontamentos dos depoimentos relatados pelos apresentadores eram confusos e vagos, justamente com o objetivo de suscitar desconfiança com relação a postura de Lula. E ao veicular a crítica do ex-presidente à imprensa, igualando-se à fala de Moro, que também se dizia atacado por blogueiros, o Jornal Nacional se utiliza de uma falsa figura de equivalência. Os jornalistas do programa também focaram em apontar incoerências de uma pessoa que está prestando um depoimento, porém não questionou em nenhum momento as atitudes de um juiz que trouxe para o julgamento questões que não tinham relação com o mérito a ser julgado e que retirou a palavra da defesa por diversas vezes, mas em nenhum momento dispensou o mesmo tratamento para a acusação.

A estratégia do Grupo Globo, seguida por boa parte da mídia brasileira, manifesta-se em uma cobertura jornalística pouco aprofundada, com registros oficialistas dos fatos e muitas declarações institucionais de integrantes da Operação Lava Jato como fontes oficiais. A apuração é superficial e feita de maneira apressada, pois atende a uma lógica mercadológica. Isso porque a própria temporalidade da mídia, na qual a temporalidade do judiciário adequa-se, atende a lógicas determinadas, na qual quem publica antes recebe o crédito primeiro, demonstrando, no fazer jornalístico, pouco questionamento, reflexão, problematização e subjetividade.

No próximo item, apresentamos a análise de outro veículo de imprensa do jornalismo hegemônico que realizou uma emblemática cobertura da Operação Lava Jato: a revista *Veja*. O foco dessa parte da investigação é realizar uma análise sobre as capas da publicação sobre o assunto, investigando o tratamento que dedicado à operação e aos personagens que sofreram maior destaque no periódico. Entretanto, inicialmente, será apresentado um breve histórico sobre a revista.

Revista *Veja*

A revista *Veja* é uma das publicações do Grupo Abril, com uma tiragem superior a 1 milhão de cópias, sendo a revista de maior circulação do Brasil, segundo dados de 2017. Não há, em seus canais de comunicação, alguma seção que informe o leitor sobre a sua postura editorial, porém apresentamos aqui algumas pistas:

> Em seu mídia kit de 2018, *Veja* reitera o papel social que cumpre em 50 de existência: Em 2018 VEJA completa 50 anos de história. São cinco décadas em defesa de três princípios inabaláveis: a democracia, a livre iniciativa e a justiça social. São cinco décadas oferecendo jornalismo de qualidade, com informações exclusivas, furos de reportagem e análises densas. Cinco décadas fiscalizando o poder - qualquer poder. E hoje, mais do que nunca, a revista é um porto seguro contra a infestação das fake news. A editora Abril, a qual pertence *Veja*, também confirma alguns princípios: "A Abril está empenhada em contribuir para a difusão de informação, cultura e entretenimento, para o progresso da educação, a melhoria da qualidade de vida, o desenvolvimento da livre iniciativa e o fortalecimento das instituições democráticas do país" (Pozzobon; David, 2019, n.p.).

Entretanto, na sua prática jornalística, a revista *Veja* se utiliza de um conjunto de gramáticas para apresentar uma quantidade significável de subtextos em seus conteúdos, na qual apresenta um texto que se propõe informativo, mas que se mescla com considerações adjetivadas e uma ênfase em marcar opinião sobre os assuntos divulgados. Essa estratégia da revista demonstra uma visão editorial que não é declarada, mas que se evidencia em suas enunciações, conforme outros estudos de pesquisadores que também identificam essa característica no jornalismo praticado pela *Veja*:

> A opinião aparece nas reportagens, misturada à informação, em forma de adjetivos. Em algumas matérias esses termos expressam um ufanismo exacerbado, acentuados elogios e uma tentativa de se alçar a imagem pessoal de alguém defendido pela redação ou de uma instituição, ainda nas graças da filosofia patronal. Em outras reportagens aparecem a ironia, a crítica e a visão unilateral da revista, exprimidas por vocábulos depreciativos que revelam conceitos preconcebidos e protegidos pela empresa jornalística como patrimônio moral da ideologia representada nas entrelinhas das páginas (Holdorf, 2009, p. 28).

Uma das singularidades trazidas pela gramática da revista *Veja* é a criação de narrativas de personagens políticos. Portanto, nesta parte da análise, dedicamo-nos a investigar a construção da imagem de dois personagens intrínsecos ao caso: o ex-presidente Lula e o juiz Sergio Moro.

Ambos aparecem em destaque nas capas e páginas da revista, principalmente no período de maior disputa entre as narrativas da Lava Jato e da Vaza Jato. Então, buscamos demonstrar como a revista *Veja* também contribuiu ativamente para a construção de uma narrativa favorável à Operação Lava Jato, dedicando boa parte de suas capas ao juiz Sergio Moro e colocando-o imageticamente como um herói, a partir da construção de uma narrativa que foi amplamente aderida por parte da imprensa e por atores de outros sistemas sociais. Pois, ao longo da Operação Lava Jato, as reportagens da *Veja* apoiaram-se em uma narrativa sobre o acontecimento bastante tendenciosa ao magistrado, exibindo recorrentes comentários elogiosos à conduta profissional do juiz Sergio Moro, considerado pela revista como o comandante maior da operação.

Embora a revista não se posicione de maneira clara quanto à posição política que defenda, seus enunciados denunciam uma postura política direita-liberal e antipetista. Um dos indícios é usar como estratégia o jornalismo de opinião, contando, em sua equipe, com articulistas como Joice Hasserlman e Rodrigo Constantino, duas personalidades que posteriormente se tornaram seguidores de Jair Bolsonaro. Outro colunista que recebia destaque na publicação era Reinaldo Azevedo, que já se declarou abertamente como liberal-direitista e não escondeu, na época em que trabalhava[41] na *Veja,* a sua aversão ao PT e ao ex-presidente Lula, como mostra esta coluna[42] de maio de 2017:

> Lula, o chefe máximo do PT — partido que comandou esquema de assalto ao estado —, estará solto, e o principal líder da oposição e sua irmã estarão presos. Os petistas estão em uma alegria incontida. Entendo que a esquerda esteja contente. Afinal, a força-tarefa fez um esforço enorme para ressucitá-la e foi bem sucedida. Mas peço que pensem um pouquinho. Se o Supremo votar a favor da prisão de Aécio [Neves] e se pelo menos 41 senadores aprovarem tal decisão, estaremos diante de algo fabuloso. Lula, o chefe máximo do PT – partido que, sem dúvida, comandou o esquema de assalto ao estado —, estará solto, e o principal líder de oposição e sua irmã estarão presos. Nem é preciso

---

[41] Reinaldo Azevedo pediu demissão da revista *Veja* depois de a publicação ter divulgado uma conversa gravada entre o jornalista e Andrea Neves, irmã do senador Aécio Neves. Ele explica a situação em sua última coluna na revista: https://veja.abril.com.br/blog/reinaldo/meu-ultimo-post-na-veja/. Acesso em: 12 abr. 2021.

[42] Disponível em: https://veja.abril.com.br/blog/reinaldo/se-aecio-for-preso-lula-faca-a-malinha-com-a--escova-de-dentes/. Acesso em: 12 abr. 2021.

> entrar nas motivações para que fique claro que isso não faz sentido. E a Lava Jato e seus braços têm lá suas vocações simétricas. Se Aécio for preso, Lula pode fazer a malinha com a escova de dentes. Por que razão? Sempre se dá um jeito (Azevedo, 18 maio 2017).

Entretanto, o próprio jornalista Reinaldo Azevedo demonstrou uma mudança em sua narrativa, aderindo posteriormente à Vaza Jato e rompendo com a própria *Veja*. Azevedo, inclusive, apresentou em seus espaços jornalísticos a defesa de um julgamento justo ao ex-presidente Lula. Além desses jornalistas citados, a equipe da *Veja* também contava com Thiago Prado[43], que foi apontado pela Operação Spoofing[44] como colaborador ativo da Operação Lava Jato:

> [Thiago] Prado sugeria ao procurador [Deltan Dallagnol] prisão de pessoas, fornecia mensagens (e-mails) para incriminar pessoas suspeitas, documentos e extratos bancários. Ele festeja quando Nestor Cerveró, então diretor da Petrobras, foi preso por causa dele. Prado, que vive no Rio, implora por uma "ponte" com a Procuradoria-Geral da República para entregar o que considera provas para condenar pessoas. O *chat* compreende o período de abril de 2015 a junho de 2016 (Consultor Jurídico, 11 fev. 2021, on-line).

Prado possui, em seu histórico, poucas reportagens sobre a Operação Lava Jato, mas assina na revista uma matéria bastante elogiosa sobre o lançamento do livro *Lava Jato – O juiz Sergio Moro e os bastidores da operação que abalou o Brasil*, escrito pelo jornalista Vladimir Netto, o mesmo repórter da Globo que realizava a cobertura da operação pela emissora em Curitiba, na edição que mostrou ao vivo a gravação telefônica de Dilma e Lula. Outro aspecto que merece um olhar mais aprofundado é a maneira como a *Veja* retratou o ex-presidente Lula em suas capas[45] durante o desenrolar da Operação Lava Jato até o seu final. Desde o início da cobertura da Operação Lava Jato pela publicação, que se inicia em 2014, até o ano de 2021, quando

---

[43] Atualmente, o jornalista faz parte da equipe do jornal O Globo e é colunista da revista Época.

[44] Operação Spoofing é uma operação da Polícia Federal, deflagrada em 23 de julho de 2019, com o objetivo de investigar invasões nas contas de Telegram de pessoas relacionadas à Operação Lava Jato.

[45] Por uma questão de direito autoral, as capas da revista *Veja* não serão exibidas neste livro. Recomendamos que as imagens sejam acompanhadas conjuntamente com a leitura da dissertação "Estratégias de Construções jornalísticas: Lava Jato x Vaza Jato", das páginas 132 a 148. Disponível em: http://repositorio.jesuita.org.br/handle/UNISINOS/9958. Acesso em: 8 ago. 2024.

esta pesquisa foi finalizada, contamos 21 capas da revista *Veja* dedicadas a Lula, sendo de longe a maior personalidade política, neste contexto, a ser enunciada pela publicação. Essa particularidade é inclusive destacada pela própria revista, que ilustra, em um vídeo[46], a trajetória política do ex-presidente ao longo da trajetória das capas da publicação. O material, publicado em 10 de dezembro de 2018, pelo canal Veja Pontocom, mostra uma linha do tempo das capas da revista sobre o político desde o ano de 1979, ano em que Lula era o líder do sindicato dos trabalhadores. A legenda do vídeo sugere que "Luiz Inácio Lula da Silva, ao concluir seu segundo mandato como presidente da República, estava convencido de que alcançaria o que o PT almejava: ficar trinta anos no governo".

Portanto, é interessante apresentar o resultado da análise que foi realizada para a pesquisa que embasa este livro e que traz uma investigação sobre as capas da revista e seu conteúdo durante a época da Operação Lava Jato. A análise estabelece um comparativo de como a publicação construiu em seus enunciados as imagens de duas figuras centrais desse caso: o juiz Sergio Moro e o ex-presidente Lula. Para tanto, será investigada a construção imagética e produções de sentido que se estabeleceram nas composições das capas da publicação envolvendo estes personagens. Assim, na análise das edições 2397/2398, 2424/2436, 2458/2469 e 2480/2496, será mostrada a trajetória da construção de uma imagem polarizadora, que antagonizava as construções de sentido em torno de Lula e Moro. Da mesma maneira, foi analisada a capa da edição 2529, sobre o depoimento de Lula ao juiz Sergio Moro e que traz na capa os dois personagens centrais desse macroacontecimento.

Uma das primeiras edições que relaciona o ex-presidente Lula com a Operação Lava Jato é a de número 2397, de 29 de outubro de 2014. Na capa, as imagens de Lula e Dilma são colocadas lado a lado, mediadas por elementos textuais que sugere aos leitores não somente um conteúdo informativo, mas a prática de determinado enquadramento sobre um suposto envolvimento dos dois políticos com a Operação Lava Jato. A manchete de capa, escrita em vermelho, denuncia: "Eles sabiam de tudo". A edição ainda promete com exclusividade os diálogos da delação premiada de Alberto Youssef, que é uma das primeiras ações divulgadas por intermédio da força-tarefa da Operação Lava Jato. Na seção "Carta ao Leitor", o texto já destaca as ações da Operação Lava Jato e menciona o juiz Sergio Moro como comandante da iniciativa, divulgando os diálogos de

---

[46] Disponível em: https://www.youtube.com/watch?v=cwUu8f9Qz64. Acesso em: 12 abr. 2021.

Youssef que colocam como suspeitos a então presidenta Dilma Rousseff e o ex-presidente Lula, que, segundo o doleiro, sabiam do esquema de corrupção na Petrobras:

> *O Planalto sabia de tudo* — disse Youssef.
>
> *Mas quem sabia de tudo?* — perguntou o delegado.
>
> *Lula e Dilma* — respondeu o doleiro. [...]
>
> Nos últimos depoimentos, Youssef disse que Lula participou da montagem do esquema de corrupção na Petrobras, e que Dilma Rousseff sabia de tudo quando era ministra-chefe da Casa Civil e depois, já eleita presidente da República. A sala despojada, a rotina do registro das informações dadas pelo doleiro, o trabalho disciplinado, quase litúrgico, dos delegados e promotores, emprestavam à cena uma falsa sensação de normalidade. Mas é explosivo o que foi dito, registrado e anexado ao processo de delação premiada de Youssef. O conteúdo logo estará nas mãos do juiz Sergio Moro, responsável pelo caso, em que passam a constar como suspeitos um ex e uma atual e, quem sabe, futura presidente da República (*Veja*, 29 out. 2014, p. 12).

Nesse caso, podemos observar uma operação do contrato de leitura da revista *Veja*, ao articular o título da publicação com a imagem. Entretanto, também fica evidenciado que o operador principal da construção jornalística é transformar o nome da revista em um marcador linguístico de caráter verbal, que, apoiado entre uma anunciação imperativa e, ao mesmo tempo, propositiva da palavra "veja", sugere como ação uma estratégia enunciativa. Também colabora com essa proposta narrativa o uso da retranca "petrolão" na capa da revista, que traz a metade dos rostos de Lula e Dilma, em uma capa em que a cor preta prevalece, com detalhes na cor vermelha, fazendo com que se reforce o tom de gravidade do que está sendo divulgado. Tais estratégias se ampliam no texto da "Carta ao Leitor", seção na qual os argumentos condensados no título da revista são retomados.

A primeira vez que a *Veja* traz Sergio Moro na capa é na edição 2398, de 5 de novembro de 2014, com o título "Operação Mãos Sujas: os acusados do maior caso de corrupção da história brasileira manobram para tirar de cena o juiz responsável pelo processo". A capa mostra uma foto do juiz Sergio Moro, em close, discursando. A manchete é escrita na cor branca. A edição traz uma matéria que elogia a atuação de Moro na Operação Lava Jato, definindo-o como o comandante da iniciativa e defende a sua permanência como juiz titular do caso, buscando denunciar uma tentativa de conspiração contra o magistrado por parte de empresários e políticos. A publicação traz na manchete de capa e em matéria on-line[47] o termo "mãos sujas" para configurar uma campanha que a empreiteira OAS estaria realizando contra o magistrado, acusando-o de parcialidade. O termo faz alusão à operação Mãos Limpas, iniciativa que já explicamos nesta pesquisa como uma das maiores inspirações de Moro na atuação de operações contra corrupção.

> Um roteirista de filme diria que o destino preparou o juiz Sergio Moro para o seu presente desafio – a Operação Lava Jato, que começou localmente em Curitiba, avançou por quase uma dezena de estados e foi subindo na hierarquia política do Brasil até chegar à inimaginável situação de ter um ex-presidente e a atual ocupante do cargo citados por um peixe grande caído na rede. Moro começou investigando uma teia de doleiros acusados de lavagem de dinheiro, mas enveredou por um esquema de corrupção na Petrobras armado durante os governos do PT com o objetivo de financiar campanhas políticas e, de quebra, enriquecer bandidos do colarinho branco. Lula teve o mensalão. Agora Dilma tem o Petrolão.

> Como os navios, cuja capacidade é medida em toneladas de água que deslocam, um processo investigativo e punitivo como a Operação Lava Jato tem sua importância definida pelo poder dos interesses que contraria. Moro comanda hoje o maior navio a singrar os mares da Justiça brasileira. Isso não ocorre sem provocar reações. É justamente delas que trata esta reportagem. VEJA descobriu que advogados, empreiteiras e políticos citados na Operação Lava Jato se dedicam atualmente a divisar um plano para torpedear o transatlântico capitaneado por Moro – mesmo que isso implique a neutralização do próprio juiz (*Veja*, 5 nov. 2014, p. 65).

No mesmo ano, a revista publica outra matéria de capa, cujo personagem principal é o magistrado. Na edição de número 2424, publicada em 6 de maio de 2015, a revista publica o título: "O juiz Moro vê mais longe: porque a soltura, pelo STF, dos empreiteiros presos na Lava Jato não representa o fim da esperança dos brasileiros de que corruptos vão para a cadeia". Na capa, é ilustrada uma imagem do juiz Moro, em close, com

---

[47] Disponível em: https://veja.abril.com.br/politica/juiz-critica-operacao-maos-sujas-e-rebate-empreiteiros/. Acesso em: 12 abr. 2021.

uma expressão séria e olhando para o horizonte. Novamente, a manchete é escrita na cor branca. A reportagem, "Balança o tripé de Moro", reafirma que a estratégia de Moro inspira-se na Operação Mãos Limpas e utiliza-se de três pilares fundamentais: prisão, delação e divulgação. Segundo a revista, a estratégia do magistrado estava funcionando extraordinariamente bem até o STF decidir pela soltura dos delatores, fato que é citado na matéria como algo que decepciona, mas não surpreende o juiz, já que *"processos contra figuras poderosas não correm sem reações"*. Dessa forma, a publicação dá voz ao magistrado, que se torna um copersonagem recorrente na publicação, demonstrando, assim, uma estratégia narrativa, ao apresentar Moro, desta forma, como um coautor da revista.

Dois meses depois, em 29 de julho, a revista traz, na edição 2436, a imagem do rosto do ex-presidente Lula em um fundo preto, entre o título da revista e a manchete de capa, com os dizeres: "A vez dele". A imagem, que parece ser manipulada digitalmente, traz Lula vestido com uma camiseta preta e uma capa vermelha. A publicação também traz uma tarjeta vermelha como elemento gráfico que destaca o conteúdo exclusivo antecipado, em primeira página, da publicação. Na linha de apoio, a publicação afirma que o empreiteiro da OAS e amigo de Lula, Leo Pinheiro, resolveu contar ao Ministério Público tudo que sabe sobre a relação de Lula com o escândalo da Petrobras e declara que o filho de Lula ficou milionário com o esquema. Já no índice, há uma foto de Lula com a mão escondendo os olhos e a legenda promete "os segredos sobre Lula e sua família revelados pelo executivo Leo Pinheiro". Na publicação, Lula é mostrado segundo um ponto de vista que submete a sua imagem a um enfoque apassivado, cercado de estereótipos e com uma construção narrativa que até mesmo lhe confere um caráter de ameaça. Na reportagem, uma chamada em preto e branco traz a manchete "Segredos devastadores" e promete apresentar denúncias contra o ex-presidente, mas o texto somente sugere que Leo Pinheiro está querendo beneficiar-se da lei da delação premiada para denunciar figuras da cúpula do PT no escândalo de corrupção na Petrobras. São dedicadas 12 páginas da revista em duas reportagens, uma delas relacionando as possíveis delações de Pinheiro a figuras políticas do PT, e a segunda denunciando um suposto esquema de propina da empreiteira Odebrecht com o Instituto Lula. Porém, somente são incluídos na reportagem os relatos dos procuradores da Operação Lava Jato, argumentando que há muitos indícios e anotações que parecem envolver os empreiteiros da Odebrecht com políticos do PT, entre eles,

Lula e Dilma Rousseff, embora a publicação ressalve que "muito ainda precisa ser investigado". A reportagem não apresenta nenhuma prova material sobre as denúncias realizadas, mas mostra fotos dos procuradores da Operação Lava Jato, entre eles, Deltan Dallagnol. Posteriormente, a mesma capa da Edição 2436 foi adulterada e compartilhada nas redes sociais, manipulação que foi usada para disseminar boatos de que Lula estaria ameaçando ministros do STF para se proteger. A imagem circulou amplamente nas redes sociais e foi desmentida[48] por meio da equipe de *fact-checking* do jornal Estado de São Paulo, que explicou que a imagem era uma *fake News*. Nesse sentido, constatamos que essa capa opera como um produto de argumentação por parte dos dispositivos jornalísticos.

A revista também realizou, no mesmo ano, uma edição retrospectiva de 2015, de número 2458, colocando novamente o rosto de Sergio Moro na capa, com a seguinte afirmação na manchete: "Ele salvou o ano". A imagem da capa novamente mostra uma foto em close do juiz Sergio Moro, em expressão concentrada, com manchetes e linha de apoio na cor branca. O intertítulo informa que a equipe da revista analisou cerca de 200 sentenças do juiz e que, a partir dessa análise, "descobriu as raízes da determinação e eficiência do juiz que deu ao Brasil a primeira esperança real de vencer a corrupção". No índice da edição, a publicação demonstra a notória diferença em retratar diferentes personagens, mostrando uma imagem de Dilma Rousseff, com a cabeça baixa e a legenda "O ano infernal da presidenta Dilma". No interior da revista, é exibido um perfil detalhado sobre juiz, apresentando sua biografia, na qual é citado o caso Banestado e informando que o juiz ajudou a desmantelar a quadrilha do traficante Fernandinho Beira-Mar. Na extensa reportagem de capa, é citado que Moro é entusiasta da delação premiada e que tem como referência o juiz Stephen Trott, considerado pelo magistrado um especialista no assunto. Também é mencionado que, em 2012, Moro trabalhou como assistente da ministra do STF, Rosa Weber e que, nessa oportunidade, *"viu com lupa as entranhas de uma engrenagem ilegal que, então, parecia gigantesca"*. Em uma parte da matéria, há uma tentativa de dramatização sobre a atuação jurídica do juiz, em um texto que traz um tom bastante irônico:

> Moro chegou ao terceiro momento da carreira naquela quinta-feira, 11 de julho de 2013, em que autorizou a escuta

---

[48] Disponível em: https://politica.estadao.com.br/blogs/estadao-verifica/boato-adultera-capa-de-veja-para-atribuir-a-lula-declaracao-falsa-sobre-favores-do-stf/. Acesso em: 20 jun. 2021.

> contra o doleiro obscuro. Dali em diante, apesar do desmembramento das denúncias na Lava Jato, suas sentenças ficaram bem mais extensas — em média, 31 páginas, contra 12 anteriormente — e sua indignação cresceu. As sentenças viraram como que tribunas. Passaram a distribuir recados e explicações sobre as controvérsias mais agudas a respeito de sua atuação: delação premiada, prisão preventiva, artigo publicado em jornal e até mesmo um discurso que fez ao receber um prêmio do jornal O Globo. [...] As mais poderosas bancas de advogados têm lutado com fervor e verve contra Moro. No país da impunidade, os advogados chegam a falar de "ciclo de punitivismo". Acusam-no de ser parcial. De fazer "pedaladas jurídicas". De prender suspeitos para arrancar delações. De odiar os advogados, ele, que é casado com uma advogada. Com ironia, um deles diz que os julgamentos de Moro têm uma base jurídica toda própria, o "Código de Processo Penal de Curitiba". Mas, apesar das críticas, de cada 100 dos recursos impetrados por advogados de acusados da Lava Jato contra decisões de Moro, 97 têm sido derrotados. É um placar brutal (*Veja*, 30 dez. 2015, p. 54).

Contudo, a figura de Lula como personagem principal da estratégia narrativa criada pela revista *Veja* é tão emblemática, que identificamos, durante a análise, que, em um único mês, a publicação se dedicou somente a colocar a imagem do ex-presidente em suas capas. Isso ocorreu em março de 2016, mês em que ocorreu a divulgação da gravação telefônica entre Dilma Rousseff e Lula. Nessa ocasião, a *Veja* dedicou todas as suas cinco edições de capa ao ex-presidente Lula, sendo uma delas um especial, com o título "Lula e a Lei" (edição 2468). Em todas as edições[49], os títulos procuram mostrar Lula exposto ao arranjo do desenho da capa, com o título da revista associando-se ao título verbal.

Nesse mesmo mês, no dia 15 de março de 2016, a denúncia[50] e o pedido de prisão preventiva do ex-presidente foram enviados ao juiz Sergio Moro. Dessas edições, destacamos a número 2469, publicada no dia 16 de março de 2016, portanto, um dia após a denúncia, que traz o título "O desespero da jararaca", cuja enunciação elabora uma imagem

---

[49]   Recomendamos acompanhar as imagens das capas na dissertação "Estratégias de Construções jornalísticas: Lava Jato x Vaza Jato", na página 139. Disponível em: http://repositorio.jesuita.org.br/handle/UNISINOS/9958. Acesso em: 8 ago. 2024.

[50]   Disponível em: https://brasil.elpais.com/brasil/2016/03/14/politica/1457982971_616341.html. Acesso em: 20 maio 2021.

manipulada que traz o ex-presidente como figura central. A capa sugere a imagem de Lula em uma montagem com uma peruca de cobras, como uma representação da deusa mitológica Salomé, que tinha serpentes no lugar dos cabelos. Na expressão facial do ex-presidente, podemos perceber que ele está irritado, como estivesse xingando alguém. Também conseguimos identificar que a imagem é claramente manipulada em detalhes, como a peruca de cobras, mas também com relação à proporção da cabeça do personagem, que foi recortada, e pela vestimenta que ele usa, uma camisa social preta. A construção da imagem sugere Lula como uma figura raivosa e traiçoeira, que está acuada, como sugere a própria linha de apoio: "Com o governo Dilma derretendo sob a ameaça de *impeachment*, Lula sai atrás de apoio em Brasília, recorre ao Supremo Tribunal e termina acuado por um pedido de prisão preventiva".

A imagem também faz referência ao pronunciamento que Lula realizou depois do depoimento à Polícia Federal, no dia em que foi levado sob condução coercitiva. Na ocasião, o ex-presidente declarou: "*Se quiseram matar a jararaca, não bateram na cabeça. Bateram no rabo. A jararaca está viva*". Na reportagem central, que traz o título "A serpente acuada", a figura da serpente é desdobrada em outra qualificação, por meio de um texto que aborda a figura da jararaca como imagem metafórica e que simboliza o ex-presidente, afirmando que o governo de Dilma Rousseff "esfacela-se a olho nu" e que Lula encerrou a semana constrangido por um "inédito e espetaculoso pedido de prisão preventiva". Aqui apontamos a maneira do texto de se fazer opinativo, misturando sarcasmo com ironia e utilizando-se das mesmas metáforas como uma resposta à fala de Lula:

> Embora a jararaca seja uma serpente endêmica na América do Sul, nenhum outro país do continente além do Brasil tem uma jararaca como Luiz Inácio Lula da Silva. "A jararaca está viva", disse o ex-presidente há duas semanas, logo depois de depor nas investigações da Lava-Jato, na barulhenta condução coercitiva de que foi alvo. Na semana passada, a jararaca provou-se realmente muito viva, mas em luta desesperada pela sobrevivência. Jantou por três horas no Palácio da Alvorada com a presidente Dilma Rousseff, recorreu ao Supremo Tribunal Federal (STF) para barrar as investigações sobre seu patrimônio, reuniu-se com líderes do PMDB em busca de uma saída política, recebeu um convite para ser "ministro do foro privilegiado" e terminou a semana ainda pior do que começou: denunciada por lavagem de dinheiro

> e falsidade ideológica, e com um inédito pedido de prisão preventiva apresentado à Justiça pelo Ministério Público de São Paulo. Sim, a jararaca está viva, mas nunca esteve tão acuada (*Veja*, 16 mar. 2016).

A edição 2480 é publicada no dia 1 de julho de 2016, portanto, durante o período em que a presidenta Dilma Rousseff já estava afastada do cargo por conta da abertura do processo de *impeachment*. Essa edição de capa traz a foto do juiz Sergio Moro em close, sob fundo preto e amordaçado por uma fita, com a inscrição da revista em vermelho e a manchete escrita na cor branca *bold*: "O complô para calar a Lava Jato: como os líderes do PMDB conspiram para travar as investigações". Na reportagem principal, que ocupa sete páginas da edição e traz o título "Hora do Pânico", surgem como destaque a denúncia de uma conspiração movida por políticos que faziam parte da ala de oposição ao governo Dilma. Porém, quem ganha espaço na edição é o juiz Sergio Moro, com uma imagem em que aparece situado em uma posição vitimizada, amordaçado. Essa imagem que torna o líder da Operação Lava Jato uma vítima é destacada como estratégia argumentativa, junto ao uso do verbo "calar", para que a revista realizasse um alerta de que havia uma trama em curso no governo Temer para acabar com a força-tarefa. Destacamos que, pela segunda vez, a publicação alega que há alguma conspiração sendo armada contra o magistrado. A reportagem revela com detalhes uma conspiração de integrantes do governo Temer, muitos deles figuras políticas do PMDB, junto a lideranças do Senado e da Câmara, para derrubar o governo Dilma e, assim, interromper as investigações contra a corrupção. Um dos destaques da matéria é justamente um dos diálogos do então ministro do planejamento, Romero Jucá, com o ex-presidente da Transpetro, Sergio Machado, em articulação para estimular o *impeachment* de Dilma Rousseff, com a possibilidade de Michel Temer assumir seu lugar, o que de fato aconteceu. A reportagem ainda destaca que, embora a estratégia tenha tido o objetivo de enfraquecer a Operação Lava Jato, ela não foi bem-sucedida, e o texto aponta diversas lideranças do PMDB e do PT como investigados, revelando que a crise de corrupção na política brasileira é generalizada:

> Petistas e peemedebistas têm uma relação muito parecida com o esquema de corrupção da Petrobras. Antigos aliados, beneficiaram-se do dinheiro desviado, tentaram abafar a apuração do caso e já começaram a pagar, política e juri-

dicamente, o preço pelos crimes que cometeram. Dilma está afastada do cargo. Temer, o presidente interino, não terá vida fácil pela frente. Um dos seus ministros, Henrique Eduardo Alves, do Turismo, é suspeito de embolsar propinas do petrolão. Outros auxiliares importantes foram indicados pelo PP, partido que protagonizou a etapa mais recente da Lava Jato. O temor pelos rumos da operação é amplo, geral e irrestrito (*Veja*, 1 jul. 2016, on-line).

Entretanto, um dos ataques imagéticos mais emblemáticos da revista *Veja* ao ex-presidente Lula resultou de um plágio declarado da revista estadunidense *Newsweek*, que, em sua edição de novembro de 2011, trouxe a imagem da cabeça do ditador líbio Muammar al-Gaddafi, após sua morte por linchamento, em um fundo vermelho-sangue e com um efeito como se a imagem estivesse derretendo. A edição 2496[51], publicada em 21 de setembro de 2016, traz na composição da capa o mesmo fundo vermelho-sangue e no centro a imagem de uma ilustração da cabeça de Lula decapitada e derretendo. Nas duas publicações, o nome da revista é apresentado na cor branca, contrastando com o vermelho-sangue. Também existem poucos elementos textuais, e as manchetes e linha de apoio são suprimidas. Na reportagem interna, intitulada "Lula e Lava Jato: prenda-me se for capaz", a publicação admite ter buscado inspiração na famosa capa da revista dos EUA. Trazemos essa ocorrência para exemplificar quando um modelo de jornalismo é condição de produção para outro modelo. Ainda nessa edição da revista, a mesma matéria admite que, nas acusações dos procuradores da Operação Lava Jato contra Lula, a retórica havia tomado o lugar das provas, revelando que a publicação também opera como uma espécie de porta-voz do Ministério Público Federal, segundo comprova o trecho a seguir:

Em menos de quinze dias, a presidente da República sofreu um processo de *impeachment*, o parlamentar mais poderoso do Congresso teve o mandato cassado e o líder mais popular da história política recente começou a enfrentar o período mais dramático de sua carreira. Como aparece na capa desta edição de VEJA, em imagem inspirada em capa publicada pela revista Newsweek em outubro de 2011, o mito Lula pode estar

---

[51] Recomendamos acompanhar as imagens das capas na dissertação "Estratégias de Construções jornalísticas: Lava Jato x Vaza Jato", na página 142. Disponível em: http://repositorio.jesuita.org.br/handle/UNISINOS/9958. Acesso em: 8 ago. 2024.

> começando a derreter. Na semana passada, os procuradores da força-tarefa da Lava-Jato formalizaram denúncia de corrupção passiva e lavagem de dinheiro contra o ex-presidente. A isso se resume a denúncia, mas ela veio embalada numa retórica segundo a qual Lula era o "comandante máximo" da organização criminosa, o chefe da quadrilha que assaltou os cofres da Petrobras, o general que usava propinas para subornar parlamentares e comprar partidos, o fundador da "propinocracia", o homem que aceitava dinheiro e pequenos luxos em troca de favores. Nisso tudo, a retórica tomou o lugar das provas (*Veja*, 21 set. 2016, on-line).

Em 2017, o juiz Sergio Moro convoca o ex-presidente Lula para depor em Curitiba, e esse acontecimento se torna assunto da capa da edição 2529[52], publicada em 10 de maio, portanto, nas vésperas do interrogatório. A manchete destaca que essa seria a primeira vez em que os dois estariam cara a cara e traz uma construção imagética espetacularizando o acontecimento, mostrando na capa da publicação uma ilustração de Lula e Moro com máscaras estilizadas como lutadores de luta livre, de frente um para o outro, remontando realmente ao anúncio de uma luta.

A mesma construção imagética é trazida para o interior da revista, que repete a montagem das fotos de Lula e Moro frente a frente. São 14 páginas tratando sobre o assunto. Em um dos textos, a publicação menciona a libertação de José Dirceu, que, segundo a revista, não ficaria livre por muito tempo. Outra reportagem afirma que Renato Duque, ex-diretor da Petrobras, disse que Lula o orientou a fechar a sua conta no exterior. Essas duas ocorrências seriam, segundo a publicação, fatos que colaborariam para fortalecer a Operação Lava Jato.

A questão que envolve a prisão do ex-presidente Lula mediante decisão judicial do juiz Sergio Moro também foi assunto de duas capas da revista, uma antes e outra depois do acontecimento, nas edições 2567 e 2577[53]. Na construção imagética apresentada pela revista, o modo de pesquisa jornalística da publicação apoia-se em fragmentos jornalísticos e de documentos de outras fontes, como arquivos policiais, recursos que são

---

[52] Recomendamos acompanhar as imagens das capas na dissertação "Estratégias de Construções jornalísticas: Lava Jato x Vaza Jato", página 143. Disponível em: http://repositorio.jesuita.org.br/handle/UNISINOS/9958. Acesso em: 8 ago. 2024.

[53] Recomendamos acompanhar as imagens das capas na dissertação "Estratégias de Construções jornalísticas: Lava Jato x Vaza Jato", página 144. Disponível em: http://repositorio.jesuita.org.br/handle/UNISINOS/9958. Acesso em: 8 ago. 2024.

desenvolvidos pela *Veja* em seu contrato para sustentar argumentos que são construídos na base de colagens de outros materiais que são enunciados a partir de outras discursividades. Nas duas capas, Lula aparece como presidiário, com elementos que simbolizam a construção de sua imagem como um condenado da justiça. Na edição 2567, de 31 de janeiro de 2018, Lula é retratado em uma montagem fotográfica realizada pela revista, em uma imagem que carrega uma placa com os dizeres "condenado" e que está ao lado de outra imagem, que figura em termos de comparação, com a primeira fotografia da prisão do então líder do sindicato dos metalúrgicos pelo Dops, em 1980. A reportagem central traz o título "Derrota Histórica" e mostra outra montagem fotográfica de Lula segurando uma bandeira do Brasil em trapos, uma relação à capa da mesma revista de quando Lula se tornou presidente do Brasil e que segurava a bandeira do país. Na linha de apoio, a matéria diz que "a condenação de Lula é o mais significativo capítulo da desgraça político-policial que o Brasil vive, mas é também evidência de maturidade institucional". No corpo da matéria, são exibidas as falas literais dos procuradores da Operação Lava Jato, que ingressam na revista como referenciadores da estratégia argumentativa da publicação:

> Logo no INÍCIO do julgamento, o procurador Maurício Gerum pronunciou uma frase melancólica, ao narrar as obscuras transações do ex-presidente Lula em torno do tríplex do Guarujá: "Lamentavelmente, Lula se corrompeu". Em seguida, o relator do caso, desembargador João Pedro Gebran Filho, começou a ler seu extenso voto e, três horas e meia depois, disse o seguinte: "Infelizmente, e repita-se infelizmente, está sendo condenado um ex-presidente da República". Os advérbios de pesar — lamentavelmente, infelizmente — podem ser autênticos ou retóricos, mas o fato é que encerram um sentimento nacional: seria um bálsamo se uma nação inteira não tivesse de passar por tudo o que o Brasil tem passado — coroado agora com a condenação de um líder político que teve trajetória excepcional mas mentiu, dissimulou e corrompeu-se miseravelmente. Na primeira eleição de Lula, em 2002, VEJA publicou uma reportagem de capa em que celebrava o seu "triunfo histórico" nas urnas e trazia uma fotografia em que ele segurava uma bandeira brasileira. Agora, sua imagem atualizada, trabalhada em computador, é como a que aparece na página ao lado: um Lula condenado já em segunda instância por corrupção passiva e lavagem de

> dinheiro, segurando uma bandeira tão enxovalhada quanto sua biografia (*Veja*, 31 jan. 2018, on-line).

A edição número 2577, uma edição especial, publicada em 7 de abril de 2018, estampa Lula atrás das grades em uma ilustração digital e traz no corpo da revista uma reportagem com o título "O corrupto encarcerado". A matéria transcende regras jornalísticas ao qualificar o ator em referências externas e apresenta como destaque no texto uma linha de apoio com a seguinte frase: "Derrotado no STF e com uma ordem de prisão expedida pelo juiz Moro, o ex-presidente Lula decide não se entregar à PF — mas seu destino é um só: a cadeia". O texto relata de maneira descritiva o dia em que Lula deveria apresentar-se à Polícia Federal, o que acabou não acontecendo até o fechamento da revista. A edição especial, cuja publicação digital foi retirada de circulação no acervo disponível para os assinantes, oferece, em seu sumário, a coluna de Dora Kramer comentando a decisão de Sergio Moro, uma pesquisa chamada "o que o eleitor de Lula vê nele", um histórico sobre a "ascensão e queda do PT", assim como também fala sobre a dimensão histórica da condenação do ex-presidente e ressalta a importância da liberdade de expressão.

Em 2018, depois da eleição de Jair Bolsonaro à presidência da república do Brasil, o juiz Sergio Moro é convidado para ocupar o cargo de ministro da Justiça do governo federal, fato que é retratado em reportagem de capa, da edição número 2607. A publicação, realizada em novembro de 2018, traz como título "A Pirueta de Moro: a convite de Bolsonaro, o juiz faz um movimento temerário e troca a Lava Jato pela política". A reportagem principal, que tem como título "Triplo Carpado", comenta como algo normal o juiz da Operação Lava Jato ser convidado pelo presidente Jair Bolsonaro a ocupar o ministério em seu governo e, inclusive, elogia a indicação, afirmando que o magistrado possui, de fato, as melhores qualificações para o cargo. Não há, por parte da revista, maiores questionamentos sobre suspeitas de parcialidade do juiz, mesmo mencionando que foi Moro o responsável pela prisão de Lula, tornando o político petista inelegível para a eleição de 2018, que elegeu Bolsonaro.

> O aspecto temerário da decisão de Moro é outro. Está no que ele deixa para trás, que é a própria Lava-Jato. Durante os mais de quatro anos em que foi o juiz da operação, Moro recebeu acusações - equivocadas, na maioria — de tomar medidas excessivas e motivadas por razões políticas. O

> PT, na tentativa incansável de politizar a condenação e a prisão do ex-presidente Luiz Inácio Lula da Silva, sempre levantou a bandeira de que o juiz agia politicamente e, por isso, perseguiu de modo implacável o ex-presidente. O Brasil inteiro sabe que tudo isso é balela. Mas é inegável que, ao aderir ao governo Bolsonaro, Moro dá um extraordinário impulso às acusações de que, no fundo, tinha preferências e mesmo ambições políticas. Nada disso compromete o valor técnico de suas ações jurídicas, mas pega mal para um juiz. Pega ainda pior quando esse juiz é Sergio Moro, o magistrado que mandou prender um ex-presidente e agora assume um cargo no governo do adversário político do condenado (*Veja*, 2 nov. 2018, on-line).

Contudo, a capa na edição 2639 traz o título "Desmoronando", que, embora proponha uma mudança na narrativa que a própria publicação construiu sobre o juiz, ainda mantém a sua estrutura argumentativa ao articular o título da edição com o enunciado verbal se sobrepondo à imagem, que é exibida em torno de construções valorativas, como fruto dessas articulações. Nessa capa, a revista sugere como ilustração um busto do juiz Sergio Moro, feito de concreto, que está ruindo. No corpo da revista, a reportagem publicada em 19 de junho de 2019, sob o título "A desconstrução do herói", traz a foto de Sergio Moro acompanhado de Jair Bolsonaro, mencionando no subtítulo que "a divulgação das conversas com o Ministério Público compromete Sergio Moro e pode soltar o ex-presidente Lula". Porém, a matéria começa realizando um histórico sobre as contribuições da Operação Lava Jato para a sociedade e destaca que o índice de aprovação do juiz é maior do que o do presidente Jair Bolsonaro:

> As sentenças do juiz Sergio Moro ainda serão objeto de estudo de juristas, sociólogos e cientistas políticos. Um fato, porém, é inquestionável: por meio delas, o Brasil mudou. Desde que Moro assumiu o papel de protagonista, a Justiça do país da impunidade levou à cadeia dois ex-presidentes da República (Lula e Michel Temer), processou outros dois (Dilma Rousseff e Fernando Collor) e praticamente dizimou a carreira de mais de uma centena de outros políticos, entre ministros, governadores, deputados, senadores e dirigentes partidários, ao desvendar o maior esquema de corrupção do planeta. O trabalho dos integrantes da chamada força-tarefa da Lava--Jato, com Moro à frente, resgatou um pedaço do Estado que havia sido tomado por criminosos do colarinho branco e

> também condenou poderosos empresários tidos como intocáveis a cumprir prisão em celas comuns. Entre corruptos e corruptores, o juiz puniu pelo menos 140 pessoas com penas que somam mais de 2 000 anos. O protagonismo alçou Moro ao posto de celebridade. Seu índice de aprovação supera até o do presidente Jair Bolsonaro (*Veja*, 19 jun. 2019, on-line).

A reportagem relembra o impacto da Vaza Jato na ruptura da narrativa construída pela Operação Lava Jato, o que denota um possível prenúncio da queda de Moro como figura pública:

> Na semana passada, a imagem de Moro como guardião da lei e da ordem ficou seriamente comprometida depois da divulgação pelo site The Intercept Brasil de mensagens que ele trocou com o procurador Deltan Dallagnol, o chefe da força-tarefa da Lava-Jato em Curitiba, enquanto julgava os processos. Os diálogos são inequívocos: mostram o estabelecimento de uma relação de cooperação incompatível com a imparcialidade exigida por lei de qualquer juiz. A dobradinha teria beneficiado os acusadores em detrimento dos acusados, desequilibrando a balança da Justiça e desrespeitando a equidistância entre juízes e as partes do processo. Para garantir a chamada paridade de armas entre defesa e acusação, o Código de Processo Penal (CPP) proíbe que julgadores e procuradores trabalhem juntos em busca de um resultado comum. A lei estabelece que o magistrado deve sempre declarar-se suspeito para julgar um caso quando, por exemplo, "tiver aconselhado qualquer das partes". Numa das mensagens divulgadas, o então juiz da 13ª Vara Federal de Curitiba relatou a Dallagnol ter recebido de "fonte séria" a dica de que uma testemunha teria informações sobre transferências de propriedade de um dos filhos de Lula. Em seguida, Moro orientou o procurador a ouvir a pessoa, que, contudo, não aceitou colaborar (*Veja*, 19 jun. 2019, on-line).

No mesmo ano, a revista publica, em outubro, a reportagem de capa "O Fator Lula" (Edição 2657), que traz uma imagem em um ângulo lateral do político caminhando e dando um passo com o pé direito. Essa imagem se mostra emblemática, pois ocorre depois de Lula ter a liberdade concedida pelo STF. A reportagem então aponta o político petista como a única chance da esquerda de derrotar Jair Bolsonaro nas urnas. A edição também traz uma entrevista com o ex-presidente Fernando Henrique Cardoso, com a manchete "FHC sobre Bolsonaro: 'É uma pessoa tosca'". Na reportagem, "Lula é o principal nome da esquerda contra Bolsonaro em 2022", a publicação traz dados da pesquisa da *Veja*/FSB que aponta projeções eleitorais para a eleição presidencial seguinte. Os cenários sugeridos pela revista são disputas de Jair Bolsonaro com Lula, Fernando Haddad, Sergio Moro, Luciano Huck, Ciro Gomes e João Amoedo. A reportagem destaca que, segundo a pesquisa, Jair Bolsonaro e Sergio Moro lideram todos os cenários de disputa eleitoral e afirma que, mesmo Lula sendo o melhor candidato da esquerda em disputa com o atual presidente, ele não conseguiria vencer em um segundo turno. O texto também destaca que Sergio Moro superaria Bolsonaro, Lula, Haddad e Huck em uma disputa eleitoral no segundo turno e ainda aponta que o magistrado é o ministro do governo que mais possui aprovação popular.

Como resultado do processo de leitura das revistas e análise das capas, inferimos que o uso de elementos imagéticos como construção narrativa é uma das fortes estratégias utilizadas pela publicação, assim como apontamos que os textos da revista *Veja* realizam-se em torno de estratégias autorreferenciais em sua maior parte, mas, principalmente, quando a publicação se dirige aos seus leitores, como em seções como "Carta ao Leitor". Em seguida, apresentamos um desfecho sobre as estratégias apresentadas na cobertura da mídia hegemônica sobre a Operação Lava Jato, desta vez, partindo da perspectiva do jornal *Folha de São Paulo*.

Folha de São Paulo

O jornal é conhecido pela postura pluralista, demonstrando uma predisposição à diversidade de pensamentos. O fato de ser o único do país a apresentar um *ombudsman*[54] *em sua equipe seria um indicativo do respeito a essa diversidade. Para anunciar ao seu leitor as suas gramáticas próprias, a publicação oferece uma seção, em seu site, com o nome "Como a Folha pensa: conheça os principais pontos de vista defendidos pelo jornal*[55]". No texto, embora afirme ser apartidária, a *Folha* busca demonstrar uma perspectiva política liberal sobre costumes e economia, afirmando que defende a democracia:

---

[54] Ombudsman é um profissional, dentro do jornalismo, que serve como intermediário entre o leitor e a publicação e que responde os comentários e reivindicações dos leitores, assim como os repassa à redação.

[55] Disponível em: https://www1.folha.uol.com.br/poder/2014/02/1414326-o-que-a-folha-pensa-veja-os--principais-pontos-de-vista-defendidos-pelo-jornal.shtml. Acesso em: 12 abr. 2021.

> A história mostrou que o melhor arranjo institucional conhecido é aquele capaz de preservar liberdades tanto na política quanto na economia. Não há, portanto, como relativizar a democracia nem o Estado de Direito. Pelos mesmos motivos, é preciso estimular a livre-iniciativa e o desenvolvimento, no Brasil, de uma economia de mercado, sem deixar de reconhecer o papel do Estado na correção de desequilíbrios e redução das desigualdades. O apoio à união civil entre pessoas do mesmo sexo ou à descriminalização do uso de drogas, por exemplo, decorre da percepção de que as liberdades individuais se ampliaram nas sociedades contemporâneas, nas quais a própria religião se tornou assunto da esfera privada. No plano internacional, duas guerras mundiais e conflitos recentes no Oriente Médio evidenciam os riscos de políticas intervencionistas, bem como a importância da via diplomática e dos mecanismos multilaterais que ajudem a equilibrar o peso das nações (*Folha de São Paulo*, 19 fev. 2014, on-line).

Entretanto, na cobertura da Operação Lava Jato, algumas incoerências nesse sentido são apresentadas. A cobertura da operação, dentro do jornal, está submetida à editoria Poder e ocupa uma seção própria na versão on-line, que é atualizada de acordo com os mais recentes acontecimentos. As reportagens da Lava Jato também possuem conexão com outras reportagens que referenciam o mesmo acontecimento, com hiperlinkagens de outras matérias que são destacadas na cor azul, operação que demonstra que o jornal *Folha de São Paulo* realiza a conectividade entre acontecimentos.

Apresentamos aqui uma análise sobre a cobertura da *Folha* sobre a Operação Lava Jato, com o primeiro momento de investigação focado em quatro reportagens. A primeira matéria relata o vazamento da ligação telefônica entre o ex-presidente Lula e a então presidenta Dilma Rousseff; a segunda reportagem versa sobre o depoimento de Lula ao juiz Sergio Moro; a terceira reportagem realiza denúncia sobre o triplex atribuído pelos procuradores da Operação Lava Jato a Lula; e a quarta matéria se refere à intensificação das operações da Lava Jato em 2016.

Na primeira reportagem em análise, que fala sobre a divulgação do vazamento da gravação telefônica entre o ex-presidente Lula e a presidenta Dilma Rousseff, mediante quebra do sigilo telefônico determinado por Sergio Moro, temos a manchete: "Dilma agiu para tentar evitar a prisão de Lula, sugere gravação, ouça[56]". Logo abaixo dela, temos um ícone que indica um arquivo de áudio disponível para ser escutado, bastando apertar o ícone de *play* e a gravação será tocada. O texto da reportagem, que não é assinada, informa que Moro anexou no processo contra Lula a parte da gravação em que Dilma avisa que está enviando o termo de posse de ministro da Casa Civil para Lula. Dessa maneira, a *Folha* concorre com a narrativa da televisão, pois a reportagem se baseia na interpretação dos procuradores da Operação Lava Jato para argumentar que o diálogo era uma tentativa de evitar a prisão de Lula e que, caso o político recebesse um mandado na sua casa, poderia mostrar o termo de posse para não ser preso, narrativa que já foi demonstrada anteriormente na reportagem da TV Globo. Portanto, na estrutura enunciativa da *Folha de São Paulo*, percebemos como estratégia a criação de uma conexão com o leitor por intermédio da titulação do fato. É por meio dessa conexão que se demonstra a intenção de conectá-lo com aquilo que ela exibe, por meio da palavra "ouça", que percebemos a intenção de deslocar o leitor para conferir aquilo que a publicação lhe oferece, tal como prometido no enunciado da reportagem.

O texto ainda referencia que a informação foi dada primeiro pela Globo News e esclarece que o juiz Sergio Moro não poderia mandar prender um ministro, porque este gozaria de foro privilegiado. Uma curiosidade interessante é que a reportagem da *Folha* disponibiliza um *link* para a transcrição dos diálogos que foi fornecida pela força-tarefa da Lava Jato, ilustrada na imagem anterior, mostrando que os fragmentos dessa cobertura são insumos gerados no contexto da cultura judicial e apropriados pelo campo jornalístico.

---

[56] Disponível em: https://m.folha.uol.com.br/poder/2016/03/1750752-dilma-agiu-para-tentar-evitar-a--prisao-de-lula-diz-pf.shtml?mobile. Acesso em: 12 abr. 2021. Como a reportagem atualmente está somente disponível aos assinantes do jornal, recomendamos que acessem a dissertação que inspira esta obra, "Estratégias de Construções jornalísticas: Lava Jato x Vaza Jato", na página 150.
Disponível em: http://repositorio.jesuita.org.br/handle/UNISINOS/9958. Acesso em: 8 ago. 2024.

Figura 6 – Transcrição do diálogo gravado entre Lula e Dilma

MINISTÉRIO DA JUSTIÇA
DEPARTAMENTO DE POLÍCIA FEDERAL
SUPERINTENDÊNCIA REGIONAL NO PARANÁ
DELEGACIA REGIONAL DE COMBATE AO CRIME ORGANIZADO
NÚCLEO DE ANÁLISE – GT/LAVAJATO/DRCOR/SR/DPF/PR

(intervalo - música de ramal)

DILMA: Alô.

LILS: Alô.

DILMA: LULA, deixa eu te falar uma coisa.

LILS: Fala querida. "Ahn"

DILMA: Seguinte, eu tô mandando o "BESSIAS" junto com o PAPEL pra gente ter ele, e só usa em caso de necessidade, que é o TERMO DE POSSE, tá?!

LILS: "Uhum". Tá bom, tá bom.

DILMA: Só isso, você espera aí que ele tá indo aí.

LILS: Tá bom, eu tô aqui, eu fico aguardando.

DILMA: Tá?!

LILS: Tá bom.

DILMA: Tchau.

LILS: Tchau, querida.

É a informação.

Curitiba, 16 de março de 2016.

EQUIPE DE ANÁLISE
GT LAVA JATO/SR/DPF/PR

Fonte: MPF (2016)

A cobertura do jornal sobre o depoimento de Lula ao juiz Moro também aponta a preocupação com uma aparente visão pluralista dos fatos, tal como a publicação antecipa ao informar suas gramáticas. No relato "Já fui julgado pelo povo': leia destaques da audiência de Lula a Moro[57]", a publicação apresenta ao leitor uma seleção sobre as falas de destaque do ex-presidente, com evidência para a disputa entre Lula e Moro sobre os assuntos da Lava Jato e a menção à esposa de Lula, Marisa Letícia. A seguir, seguem os trechos sobre o debate de Lula e Moro realizados durante o depoimento judicial, que foram publicados posteriormente pelo dispositivo jornalístico da *Folha de São Paulo*, que apontou as melhores falas dos dois personagens, destacando a aparente rivalidade entre os dois. As falas, extraídas do contexto do interrogatório e enunciadas pela mediação do texto jornalístico, oferecem uma nova dinâmica, que interpreta e destaca um jogo retórico de pergunta e resposta entre os personagens, que são colocados como antagonistas e, dessa maneira, se tornam coenunciadores do jornal:

> LULA *X* MORO — **Moro:** A imprensa não tem qualquer papel no julgamento desse processo. O juiz não tem nenhuma relação com o que a imprensa publica ou não publica. **Lula:** O vazamento de conversas minhas, da minha mulher e dos meus filhos, foi o senhor que autorizou. [...] **Lula:** "Nem eu, nem o senhor, nem o Ministério Público, nem a Petrobras, nem a imprensa, nem a Polícia Federal. Todos nós só ficamos sabendo [do esquema de ex-diretores da estatal] quando foi pego no grampo a conversa do [Alberto] Youssef com o Paulo Roberto [Costa]." **Moro:** "O senhor que indicou ele ao Conselho de Administração da Petrobras. É uma situação diferente de mim, que não tenho nada a ver com isso, nunca participei disso". **Lula:** "O senhor que soltou o Youssef e mandou grampear. Poderia saber mais do que eu" **Moro:** "Eu decretei a prisão do Alberto Youssef, é um pouco diferente". [...] **Lula:** "Eu queria lhe avisar uma coisa, esses mesmos que me atacam hoje, se tiverem sinais de que eu serei absolvido, prepare-se, porque os ataques ao sr. vão ser muito mais fortes". **Moro:** "Infelizmente, eu já sou atacado por bastante gente, inclusive por blogs que supostamente patrocinam o sr. Então, padeço dos mesmos males em

---

[57] Disponível em: https://www1.folha.uol.com.br/paywall/login.shtml?https://www1.folha.uol.com.br/poder/2017/05/1882979-ja-fui-julgado-pelo-povo-leia-destaques-da-audiencia-de-lula-a-moro.shtml. Lembrando que o conteúdo é somente disponível para os assinantes do jornal. Acesso em: 12 jun. 2021.

certa medida". **Lula:** "Doutor, eu não fui convidado para a Copa do Mundo, que fui eu que trouxe para cá. Eu não fui convidado para as Olimpíadas. Ex-presidente, doutor... Não queira ser ex-ministro, ex-juiz que o senhor vai ver o que vai lhe acontecer". **Moro:** "O senhor ex-presidente aí tem que reclamar com a sua sucessora, né". [...] **Lula:** "Eu posso falar? Eu quero evitar que o senhor brigue muito com o meu advogado". **Moro:** "É o seu advogado que está brigando, eu estou tentando fluir com a audiência". [...] LULA *X* LAVA JATO – "Como eles [procuradores] contaram uma primeira inverdade, eles vão morrer contando inverdade, porque ficaram prisioneiros da imprensa."/ "O dr. Dallagnol deveria estar aqui para explicar aquele famoso powerpoint. Aquilo é uma caçamba, onde cabe tudo."/ "Estou sendo vítima da maior caçada jurídica que um político brasileiro já teve. Eu quando fui eleito, eu tinha um compromisso de fé. Eu me espelhava no [Lech] Walesa na Polônia, que depois de ter sido presidente tentou se reeleger e teve apenas 0,5%. /" Apresentem uma prova; chega de diz-que-diz."/ "Eu falo vazamento que sai para a imprensa, porque determinadas coisas são feitas, eu conheço os vazamentos, eu sei os vazamentos, é como se o Lula tivesse pela imprensa, pelo Ministério Público, sendo procurador, procura-se vivo ou morto." (*Folha de São Paulo*, 10 maio 2017, on-line, grifos meus).

Em um artigo de análise sobre o depoimento, assinado nessa mesma edição do jornal por Igor Gielow, com o título "Anticlimático, duelo serviu para embasar campanha de Lula[58]", o articulista afirma que Lula buscou consolidar na ocasião o discurso que pretendia adotar na candidatura à presidência nas eleições de 2018, insinuando, inclusive, que o juiz Moro poderia ser seu adversário nas urnas. Essas interpenetrações discursivas entre os sistemas judicial, midiático e político, provenientes de um acontecimento midiatizado segundo construções midiáticas, são percebidos como efeitos da dinamização dessas estratégias.

Moro conseguiu segurar os arroubos maiores de Lula. Apenas nos 17 minutos de considerações finais do ex-presidente houve uma tentativa mais coerente de discurso, sob os protestos do juiz. Se não houve o palanque explícito de seu

---

[58] Disponível em: https://www1.folha.uol.com.br/paywall/login.shtml?https://www1.folha.uol.com.br/poder/2017/05/1882975-apoio-reduzido-nas-ruas-reflete-limite-de-lula.shtml. Conteúdo disponível para assinantes. Acesso em: 12 jun. 2021.

primeiro depoimento, em outro processo da Lava Jato, Lula ainda assim conseguiu passar uma mensagem inteligível em programas eleitorais. Ele também admoestou Moro ao chamá-lo de "jovem" e "sem paciência", e falou do "dia em que o senhor for candidato". Foi um misto de estocada e recibo pelo desempenho do magistrado numa simulação de segundo turno da mais recente pesquisa do Datafolha, na qual Moro o bate numericamente. No mais, houve altercações, mas nem Moro perdeu mesmo a paciência com Lula, nem o petista ultrapassou alguma linha vermelha. Assim, o juiz não repetiu os erros anteriores, como quando tentou obrigá-lo a acompanhar todas as audiências do caso. As ruas, por sua vez, mostraram-se soporíferas. Lula fez uma parada para a "photo opportunity" junto ao "povo", uma concentração bem modesta de militantes e senadores enrolados na Lava Jato que enforcaram a quarta-feira de trabalho (Gielow, 11 maio 2017, on-line).

Na reportagem "Lula diz a Moro que imprensa o demoniza e criminaliza[59]", a jornalista Carolina Linhares mostra que o ex-presidente apresentou no depoimento um levantamento de reportagens da imprensa brasileira que citam seu nome. Na ocasião, o ex-presidente realizou uma autorreflexão sobre a sua condição de personagem da mídia, em uma ação autorreferencial trazida pelo jornal, na qual ele é enquadrado como objeto dessa mesma mídia, conforme destacado a seguir:

"De março de 2014 pra cá, são 25 capas na [revista] 'IstoÉ' criando a imagem de monstro do Lula. A revista 'Veja' tem 19 capas e a 'Época', 11 capas. As capas são apenas fechamento da matéria, porque dentro é demonizando o Lula", disse. "Nesse mesmo período, a Folha de S.Paulo teve 298 matérias contra o Lula e apenas 40 favoráveis, tudo com informações da Polícia Federal e do Ministério Público. Eles não se autoassumem, eles culpam alguém. "O Globo", que é o mais amigo [sendo irônico], tem 530 matérias negativas contra o Lula e 8 favoráveis. O "Estadão", que é mais amigo ainda, tem 318 matérias contrárias e 2 favoráveis. Aliás, esses jornais parece que têm gente que tem mais informações do que alguns advogados", completou. "Só o Jornal Nacional foram 18 horas e 15 minutos nos últimos

---

[59] Disponível em: https://www1.folha.uol.com.br/paywall/login.shtml?https://www1.folha.uol.com.br/poder/2017/05/1882968-lula-diz-a-moro-que-imprensa-o-demoniza-e-criminaliza.shtml. Conteúdo disponível para assinantes. Acesso em: 12 jun. 2021.

12 meses. Sabe o que significa 18 horas falando mal de um cidadão? Significa 12 partidas de futebol entre Barcelona e Atlético de Madrid", disse. "Nos últimos depoimentos das pessoas que citaram meu nome, qual eram as manchetes do dia seguinte? Qual era o tratamento que o Jornal Nacional dava à figura do Lula. Era de cririminaliza-lo." (*Folha de São Paulo*, 10 maio 2017, on-line).

A matéria "Lava Jato intensifica operações em 2016[60]", publicada em 16 de maio e assinada pela jornalista Carolina Linhares, afirma que o volume de operações da Lava Jato aumentou em 2016, no comparativo com o ano anterior, e traz números das prisões e conduções coercitivas que ocorreram até aquele momento na operação. Um dos dados trazidos na reportagem é um gráfico[61] sobre o número de políticos investigados por partido. O Partido Progressista aparece com o maior número de investigados (32), e o Partido dos Trabalhadores em segundo lugar, com 23 investigados. E apesar de a diferença entre o número de investigados dos dois partidos não ser pequena, a matéria coloca, logo abaixo desse gráfico, um texto em que o jornal afirma que o "cerco ao PT concentrou-se em 2016, com a operação Triple X", atribuindo, desta maneira, o apartamento triplex a Lula. A publicação também informa, nesse mesmo texto, que o ex-presidente e Dilma Rousseff estão sendo investigados pelo STF. Entretanto, a reportagem não menciona nenhum político do PP que está sendo investigado pela operação, mesmo que tenha sido apontado na reportagem que se trata do partido com o maior número de investigados na Operação Lava Jato. Dessa forma, podemos perceber, a partir da leitura das manchetes da *Folha de São Paulo*, uma cobertura que enquadra o PT como o maior alvo da operação, colocando Luiz Inácio Lula da Silva em suspeita, e, assim, reforça o discurso da força-tarefa da Operação Lava Jato.

Nas reportagens "triplex supostamente usado por família de Lula é alvo de protesto[62]", "*Veja* dúvidas não esclarecidas sobre o triplex que

---

[60] Disponível em: https://www1.folha.uol.com.br/paywall/login.shtml?https://www1.folha.uol.com.br/poder/2016/05/1771659-lava-jato-intensifica-operacoes-em-2016.shtml#:~:text=Operações%20da%20Lava%20Jato%20estão,o%20maior%20intervalo%20em%202016. Acesso em: 12 jun. 2021.

[61] Apresentamos a imagem do gráfico na dissertação que inspira esta obra, "Estratégias de Construções jornalísticas: Lava Jato x Vaza Jato", página 154. Disponível em: http://repositorio.jesuita.org.br/handle/UNISINOS/9958. Acesso em: 8 ago. 2024.

[62] Disponíveis em: https://m.folha.uol.com.br/poder/2016/03/1749538-triplex-usado-por-familia-de-lula--e-alvo-de-protesto-em-guaruja.shtml, https://comentarios1.folha.uol.com.br/comentarios/6011231?skin=folhaonline&device= e http://www1.folha.uol.com.br/poder/2016/01/1735489-obra-em-triplex-atendia-ao--gosto-de-lula-diz-engenheiro.shtml. Conteúdo para assinantes. Acesso em: 12 jun. 2021.

seria de Lula" e "Obra em triplex atendia a gosto de Lula, diz engenheiro", é constatado um discurso que endossa a premissa da força-tarefa da Operação Lava Jato, de que o triplex do Guarujá teria mesmo Lula como proprietário, mesmo que não sejam mostradas nas matérias qualquer documentação ou indício que comprove esse fato. Uma das reportagens tenta, por meio de suspeitas e suposições vagas, afirmar que "seria possível inferir" que as obras realizadas no apartamento estavam ocorrendo por intermédio de um pedido de Lula, mas não é apresentado no texto nenhuma comprovação sobre essa hipótese:

> O engenheiro e funcionário da OAS Igor Pontes, que acompanhou as reformas no tríplex cuja opção de compra pertencia à família de Luiz Inácio Lula da Silva, disse ser possível inferir que a obra estava sendo feita seguindo o gosto do ex-presidente, segundo pessoas que tiveram acesso ao depoimento dele. Pontes foi ouvido na semana passada por procuradores da força-tarefa da Lava Jato que vieram a São Paulo apurar informações sobre os apartamentos do Condomínio Solaris, no Guarujá (SP), alvo de uma nova fase da operação deflagrada na última quarta-feira (27). O imóvel era originalmente da cooperativa Bancoop, que depois o repassou à OAS. O Ministério Público suspeita que a empreiteira tenha pago reforma do apartamento para o ex-presidente. O engenheiro é apontado por testemunhas ouvidas pelo Ministério Público do Estado de São Paulo, que também investiga o caso, como o principal elo entre a família do petista e a empreiteira OAS, que fez a reforma na unidade 164ª, atribuída ao ex-presidente. Por essa razão, ele é visto como testemunha central no curso da investigação (Megale; Azevedo, 31 jan. 2016, on-line).

Na mesma época dessa reportagem, o jornal publica outro texto com o título "Tem que matar e pisar na cabeça da jararaca', afirma vereador sobre Lula[63]". A matéria, do repórter Thiago Amâncio, reproduz a fala do vereador de Araraquara e líder do PMDB na câmara da cidade, Roberval Fraiz, que incita à violência e profere um discurso de ódio, o que nos provoca a reflexão sobre até que ponto um veículo de mídia que publica uma frase intolerante não está, ele também, disseminando o discurso de ódio e de incitação à violência aos seus leitores:

---

[63] Disponível em: https://www1.folha.uol.com.br/poder/2016/03/1755947-tem-que-matar-e-pisar-na-cabeca-da-jararaca-afirma-vereador-sobre-lula.shtml. Conteúdo para assinantes. Acesso em: 24 jun. 2021.

> O vereador peemedebista continuou: "devia ter morrido. Em vez de o torno cortar o dedo, devia cortar a cabeça dele", disse ele enquanto batia no púlpito com uma cobra de brinquedo. "Me sinto realmente ofendido por essa víbora chamada Luiz Inácio Lula da Silva. Um covarde. Um hipócrita. Um canalha." [...] De acordo com o vereador, o discurso foi motivado pela conversa telefônica divulgada pela Justiça Federal no dia 16, entre Lula e a presidente Dilma Rousseff (PT), em que o ex-presidente diz haver um "parlamento acovardado". "Me senti ofendido. Queira ou não sou um parlamentar", afirma Fraiz (Amâncio, 2016, on-line).

Outra reportagem da *Folha de São Paulo* comenta sobre como o PMDB se relacionará com a Lava Jato, pois Michel Temer já assumiu a presidência no lugar de Dilma Rousseff. No texto "PMDB deve neutralizar ou reduzir os danos da Lava Jato[64]", publicado em 13 de maio de 2016, é mencionada a ameaça que a Operação Lava Jato pode significar na gestão do presidente Michel Temer, que era vice de Dilma Rousseff e assumiu em seu lugar quando ela foi afastada por conta do *impeachment*. O texto informa que grande parte dos integrantes do governo, que é do mesmo partido de Michel Temer, está sendo investigada pela Lava Jato. Assim, na análise do repórter Mário César Carvalho, o presidente interino deveria fazer o que o PT não fez, ou seja, liquidar a Lava Jato:

> Ou o futuro presidente Michel Temer garroteia a Lava Jato ou a Lava Jato deve devastar o seu governo. [...] É óbvio que o PMDB vai tentar evitar aquilo que o PT, Dilma e o ex-presidente Lula não conseguiram: buscar neutralizar ou reduzir os danos da Lava Jato. A tarefa tem algo de missão impossível, mas os procuradores da Lava Jato, tanto em Curitiba como em Brasília, trabalham com a hipótese de que o PMDB vai tentar fazer alguma manobra para salvar a cúpula do partido. Peemedebistas chegaram a cogitar até uma anistia a Cunha, que funcionaria como uma medalha para o ímpeto com que conduziu o processo de *impeachment* na Câmara, mas o plano foi neutralizado pela decisão do Supremo Tribunal Federal. Para piorar a situação, Temer tem sido extremamente ambíguo ao falar sobre a Lava Jato. Ele já se manifestou pelo menos três vezes sobre a apuração desde que a Câmara aprovou a admissibilidade do processo

---

[64] Disponível em: https://www1.folha.uol.com.br/poder/2016/05/1770891-pmdb-deve-tentar-neutralizar-ou-reduzir-os-danos-da-lava-jato.shtml. Acesso em: 24 jun. 2021.

de *impeachment* de Dilma Rousseff, em 17 de abril, sem nunca ter dito as palavras mágicas que os investigadores da Lava Jato querem ouvir dele: "Eu apoio incondicionalmente a apuração" (Carvalho, 13 maio 2016, on-line).

Dessa maneira, percebemos, através da análise do texto, uma estratégia de aliar ao texto informativo a prática de realizar análises opinativas por parte do repórter, que desconhecemos se são incentivadas ou não pelos editores da publicação. Entretanto, constata-se que o texto não se configura como uma coluna opinativa, tendo em vista que se enuncia como um texto noticioso. Percebemos também outras estratégias enunciativas que são adotadas pela publicação e fazem parte da organização do jornal. Um exemplo é a versão on-line da *Folha*, que adota como retranca "governo encurralado" e *"impeachment"*, mostrando estes dois termos lado a lado, assim demonstrando uma clara interpretação do jornal sobre a situação no governo daquela época. Na mesma página, uma das notícias secundárias que aparecem como sugestão de leitura chama a atenção: o comentário do jornal sobre um editorial do jornal estadunidense *New York Times*.

No texto, a publicação afirma que o editorial do jornal estadunidense, assinado pelo seu conselho editorial, banaliza a acusação em que se baseia o *impeachment* de Dilma Rousseff, que são as pedaladas fiscais, já que, segundo o editorial, muitos outros presidentes brasileiros fizeram o mesmo em outras oportunidades. O mesmo editorial afirma que "muitos dos políticos que estão orquestrando sua deposição [de Dilma] foram atrelados a um grande esquema de propina e outros escândalos". Entretanto, embora o editorial do *NY Times* ofereça de fato uma reflexão importante quanto à análise da crise política do governo Dilma, a manchete publicada pela *Folha de São Paulo* não a contempla: "Dilma paga preço desproporcional, diz 'The New York Times'". Percebe-se que, mesmo que o texto tenha sido publicado na *Folha de São Paulo*, o editorial do jornal estadunidense revela uma interpretação divergente dos acontecimentos, em comparação com a cobertura jornalística feita pelos veículos de comunicação do Brasil. Entretanto, a organização visual proposta pela *Folha* indica uma interpretação bastante deturpada sobre o texto. Esse exemplo ilustra bem o que se viu durante toda a análise feita sobre a cobertura da *Folha* na Operação Lava Jato: embora o jornal argumente que traz uma visão pluralista dos fatos, as reportagens do jornal sobre o assunto apenas reportam sem questionamentos a perspectiva dos integrantes da força-tarefa da Lava Jato.

Estratégias jornalísticas da Vaza Jato/The Intercept Brasil

A primeira publicação da Vaza Jato é um editorial, intitulado "Como e por que o Intercept está publicando *chats* privados sobre a Lava Jato e Sergio Moro[65]", além de duas matérias. A primeira tem o título "Exclusivo: procuradores da Lava Jato tramaram em segredo para impedir entrevista de Lula antes das eleições, por medo de que ajudasse a 'eleger o Haddad'[66]", e a segunda, "Exclusivo: Dallagnol duvidava das provas contra Lula e de propina da Petrobras horas antes da denúncia do tríplex[67]". Os textos foram publicados simultaneamente nos sites The Intercept Brasil, em inglês, e The Intercept Brasil, em português. O editorial, assinado pelos jornalistas Glenn Greenwald, Betsy Reed e Leandro Demori, apresenta uma preocupação didática, visando a explicar a relevância do material divulgado, bem como justificar a importância da denúncia para a sociedade:

> A importância dessas revelações se explica pelas consequências incomparáveis das ações da Lava Jato em todos esses anos de investigação. Esse escândalo generalizado envolve diversos oligarcas, lideranças políticas, os últimos presidentes e até mesmo líderes internacionais acusados de corrupção. O mais relevante: a Lava Jato foi a saga investigativa que levou à prisão o ex-presidente Lula no último ano. Uma vez sentenciado por Sergio Moro, sua condenação foi rapidamente confirmada em segunda instância, o tornando inelegível no momento em que todas as pesquisas mostravam que Lula — que terminou o segundo mandato, em 2010, com 87% de aprovação — liderava a corrida eleitoral de 2018. Sua exclusão da eleição, baseada na decisão de Moro, foi uma peça-chave para abrir um caminho para a vitória de Bolsonaro. A importância dessa reportagem aumentou ainda mais depois da nomeação de Moro ao Ministério da Justiça. Moro e os procuradores da Lava Jato são figuras altamente controversas aqui e no mundo – tidos por muitos como heróis anticorrupção e acusados por tantos outros de ser ideólogos clandestinos de direita, disfarçados como homens da lei apolíticos. [...] Mas, até agora, os procuradores da Lava

---

[65] Disponível em: https://www.intercept.com.br/2019/06/09/editorial-chats-telegram-lava-jato-moro/. Acesso em: 13 jun. 2021.

[66] Disponível em: https://www.intercept.com.br/2019/06/09/procuradores-tramaram-impedir-entrevista--lula/. Acesso em: 13 jun. 2021.

[67] Disponível em: https://www.intercept.com.br/2019/06/09/dallagnol-duvidas-triplex-lula-telegram-petrobras/. Acesso em: 13 jun. 2021.

> Jato e Moro têm realizado parte de seu trabalho em segredo, impedindo o público de avaliar a validade das acusações contra eles. É isso que torna este acervo tão valioso do ponto de vista jornalístico: pela primeira vez, o público vai tomar conhecimento do que esses juízes e procuradores estavam dizendo e fazendo enquanto pensavam que ninguém estava ouvindo (Greenwald; Reed; Demori, 9 jun. 2019, on-line).

Os jornalistas também explicam no texto os cuidados adotados para proteger o material, mantendo-o fora do Brasil, para que não houvesse interferência nas apurações. Os editores também mencionam que a única participação que tiveram quanto aos vazamentos foi de ter recebido o material por meio da fonte, afirmando que já haviam sido procurados algumas semanas antes de o juiz Sergio Moro ter alegado que seu celular havia sido hackeado:

> O único papel do The Intercept Brasil na obtenção desse material foi seu recebimento por meio de nossa fonte, que nos contatou há diversas semanas (bem antes da notícia da invasão do celular do ministro Moro, divulgada nesta semana, na qual o ministro afirmou que não houve "captação de conteúdo") e nos informou de que já havia obtido todas as informações e estava ansiosa para repassá-las a jornalistas.
>
> Informar à sociedade questões de interesse público e expor transgressões foram os princípios que nos guiaram durante essa investigação, e continuarão sendo conforme continuarmos a noticiar a enorme quantidade de dados a que tivemos acesso.
>
> O enorme volume do acervo, assim como o fato de que vários documentos incluem conversas privadas entre agentes públicos, nos obriga a tomar decisões jornalísticas sobre que informações deveriam ser noticiadas e publicadas e quais deveriam permanecer em sigilo.
>
> Ao fazer esses julgamentos, empregamos o padrão usado por jornalistas em democracias ao redor do mundo: as informações que revelam transgressões ou engodos por parte dos poderosos devem ser noticiadas, mas as que são puramente privadas e infringiriam o direito legítimo à privacidade ou outros valores sociais devem ser preservadas (Greenwald; Reed; Demori, 9 jun. 2019, on-line).

A mesma preocupação em reforçar que o único ato do Intercept, quanto aos vazamentos, foi o de receber o material de sua fonte e divulgar as denúncias foi demonstrada na matéria "Exclusivo: procuradores da Lava Jato tramaram em segredo para impedir entrevista de Lula antes das eleições, por medo de que ajudasse a 'eleger o Haddad[68]'", texto no qual os jornalistas também apontam a possibilidade de o leitor poder acessar outro texto, linkado na matéria, que exibe os critérios editoriais em que os jornalistas se apoiaram para a publicação das conversas:

> Os diálogos demonstram que os procuradores não são atores apartidários e apolíticos, mas, sim, parecem motivados por convicções ideológicas e preocupados em evitar o retorno do PT ao poder. As conversas fazem parte de um lote de arquivos secretos enviados ao Intercept por uma fonte anônima há algumas semanas (bem antes da notícia da invasão do celular do ministro Moro, divulgada nesta semana, na qual o ministro afirmou que não houve "captação de conteúdo"). O único papel do Intercept foi receber o material da fonte, que nos informou que já havia obtido todas as informações e estava ansiosa para repassá-las a jornalistas. A declaração conjunta dos editores do The Intercept e do Intercept Brasil (clique para ler o texto completo[69]) explica os critérios editoriais usados para publicar esses materiais, incluindo nosso método para trabalhar com a fonte anônima (Greenwald; Pougy, 9 jun. 2019, on-line).

Uma característica bastante evidente na escolha dos primeiros materiais divulgados relacionou-se a uma tentativa de provar que havia a construção de uma determinada narrativa por parte de Moro e do Ministério Público Federal, demonstrando que se percebia, por parte das instituições, uma ação articulada de perseguição política ao ex-presidente Lula que envolvia a Operação Lava Jato, um argumento apontado já no editorial que também relacionava o surgimento da Vaza Jato ao próprio episódio de vazamento da ligação telefônica entre Lula e Dilma Rousseff:

> A bem da verdade, ao produzir reportagens a partir desses arquivos, somos guiados pela mesma argumentação que levou boa parte da sociedade brasileira — aí incluídos alguns jornalistas, comentaristas políticos e ativistas — a aplaudir a publicidade determinada pelo então juiz Moro

---

[68] Disponível em: https://www.intercept.com.br/2019/06/09/procuradores-tramaram-impedir-entrevista--lula/. Acesso em: 13 jun. 2021.

[69] Disponível em: https://www.intercept.com.br/2019/06/09/editorial-chats-telegram-lava-jato-moro/. Acesso em: 13 jun. 2021.

> das conversas telefônicas privadas entre a presidente Dilma Rousseff e seu antecessor Luiz Inácio Lula da Silva (em que discutiam a possibilidade do ex-presidente se tornar ministro da Casa Civil), logo reproduzidas por inúmeros veículos de mídia. A divulgação dessas ligações privadas foi crucial para virar a opinião do público contra o PT, ajudando a preparar o terreno para o *impeachment* de Dilma em 2016 e a prisão de Lula em 2018. O princípio invocado para justificar essa divulgação foi o mesmo a que estamos aderindo em nossas reportagens sobre esse acervo: o de que uma democracia é mais saudável quando ações de relevância levadas a cabo em segredo por figuras políticas poderosas são reveladas ao público. Mas a divulgação feita por Moro e diversos veículos da imprensa dos diálogos privados entre Lula e Dilma incluíam não apenas revelações de interesse público, mas também comunicações privadas de Lula sem qualquer relevância para a sociedade – o que levou muitas pessoas a argumentarem que a divulgação tinha o propósito de constranger pessoalmente o ex-presidente. Ao contrário deles, o Intercept decidiu manter reservada qualquer comunicação ou informação relacionada a Moro, Dallagnol e outros indivíduos que seja de natureza puramente privada e, portanto, desprovida de real interesse público (Greenwald; Reed; Demori, 9 jun. 2019, on-line).

O editorial também explicava o porquê de os jornalistas do The Intercept Brasil não procurarem os envolvidos nas denúncias para que eles dessem suas declarações, pois, segundo os editores, "o conteúdo falava por si". Entretanto, posteriormente à publicação das reportagens, o site atualizou as matérias com a publicação, no pé da página, das notas oficiais publicadas tanto pela assessoria de imprensa da força-tarefa da Lava Jato quanto pelo próprio juiz Sergio Moro. Outro esclarecimento acerca dos motivos sobre a relevância da publicação das matérias é a exclusividade do material. Por conta disso, os editores explicam que um dos critérios de publicação do Intercept é revelar somente conteúdo exclusivo, dando foco para o que normalmente não sairia em outros veículos, com o objetivo de realizar uma nova forma de prática jornalística. Dessa maneira, observamos, nos materiais da Vaza Jato, uma capacidade de reflexividade jornalística ao atuar como um operador crítico, exercendo uma autorreflexividade por meio dos seus textos e, assim, oferecendo ao leitor uma própria reflexão dos jornalistas sobre seus processos.

Outra questão a ser mencionada é a hiperlinkagem[70] das matérias. Observamos que o The Intercept Brasil tinha uma maneira própria de operar, enviando as reportagens previamente por e-mail para os leitores, em uma *newsletter*, para depois publicá-las em conjunto no site e nas redes sociais (simultaneamente, na versão brasileira e estadunidense do site), assim, buscando uma maior convergência como estratégia comunicacional. As matérias da Vaza Jato realizadas pelo TIB[71] possuem uma forte característica midiatizada, com destaques para ***prints* de diálogos**[72] e registros de **áudios,** além de apresentar, por intermédio de **hiperlinks**, marcas de transformações de narrativas midiatizadas.

A autorreferencialidade também é um aspecto bastante importante que aproxima a prática jornalística do The Intercept Brasil às lógicas de midiatização. O site faz referência ao trabalho da Vaza Jato constantemente, e os jornalistas que fazem parte da equipe também divulgam as matérias em seus perfis pessoais nas redes sociais. Eles também têm autonomia para comentar sobre seus processos jornalísticos, assim como são livres para emitir opiniões, característica que possui efeitos diversos sobre as transformações da própria noção de acontecimento, pois este ultrapassa as fronteiras dos dispositivos jornalísticos.

Todos esses aspectos ajudam a formar uma nova cultura jornalística, com novas processualidades e outras maneiras de conduzir um dispositivo jornalístico. A operação de autorreferencialidade também é praticada como estratégia argumentativa em uma tentativa de convencimento do leitor e uma proposta de adesão ao seu modelo jornalístico, buscando fazer com que os leitores se convertam em seguidores ou assinantes. Sendo assim, o dispositivo jornalístico também se vale das lógicas comunicacionais, criadas nas redes sociais para ampliar ainda mais seu público, o que seria uma das características do contrato de leitura da publicação.

Dessa maneira, é importante afirmar que a Vaza Jato utilizou uma série de estratégias comunicacionais com o objetivo de tornar públicas as denúncias sobre a ilegalidade das processualidades jurídicas dos agentes da Operação Lava Jato, buscando, assim, desmascarar sua credibilidade. E as denúncias,

---

[70] Hyperlinks são um conceito fundamental da web. Significa uma ligação, por meio de um endereço digital (*link*), que, ao clicar nele, leva a uma referência dentro de um documento em hipertexto ou a outro documento. Serve para conectar, ao texto, informações complementares e tornar o conteúdo mais rico.

[71] TIB é sigla de The Intercept Brasil.

[72] A imagem dos *prints* dos diálogos que ilustram as reportagens do Intercept é mostrada na dissertação em que se baseia esta obra, "Estratégias de Construções jornalísticas: Lava Jato x Vaza Jato", na página 161. Disponível em: http://repositorio.jesuita.org.br/handle/UNISINOS/9958.

que serviram como fonte básica para a série de reportagens, revelaram conversas nas quais os procuradores apareciam cometendo outras arbitrariedades, como ao oferecer a venda de informações sigilosas da operação, tal como é mostrado no trecho da reportagem da *Folha de São Paulo*, em conjunto com o Intercept: "Corregedor da Procuradoria viu conduta grave de Deltan, mas não abriu apuração[73]". A matéria denuncia que o procurador da Lava Jato, Deltan Dallagnol, estaria tentando vender um projeto de uma palestra, idealizada por ele, que pretendia vender informações da investigação "em primeira mão":

> O episódio da promoção da palestra feita por Deltan teve início quando o procurador fez uma publicação em sua página pessoal no Facebook em 1º de julho de 2017. O post convidava para um evento intitulado "Operação Lava Jato — Passado, presente e futuro — A Lava Jato na visão de quem está no olho do furacão", que seria realizada na Fiep (Federação das Indústrias do Estado do Paraná) na noite de 4 de julho daquele ano. Na lista de palestrantes estavam Deltan e outros quatro procuradores da Lava Jato. O ingresso para o evento custava R$ 80 e a renda seria revertida para a Apae (Associação de Pais e Amigos dos Excepcionais) de Curitiba, segundo a divulgação. Porém o post de Deltan trazia a promessa da revelação de informações inéditas sobre a Lava Jato: "Venha conhecer pessoalmente os procuradores da Lava Jato em Curitiba e ficar por dentro do que está acontecendo na operação – em primeira mão!!". Esse texto gerou polêmica no Ministério Público, e o procurador Vladimir Aras chegou a enviar a Deltan uma lista com críticas de outros colegas. "Virou atração circense A Corregedoria devia suspender Os tentáculos da vaidade e do estrelismo podem agarrar os colegas sutilmente (ou nem tão sutilmente assim)", afirmou um dos procuradores. "Se eu estivesse do outro lado do balcão faria a festa com esse "Xow do Deltan"!", escreveu outro crítico. Após reproduzir os ataques ao colega, Aras então aconselhou a Deltan: "Sei que o evento é beneficente e vc tem o melhor propósito. Mas procure evitar a monetização da Lava Jato, ainda que indireta" (Audi; Demori; Ferreira, 8 ago. 2019, on-line).

Assim, a partir da análise de alguns fragmentos da Vaza Jato, identificamos que, em sua estratégia argumentativa inicial, ela já surge com a

---

[73] Reportagem realizada em parceria com a *Folha de São Paulo*. Disponível em: https://www1.folha.uol.com.br/poder/2019/08/corregedor-da-procuradoria-viu-conduta-grave-de-deltan-mas-nao-abriu-apuracao.shtml. Acesso em: 1 ago. 2021.

predisposição de desmontar a argumentação da Lava Jato. Outro aspecto interessante sobre a processualidade da Vaza Jato consiste no cuidado em realizar uma forma de curadoria do material que está sendo divulgado, elaborando conjuntamente uma análise crítica dele e informando ao público o porquê de estar publicando-o, destacando o que deve ser acompanhado, reforçando os aspectos mais graves dessa história e, ainda, explicando os fatos que envolvem o acontecimento e traduzindo termos técnicos, próprios de outros campos, como no caso do campo jurídico. Um fator a se destacar como diferencial quanto à condução da Vaza Jato é justamente o fato de o seu editor sênior, Glenn Greenwald, dominar as gramáticas dos campos jurídico e midiático, aspecto importante para a decodificação dos dados revelados pela Vaza Jato, bem como sobre as estratégias apresentadas. Outra processualidade bastante perceptível nos materiais jornalísticos da Vaza Jato é a comprovação da crítica jornalística aos veículos de imprensa hegemônicos. Um indício sobre isso pode ser visto na matéria[74] "A defesa já fez o showzinho dela", que mostra, mediante diálogos entre Moro, o procurador da República Carlos Fernando dos Santos Lima e Deltan Dallagnol, a preocupação com as repercussões na mídia das ações da Lava Jato, situação que, segundo os diálogos, causou um estranhamento nos assessores de imprensa do Ministério Público. Nas conversas publicadas na reportagem, Moro aparece sugerindo estratégias comunicacionais, como a redação de uma nota em que sejam exploradas as contradições do depoimento de Lula. Porém, antes do pedido, a reportagem do The Intercept Brasil revela um diálogo no qual o magistrado pergunta ao procurador o que ele achou da sua condução no depoimento de Lula e admite a preocupação com o midiático ao teatralizar a ocorrência:

> Além do depoimento, outro vídeo com Lula também tomava conta da internet e dos telejornais naquele mesmo dia. Depois de sair do prédio da Justiça Federal, o ex-presidente se dirigiu à Praça Santos Andrade, em Curitiba, e fez um pronunciamento diante de uma multidão. Por 11 minutos, Lula atacou a Lava Jato, o Jornal Nacional e o então juiz Sergio Moro; disse que estava sendo "massacrado" e encerrou com uma frase que entraria para sua história judicial: "Eu estou vivo, e estou me preparando para voltar a ser candidato a presidente desse país". Era o lançamento informal de sua candidatura às eleições de 2018. Um minuto depois da última mensagem, Moro mandou para o procurador Santos Lima:

---

[74] Disponível em: https://theintercept.com/2019/06/14/sergio-moro-enquanto-julgava-lula-sugeriu-a-lava-jato-emitir-uma-nota-oficial-contra-a-defesa-eles-acataram-e-pautaram-a-imprensa/. Acesso em: 1 ago. 2021.

> Moro — 22:12 — Talvez vocês devessem amanhã editar uma nota esclarecendo as contradições do depoimento com o resto das provas ou com o depoimento anterior dele.
>
> Moro — 22:13 — Porque a defesa já fez o showzinho dela. Santos Lima — 22:13 — Podemos fazer. Vou conversar com o pessoal.
>
> Santos Lima — 22: 14 — Não estarei aqui amanhã. Mas o mais importante foi frustrar a ideia de que ele conseguiria transformar tudo em perseguição sua (Audi; Demori; Greenwald; Martins, 14 jun. 2019, on-line).

Segundo a matéria, a recomendação de Moro, que sugere ao procurador a edição de uma nota que esclareça as contradições do depoimento de Lula, surge logo após a repercussão sobre o pronunciamento de Lula, proferido na saída do depoimento daquele dia. Na ocasião, Lula faz uma fala contundente, na qual critica a Lava Jato, o Jornal Nacional e o juiz Sergio Moro, além de declarar que estava pronto para se lançar candidato nas eleições de 2018. A reportagem também interpreta, a partir dos diálogos entre juiz e procurador, que havia uma ação conjunta, que buscava na intencionalidade da teatralização do depoimento de Lula uma tentativa de controle da narrativa perante a imprensa, fato que é reforçado por intermédio dos diálogos. Segundo demonstra a matéria do The Intercept Brasil, durante a conversa entre o magistrado e os procuradores, pode-se perceber uma preocupação com os desdobramentos das ações da Operação perante a opinião pública, fazendo com que a força-tarefa da Lava Jato atuasse de maneira a apontar para a imprensa o que deveria ser destacado na cobertura jornalística do evento, dessa forma, controlando a narrativa de maneira estratégica:

> "O que achou?", quis saber Moro. O juiz se referia ao maior momento midiático da Lava Jato até então, ocorrido naquele dia 10 de maio de 2017: o depoimento do ex-presidente Luiz Inácio Lula da Silva no processo em que ele era acusado — e pelo qual seria preso — de receber como propina um apartamento triplex no Guarujá. Disponibilizado em vídeo, o embate entre o juiz e o político era o assunto do dia no país.
>
> Seguiu-se o seguinte diálogo:
>
> Santos Lima — 22:10 — Achei que ficou muito bom. Ele começou polarizando conosco, o que me deixou tranquilo. Ele

> cometeu muitas pequenas contradições e deixou de responder muita coisa, o que não é bem compreendido pela população. Você ter começado com o Triplex desmontou um pouco ele.
>
> Moro — 22:11 — A comunicação é complicada pois a imprensa não é muito atenta a detalhes
>
> Moro — 22:11 — E alguns esperam algo conclusivo
>
> [...]
>
> Moro, o juiz do caso, zombava do réu e de seus advogados enquanto fornecia instruções privadas para a Lava Jato sobre como se portar publicamente e controlar a narrativa na imprensa (Audi; Demori; Greenwald; Martins, 14 jun. 2019, on-line).

A reportagem, então, conta que, logo depois, Sergio Moro sugeriu ao procurador a confecção de uma nota para a imprensa, em que se apontasse as contradições do depoimento de Lula. Santos Lima repassa na mesma hora a mensagem a Deltan Dallagnol, segundo relatos do Intercept:

> Eram 22h38. Àquele horário, os procuradores da força-tarefa discutiam num *chat* chamado Filhos de Janeiro 1 se deveriam comentar publicamente o depoimento de Lula. Às 22h43, Santos Lima escreveu no grupo, dirigindo-se a Dallagnol: "Leia o que eu te mandei.". Ele se referia às mensagens que trocara com Moro. Três minutos depois, Dallagnol responderia em quatro postagens consecutivas no grupo:
>
> Deltan — 22:46:46 — Então, temos que avaliar os seguintes pontos: 1) trazer conforto para o juízo [Moro] e assumir o protagonismo para deixa-lo mais protegido e tirar ele um pouco do foco; 2) contrabalançar o show da defesa;
>
> Deltan — 22:41:19 — Esses seriam os porquês para avaliarmos, pq ng tem certeza.
>
> Deltan — 22:48:50 — O "quê" seria: apontar as contradições do depoimento.
>
> Deltan — 22:49:18 — E o formato, concordo, teria que ser uma nota, para proteger e diminuir riscos. O JN vai explorar isso amanhã ainda. Se for para fazer, teríamos que trabalhar intensamente nisso durante o dia para soltar até lá por 16h.
>
> Foi a vez então de Dallagnol mandar uma mensagem ao grupo Análise de clipping, dos assessores de imprensa.

> Deltan — 23:05:51 — Caros, mantenham avaliando a repercussão de hora em hora, sempre que possível, em especial verificando se está sendo positiva ou negativa, e se a mídia está explorando as contradições e evasivas. As razões para eventual manifestação: a) contrabalançar as manifestações da defesa. Vejo com normalidade fazer isso. Nos outros casos não houve isso. B) tirar um pouco o foco do juiz que foi capa das revistas de modo inadequado (Audi; Demori; Greenwald; Martins, 14 jun. 2019, on-line).

Na mesma matéria da Vaza Jato, há um *link* para uma matéria da *Folha de São Paulo*[75], que mostra a adesão ao enquadramento sugerido, ou seja, os jornalistas trazem um questionamento sobre as contradições do depoimento de Lula. Esse é um apontamento importante, que oferece críticas sobre a maneira que a processualidade jornalística foi conduzida nesse caso, especialmente por ter sido pautado diretamente pela influência de atores do sistema jurídico. Mas, da mesma forma, é importante observarmos que a Vaza Jato também proporcionou alguns debates sobre o campo jurídico. Um desses debates questionava a legalidade ou não dos processos que foram executados pelos operadores jurídicos do processo, destacando especialmente a conduta do juiz Sergio Moro[76], acusado por muitos especialistas da prática de *lawfare*[77], *ou seja, de se utilizar da manipulação do sistema legal para executar acusações sem materialidade, com fins de perseguição política, como sugere o print*[78] *dos diálogos entre procuradoria e juiz, publicados*[79] pela Vaza Jato na reportagem.

Ao analisar o material jornalístico publicado pelo The Intercept Brasil, observamos a criação de uma narrativa que sugere um contraponto à cobertura realizada pela cobertura da mídia hegemônica sobre a Lava Jato, trazendo questionamentos sobre as ações jurídicas da força-tarefa da ope-

---

[75] Disponível em: https://www1.folha.uol.com.br/poder/2017/05/1883172-depoimento-de-lula-teve-diversas-contradicoes-dizem-procuradores.shtml. Acesso em: 13 jun. 2021.

[76] Disponível em: https://coad.jusbrasil.com.br/noticias/315407846/oab-nacional-lamenta-teor-de-conversas-gravadas-e-seccionais-criticam-vazamento. Acesso em: 13 jun. 2021. Disponível em: https://www.nexojornal.com.br/expresso/2019/06/10/Como-vazamentos-ajudaram-e-agora-emparedam-a-Lava-Jato. Acesso em: 13 jun. 2021.

[77] Disponível em: https://rbispo77.jusbrasil.com.br/artigos/719134571/o-ex-juiz-sergio-moro-cometeu-lawfare-contra-o-ex-presidente-lula. Acesso em: 13 jun. 2021.

[78] Disponível na dissertação, "Estratégias de Construções jornalísticas: Lava Jato x Vaza Jato", página 166: http://repositorio.jesuita.org.br/handle/UNISINOS/9958. Acesso em: 8 ago. 2024.

[79] Disponível em: https://theintercept.com/2019/06/29/chats-violacoes-moro-credibilidade-bolsonaro/. Acesso em: 13 jun. 2021.

ração e sobre a cobertura jornalística realizada pela imprensa hegemônica. As reportagens também demonstram, mediante a publicação dos diálogos entre os próprios integrantes da força-tarefa, que as atitudes do juiz Sergio Moro eram colocadas em dúvida. Um dos diálogos entre os procuradores critica a atitude do magistrado de aceitar se encontrar e cogitar fazer parte do governo do então candidato à presidência Jair Bolsonaro, sendo que o magistrado foi o agente responsável pela determinação da prisão do ex-presidente Lula, tornando-o inelegível. Nesse episódio, Lula se configurava como o principal adversário político de Bolsonaro, fato que os procuradores temessem que colocasse em suspeita a Operação Lava Jato como um todo.

Entende-se que o The Intercept Brasil maneja bem estratégias de circulação, realizando publicações simultâneas no site e nas redes sociais, utilizando preferencialmente o Twitter[80], que permite como recurso a **linkagem das reportagens em sequência**. A mesma rede social também permite que se tenha uma percepção visual sobre a repercussão pública que cada postagem alcança, fazendo com que se tenha uma noção dessa repercussão a partir dos comentários de atores sociais e personalidades conhecidas, assim como se tenha também uma quantificação do número de compartilhamentos das postagens.

A Vaza Jato também suscita dentro do campo jornalístico algumas questões dentro de suas próprias práticas, por se diferenciar, através da própria linguagem, da forma de se comunicar com seu público. Desse modo, a equipe do Intercept realiza relatos ao público sobre seus processos de apuração e, por compartilhar o material do vazamento com outras empresas jornalísticas, acaba por criar uma cultura de cooperação entre mídias, situação que rompe com uma própria cultura do campo jornalístico, que antes era nitidamente concorrencial. E essa cultura de cooperação entre mídias permitiu que a apuração do vasto material dos vazamentos fosse realizada de forma criteriosa. Entre as empresas que aderiram à iniciativa, figuram a revista *Veja*, a *Folha de São Paulo*, os sites Buzzfeed e UOL, entre outros[81], criando uma força-tarefa jornalística que permitiu uma grande colaboração na verificação do material, assim como de atestar a veracidade dos vazamentos.

---

[80] A ilustração sobre como o The intercept usa o Twitter pode ser vista na dissertação, "Estratégias de Construções jornalísticas: Lava Jato x Vaza Jato", página 168: http://repositorio.jesuita.org.br/handle/UNISINOS/9958. Acesso em: 8 ago. 2024.

[81] O *El País* foi um dos veículos de comunicação que publicou, conjuntamente com o The Intercept Brasil, o material da Vaza Jato. Aqui, eles explicam o porquê dessa atitude aos leitores: https://brasil.elpais.com/brasil/2019/08/05/opinion/1565029192_731997.html. Acesso em: 20 jun. 2021.

Outra grande disputa que se estabeleceu entre a Lava Jato e a Vaza Jato foi com relação ao caso do triplex da OAS, usado para incriminar o ex-presidente Lula no processo, assim como o debate sobre a legalidade do processo judicial que o condenou e o prendeu em segunda instância. Na matéria "'Até agora tenho receio.' Exclusivo: Dallagnol duvidava das provas contra Lula e de propina da Petrobras horas antes da denúncia do tríplex", o Intercept mostra que as denúncias que condenaram Lula originaram-se de uma matéria jornalística do jornal *O Globo*, que nem sequer se relacionava a Lula. Mas, para os procuradores da Lava Jato, era vital provar a relação entre o triplex do Guarujá e Lula, pois o objetivo dos procuradores era de que o processo permanecesse em Curitiba. Essas explicações detalhadas da equipe do The Intercept ao público sobre as intencionalidades das estratégias jurídicas denota uma interdiscursividade entre os sistemas judicial e jornalístico:

> Naquele dia, ninguém respondeu à dúvida de Dallagnol: se o apartamento triplex poderia ser apontado como propina para Lula nos casos de corrupção na Petrobras. O documento seria anunciado ao público, com direito a um hoje famoso PowerPoint, dali a poucos dias. Sem essa ligação, o caso não poderia ser tocado em Curitiba, onde apenas ações relacionadas à empresa eram objeto de investigação. A ligação do apartamento com a corrupção na petrolífera tinha gerado uma guerra jurídica nos primeiros meses daquele 2016. De um lado, o Ministério Público do Estado de São Paulo. Do outro, a força-tarefa de Curitiba. Caso o caso ficasse em São Paulo, não seria julgado por Sergio Moro, o atual ministro da Justiça de Jair Bolsonaro e ex-juiz que ajudou coordenar a operação quando era o encarregado pela 13ª Vara Federal de Curitiba, como mostram diálogos revelados pelo Intercept. E uma das consequências desse contrafluxo foi que a polêmica gerada pelas matérias acabou por provocar a libertação do ex-presidente Lula, quando o Superior Tribunal Federal resolveu voltar a julgar a questão de prisão em segunda instância. O MPSP já investigava o caso Bancoop muito antes de Curitiba. Em uma disputa que envolveu até mesmo o Supremo Tribunal Federal, a Lava Jato tentava tirar o caso das mãos dos paulistas para denunciar e julgar Lula em Curitiba. Para isso, o imóvel de Lula precisaria obrigatoriamente ter relação com a corrupção na Petrobras (Demori; Greenwald; Martins, 9 jun. 2019, on-line).

Entretanto, a reportagem do The Intercept Brasil demonstrou que a alegação de que o caso do triplex tinha relação com a Petrobras foi um blefe, garantida pela atuação de Sergio Moro. Para comprovar que o triplex era de Lula e o ligava ao esquema de corrupção da Petrobras, os procuradores tentaram estabelecer uma ligação entre essa acusação e uma reportagem[82], escrita pela repórter Tatiana Farrah e publicada no jornal *O Globo*. A matéria relatava o atraso na entrega de um empreendimento da Bancoop, sendo um dos apartamentos propriedade de Marisa Letícia da Silva, esposa de Lula. A reportagem[83] foi então anexada em uma sentença de acusação, assinada pelo juiz Sergio Moro, que enquadrou oito réus por corrupção e lavagem de dinheiro na Petrobras, entre eles, o ex-presidente Lula e sua esposa, Marisa Letícia da Silva. Porém, segundo o Intercept, além de não haver relação direta entre o imóvel e a construtora OAS, investigada na Operação Lava Jato, também não havia indícios suficientes que comprovassem que o imóvel adquirido pelo casal era de fato um triplex.

> A reportagem do Globo não foi um item trivial nesse caso: além de figurar na denúncia como prova de que o triplex era de fato do casal Lula, foi usada na sentença assinada por Sergio Moro. Sobre ela, o juiz escreveu: "A matéria em questão é bastante relevante do ponto de vista probatório." Mas a reportagem não bate com ao menos dois pontos do que é dito na denúncia do MPF. O texto do Globo atribui o triplex a Lula e, para comprovar isso, usa a declaração do então candidato à reeleição apresentada à Justiça Eleitoral em 2006. Ela afirma o seguinte: "Participação Cooperativa Habitacional Apartamento em construção no Guarujá — SP Maio 2005 — R$ 47.695,38 já pagos". Em tese, a cota poderia ser usada para qualquer apartamento — a defesa de Lula alegaria mais tarde que se tratava de uma unidade simples. O que é certo é que a palavra triplex não aparece na lista de bens do político usada pelo Globo. A segunda inconsistência poderia ter sido percebida pelos procuradores com uma leitura atenta da própria reportagem. A matéria do Globo atribuiu a Lula a propriedade de um triplex na torre B, o prédio dos fundos do condomínio. Isso fica claro na matéria: "A segunda torre (a torre A), se construída

---

[82] Disponível em: https://oglobo.globo.com/politica/caso-bancoop-triplex-do-casal-lula-esta-atrasado-3041591. Acesso em: 13 jun. 2021.

[83] Imagem da reportagem disponível na dissertação, "Estratégias de Construções jornalísticas: Lava Jato x Vaza Jato", página 170: http://repositorio.jesuita.org.br/handle/UNISINOS/9958. Acesso em: 8 ago. 2024.

como informa a planta do empreendimento, lançado no início dos anos 2000, pode acabar com parte da alegria de Lula: o prédio ficará na frente do imóvel do presidente, atrapalhando a vista para o mar do Guarujá, cidade do litoral paulista". A Lava Jato usou a reportagem como prova de que o apartamento era, sim, uma propriedade ou uma aspiração da família presidencial, mas indicou outro imóvel na denúncia. Na denúncia feita pela Lava Jato, no entanto, os procuradores afirmam que o triplex de Lula fica na torre A, que ainda não existia quando a reportagem foi publicada (Demori; Greenwald; Martins, 9 jun. 2019, on-line).

Mesmo assim, a reportagem foi a base da denúncia do Ministério Público, apresentada em uma coletiva de imprensa, tendo como porta-voz o procurador Deltan Dallagnol. O procurador usou um diagrama, feito no Power Point, para ilustrar a relação dos indícios apontados pela investigação da força-tarefa até aquele momento e que tentava relacionar, a partir de percepções, a figura de Lula como líder do esquema de corrupção da Petrobras.

Figura 7 – Dallagnol apresentando a denúncia contra Lula na coletiva de imprensa da Operação Lava Jato

Fonte: MPF (2016)

A reportagem do The Intercept Brasil revelou que, depois da famosa apresentação do Power Point, Dallagnol ainda se mostrava inseguro quanto à repercussão negativa e resolveu questionar o juiz Moro sobre a pouca fundamentação sobre as denúncias, conforme consta o diálogo reproduzido na matéria:

> Dallagnol voltaria ao assunto numa conversa privada com o então juiz Sergio Moro, em 16 de setembro, dois dias após a denúncia. O procurador estava sendo duramente criticado por parte da opinião pública, que alegava fragilidade na denúncia. Tinha virado, também, alvo de chacotas e memes pelo PowerPoint que apresentou na entrevista coletiva. O coordenador da Lava Jato escreveu a Moro: "A denúncia é baseada em muita prova indireta de autoria, mas não caberia dizer isso na denúncia e na comunicação evitamos esse ponto." Em privado, Dallagnol confirmava a Moro que a expressão usada para se referir a Lula durante a apresentação à imprensa ("líder máximo" do esquema de corrupção) era uma forma de vincular ao político os R$ 87 milhões pagos em propina pela OAS em contratos para obras em duas refinarias da Petrobras – uma acusação sem provas, ele mesmo admitiu, mas que era essencial para que o caso pudesse ser julgado por Moro em Curitiba. Preocupado com a repercussão pública de seu trabalho — uma obsessão do procurador, como demonstra a leitura de diversas de suas conversas —, ele prossegue: "Ainda, como a prova é indireta, 'juristas' como Lenio Streck e Reinaldo Azevedo falam de falta de provas. Creio que isso vai passar só quando eventualmente a página for virada para a próxima fase, com o eventual recebimento da denúncia, em que talvez caiba, se entender pertinente no contexto da decisão, abordar esses pontos", escreveu a Sergio Moro (Demori; Greenwald; Martins, 9 jun. 2019, on-line).

O Intercept reforça na reportagem que, menos de um ano depois dessa conversa, Moro condenou Lula a nove anos e seis meses de prisão. Posteriormente à publicação da reportagem, o The Intercept Brasil publicou uma atualização no rodapé da matéria com respostas tanto da força-tarefa da Operação Lava Jato quanto do juiz Sergio Moro:

> *A força-tarefa da Lava Jato no Ministério Público Federal emitiu três notas após a publicação da reportagem. Nelas, dedicou especial atenção à "ação criminosa de um hacker que praticou os mais graves ataques à atividade do Ministério Público, à vida privada e à*

> *segurança de seus integrantes" e disse que "oferece acusações quando presentes provas consistentes dos crimes. Antes da apresentação de denúncias são comuns debates e revisões sobre fatos e provas, de modo a evitar acusações frágeis em prejuízo aos investigados". "No caso Triplex, a prática dos crimes de corrupção e lavagem de dinheiro foi examinada por nove juízes em três instâncias que concordaram, de forma unânime, existir prova para a condenação."*
>
> *Também em nota, o ministro Sergio Moro disse que "não se vislumbra qualquer anormalidade ou direcionamento da atuação enquanto magistrado, apesar de terem sido retiradas de contexto e do sensacionalismo das matérias". O Intercept refuta a acusação de sensacionalismo e informa que trabalhou com rigor para que todas as conversas fossem reproduzidas dentro do contexto adequado* (Demori; Greenwald; Martins, 9 jun. 2019, on-line, grifos dos autores).

A apresentação do Power Point, embora tenha sido amplamente divulgada pela mídia hegemônica na época, de fato, não foi recebida pela sociedade da maneira planejada pela força-tarefa da Lava Jato, sendo, inclusive, objeto de diversos memes[84], publicados nas redes sociais e em sites de sátira política, como o sensacionalista. Essa situação mostra uma desconformidade entre os contratos de leitura estabelecidos pelas mídias hegemônicas e a percepção da sociedade sobre o fato veiculado:

---

[84] No contexto da internet, meme é qualquer vídeo, imagem, frase, ideia, música, e outros, que se espalhe entre vários usuários rapidamente, alcançando muita popularidade. Muitas vezes, o material veiculado é ressignificado ou até mesmo remixado com outras referências.

Figura 8 – Um dos memes sobre o Power Point da Operação Lava Jato

Fonte: reprodução (2016)

Sobre a condenação em segunda instância, medida jurídica que permitiu que Lula fosse preso mesmo sem condenação, a Vaza Jato foi apontada como a causa direta da reavaliação desse caso pelo Supremo Tribunal Federal (STF). Para o jornalista Kennedy Alencar[85], "a Vaza Jato foi fundamental para o STF derrubar a possibilidade de prisão após uma sentença condenatória em segunda instância[86]". De acordo com Alencar, isso só se tornou possível a partir das revelações dos abusos cometidos pelos integrantes da força-tarefa da Lava Jato. Um dos indícios sobre essa percepção é o fato de as revelações convencerem os ministros Celso de Mello e Rosa Weber a manterem seus entendimentos a favor do esgotamento do trânsito em julgado, como prevê a Constituição. De acordo

---

[85] Disponível em: https://www.blogdokennedy.com.br/vaza-jato-foi-fundamental-para-fim-da-prisao-em-2a-instancia/. Acesso em:13 mar. 2021.

[86] Em 09/11/2019, o Plenário do Supremo Tribunal Federal decidiu por maioria que é constitucional a regra do Código de Processo Penal que prevê o esgotamento de todas as possibilidades de recurso (trânsito em julgado da condenação) para o início do cumprimento da pena.

com o jornalista, o acontecimento jornalístico também inibiu as reações dos ministros Roberto Barroso, Luiz Fux e Edson Fachin, que, segundo Alencar, são os três juízes mais lavajatistas do STF. Outro ministro do STF, Gilmar Mendes, também comentou em uma entrevista[87], dada ao jornalista Carlos Gustavo Dorileo, sobre a importância das reportagens da Vaza Jato na mudança da decisão:

> Vocês viram, nessas informações da Vaza Jato, que muitas pessoas eram mantidas presas, ou se prendia parentes para constranger aquele que estava já preso. Mas em suma, eu tenho a impressão que a vaza jato certamente contribuiu para criar uma massa crítica em torno disso. Se foi decisivo ou não é difícil saber, mas o tribunal vinha refletindo sobre essa questão há muito tempo, e vem refletindo sobre isso", explicou o ministro, deixando claro que a decisão de derrubada da prisão em segunda instância, não se restringe apenas ao ex-presidente. Quando a gente se centra só nessa questão da segunda instância, a gente se esquece de uma coisa. Nós temos no Brasil alguma coisa como 850 mil presos, dos quais 41% de presos provisórios. Quando eu falo em preso provisório estou falando em preso sem sentença, foi preso por uma ordem judicial e está sem condenação alguma. É um número muito grande, perto de 400 mil pessoas (Dorileo, 9 nov. 2019, on-line).

As contestações às ações dos agentes da Operação Lava Jato, a partir da publicação da Vaza Jato, não se restringiram somente ao âmbito jurídico. A partir das revelações desses vazamentos, a equipe da Lava Jato, que antes gozava de credibilidade perante a opinião pública e a sociedade, passou a ser questionada[88]. O debate extrapolou as fronteiras entre os sistemas jornalístico e jurídico, em publicações nas redes sociais de contestação da operação de uma maneira ampla, proferido por parte de figuras diversas, como atores sociais, figuras políticas e diversos jornalistas, tanto os que são considerados contra-hegemônicos, quanto participantes da mídia hegemônica, como mostram as imagens a seguir.

---

[87] Disponível em: https://www.olharjuridico.com.br/noticias/exibir.asp?id=41827&noticia=vaza-jato-contribuiu-para-criar-uma-massa-critica-diz-ministro-sobre-derrubada-de-prisao-em-2-instancia&edicao=1. Acesso em: 13 mar. 2021.

[88] Disponível em: https://brasil.elpais.com/politica/2020-01-04/o-ano-em-que-a-vaza-jato-colocou-a--maior-operacao-anticorrupcao-do-pais-em-xeque.html. Acesso em: 13 mar. 2021.

Figura 9 – Tweets de contestação à Lava Jato

Fonte: reprodução (2019)

O caso Vaza Jato também permitiu um intenso debate sobre o hackeamento de informações e seu uso no jornalismo. A repercussão em torno da discussão sobre a legitimidade dos vazamentos criou uma dinâmica de circulação que quase retirou o foco do conteúdo das mensagens (em alguns casos, poderia ser realmente a intenção). O foco desse debate argumentava se a ação de hackeamento seria legal ou ilegal e se haveria legitimidade para ser usada em um material jornalístico.

Figura 10 – O debate público sobre a legitimidade dos vazamentos

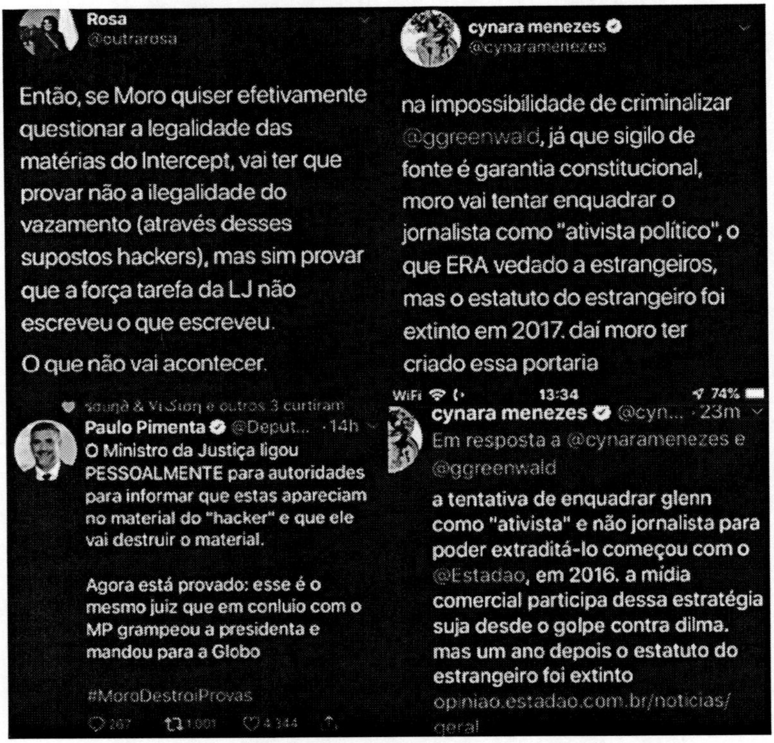

Fonte: reprodução (2019)

A discussão que foi suscitada pela questão do vazamento da Vaza Jato motivou um artigo[89], escrito pelos editores do The Intercept Brasil, Leandro Demori e Glenn Greenwald, sobre o assunto. Intitulado "A quem

---

[89] Disponível em: https://www.intercept.com.br/2019/06/17/hackers-criminosos-vazajato-sergio-moro/. Acesso em: 15 abr. 2021.

interessa a narrativa dos '*hackers* criminosos' na #VazaJato?"[90], o texto comenta que, mesmo que Sergio Moro e Deltan Dallagnol tenham tentado diminuir o fato, não houve contestação por parte deles da veracidade das mensagens. Os jornalistas também citam no texto a repercussão imediata da grande imprensa, que reagiu ao acontecimento:

> A imprensa séria virou contra Sergio Moro e Deltan Dallagnol em uma semana graças às revelações do TIB. O Estadão, mesmo que ainda fortemente aliado de Curitiba, pediu a renúncia de Moro e o afastamento dos procuradores. A *Veja* escreveu um editorial contundente ("Moro ultrapassou de forma inequívoca a linha da decência e da legalidade no papel de magistrado.") e publicou uma capa demolidora. A Folha está fazendo um trabalho importante com os diálogos, publicando reportagens de contexto absolutamente necessárias (Greenwald; Demori, 17 jun. 2019, on-line).

Realmente, o juiz Sergio Moro reagiu à denúncia dos vazamentos de diversas maneiras, o que, na verdade, acabou por somente demonstrar que os diálogos eram, de fato, autênticos. Incialmente, o magistrado argumentou, em entrevistas[91] e em suas redes sociais, que seu celular havia sido hackeado e que o conteúdo havia sido obtido de maneira criminosa, acusando o Intercept de sensacionalismo, para posteriormente alegar, em audiência[92] sobre o assunto na Câmara dos Deputados, que o material divulgado havia sido adulterado parcialmente ou integralmente. Porém, o juiz acabou corroborando a veracidade do material a partir da publicação da reportagem "Lava Jato articulou apoio a Moro diante de tensão com STF, mostram mensagens[93]", em parceria do Intercept com a *Folha de São Paulo*. A repercussão em torno da matéria fez com que o juiz divulgasse um vídeo desculpando-se com os integrantes do Movimento Brasil Livre, por conta do seguinte trecho divulgado:

---

[90] Imagem da reportagem disponível na dissertação, "Estratégias de Construções jornalísticas: Lava Jato x Vaza Jato", na página 175: http://repositorio.jesuita.org.br/handle/UNISINOS/9958. Acesso em: 8 ago. 2024.

[91] Disponível em: https://noticias.uol.com.br/politica/ultimas-noticias/2020/01/20/moro-fala-sobre-vazamentos-da-lava-jato-e-um-monte-de-bobageirada.htm. Acesso em: 15 abr. 2021.

[92] Disponível em: https://www.conjur.com.br/2019-jul-02/mensagens-podem-sido-alteradas-parcial-ou--totalmente-moro. Acesso em: 15 abr. 2021.

[93] Disponível em: https://www1.folha.uol.com.br/poder/2019/06/lava-jato-articulou-apoio-a-moro-diante-de-tensao-com-stf-mostram-mensagens.shtml. Acesso em: 15 abr. 2021.

> No fim da noite, Moro pediu a Deltan que ajudasse a conter o grupo antipetista MBL (Movimento Brasil Livre), após um protesto em frente ao apartamento do ministro Teori Zavascki em Porto Alegre, em que militantes estenderam faixas que o chamavam de "traidor" e "pelego do PT" e pediam que deixasse "Moro trabalhar". "Nao.sei se vcs tem algum contato mas alguns tontos daquele movimento brasil livre foram fazer protesto na frente do condominio. do ministro", digitou Moro no Telegram, no fim da noite. "Isso nao ajuda evidentemente" (The Intercept Brasil; *Folha de São Paulo*, 23 jun. 2019, on-line).

Assim, a divulgação do trecho da conversa gerou um pedido de desculpas do magistrado ao movimento, que foi publicada no canal do Youtube "Mamãe Falei", do deputado estadual Arthur do Val, integrante do Movimento Brasil Livre (MBL). A gravação também foi posteriormente veiculada em materiais jornalísticos, como a reportagem da *Folha de São Paulo*, intitulada "Em áudio, Moro pede desculpas a integrantes do MBL por chamá-los de tontos[94]". Apresentamos, a seguir, uma transcrição do áudio que foi veiculado na reportagem da *Folha*:

> Bom dia, esse áudio vai para os membros, componentes, aí, do Movimento Brasil Livre. A *Folha de São Paulo* publicou uma matéria hoje, baseada naquelas mensagens que forma obtidas de maneira criminosa, por um *hacker*, nem sei se as mensagens são verdadeiras, mas eu não tenho mais essas mensagens, eu saí do tal do Telegram em 2017. Mas uma das mensagens ali, que eu não sei se são autênticas ou não, podem ter sido adulteradas, tem uma referência, da minha parte, na qual eu reclamaria ao procurador Deltan [Dallagnol] contra um protesto, realizado lá em 2016, na frente da casa do ministro Teori Zavascki. Dois mil e dezesseis tava lá aquele momento tenso da divulgação do áudio do Lula com a Dilma, aquilo lá eu fiz, com convicção da absoluta correção, mas gerou toda uma pressão, e foi um período complicado. E eu achei que esse protesto, na época, era um tanto quanto inconveniente, o ministro Teori Zavascki era boa gente, uma pessoa séria, e a realização daquele protesto poderia gerar uma animosidade contra o Supremo, contra lá a décima terceira vara, o que não era desejado. É... consta

---

[94] Disponível em: https://www1.folha.uol.com.br/poder/2019/06/em-audio-moro-pede-desculpas-a-integrantes-do-mbl-por-chama-los-de-tontos.shtml. Acesso em: 15 abr. 2021.

> ali um termo que eu não sei se usei mesmo, acredito que não, pode ter sido adulterado, mas queria dizer, assim, pedir minhas escusas, se eu, eventualmente utilizei, porque sempre respeitei o Movimento Brasil Livre e sempre agradeci o apoio que esse movimento deu, não só à Lava Jato, mas esse movimento nos últimos anos, nos últimos cinco anos, de avanço contra a corrupção e construção de um país melhor, um país mais integro. Então fica a minha referência a uma conversa privada, não sei se é autêntica essa mensagem, mas enfim, quero externar aqui o meu respeito a todos os membros do Movimento Brasil Livre e... enfim. Se de fato usei o termo, peço escusas, mas é bom (saber) que têm todo o meu respeito e sempre terão (*Folha de São Paulo*, 23 jun. 2019, on-line).

Alertamos para o fato de que, na mensagem em áudio, o juiz Sergio Moro reafirma que considerou a manifestação do MBL na frente da casa do ministro do STF, Teori Zavascki, "um inconveniente" e que "poderia gerar uma animosidade com o Supremo, contra a décima terceira vara, o que não era desejado", assim como pede desculpas pelo uso do termo que poderia ter soado ofensivo. Mesmo que ele já tenha mencionado que as gravações poderiam ter sido adulteradas, o magistrado reafirmou a autenticidade delas por conta da mensagem que enviou ao MBL. É importante também observar que, na mesma reportagem, o jornal *Folha de São Paulo*, que nessa época já atuava em parceria com o The Intercept Brasil, declarou que não havia nenhuma constatação de adulteração das mensagens.

> A reportagem publicada pela Folha e pelo Intercept neste domingo foi produzida a partir de mensagens privadas enviadas por uma fonte anônima ao The Intercept Brasil e analisadas em conjunto pelo jornal e pelo site. [...] Ao examinar o material, a reportagem da Folha não detectou nenhum indício de que ele possa ter sido adulterado. Os repórteres, por exemplo, buscaram nomes de jornalistas da Folha e encontraram diversas mensagens que de fato esses profissionais trocaram com integrantes da força-tarefa nos últimos anos, obtendo assim um forte indício da integridade do material (*Folha de São Paulo*, 23 jun. 2019, on-line).

Entretanto, a partir das alegações de Moro de que o hackeamento que originou a Vaza Jato demonstrou conivência com práticas criminosas, a Câmara dos Deputados intimou o jornalista Glenn Greenwald a prestar depoimento sobre o assunto. O jornalista, na ocasião, alegou justamente o princípio constitucional de sigilo da fonte jornalística como defesa, além do direito de divulgar informações que atendiam ao interesse público.

Glenn também foi denunciado pela Procuradoria da República pelo crime de invasão de celulares de autoridades brasileiras, porém foi inocentado da acusação. Esse acontecimento em si já demonstra como o controle de informações pelas instituições oficiais do governo pode abrir caminho para encobrir ilegalidades, cometer censuras e agir arbitrariamente. As atividades dos *hackers* também provocaram uma intensa investigação[95] da Polícia Federal sobre o assunto, que realizou a prisão de suspeitos acusados pelo hackeamento. Na ocasião da prisão dos *hackers*, o juiz Moro chegou a anunciar que destruiria todo o conteúdo dos vazamentos, declaração que foi desmentida horas depois pela Polícia Federal.

A maneira como a apuração do material vazado foi realizada também foi assunto de uma das matérias do The Intercept Brasil, que explicou ao seu leitor, de forma didática, como a apuração foi feita. A equipe aproveitou para realizar esse esclarecimento a partir de uma nota da procuradora da Lava Jato, Monique Cheker, enviada ao site Antagonista[96], na qual ela alegava desconhecer sua participação nos diálogos vazados na matéria "Moro viola sempre o sistema acusatório", publicada pela Vaza Jato, em 29 de junho de 2019. Como resposta à procuradora, o The Intercept revolveu explicar, tanto em matéria no site[97], intitulada "Como o Intercept Brasil confirma a identidade das pessoas que aparecem nos *chats* da #VazaJato"[98], assim como em uma sequência de postagens no Twitter, relatando didaticamente como a equipe havia checado o nome da procuradora, em uma processualidade na qual os jornalistas demonstraram ter verificado as declarações de maneira detalhada, por meio de checagem de fatos e dos dados citados nas conversas.

Na reportagem, os jornalistas Leandro Demori e Rafael Moro Martins relatam todo o processo que realizaram para a verificação da identidade de Monique Cheker, que constava no *chat* somente como Monique. Os

---

[95]   O *hacker* Walter Delgatti foi condenado, em 2023, a 20 anos de prisão pela Operação Spoofing, que investigava os vazamentos de conversas de autoridades ligadas à Operação Lava Jato.

[96]   Disponível em: https://www.oantagonista.com/brasil/monique-nao-e-monique/. Acesso em: 15 abr. 2021.

[97]   Disponível em: https://theintercept.com/2019/07/08/como-o-intercept-brasil-confirma-a-identidade-das-pessoas-que-aparecem-nos-chats-da-vazajato/. Acesso em: 15 abr. 2021.

[98]   Imagem da reportagem disponível na dissertação, "Estratégias de Construções jornalísticas: Lava Jato x Vaza Jato", página 178: http://repositorio.jesuita.org.br/handle/UNISINOS/9958. Acesso em: 8 ago. 2024.

jornalistas também explicaram que o processo de verificação é realizado de forma exaustiva, pois são confrontados com vários indícios de datas, eventos e menções nas redes e nas mídias. Assim, os jornalistas se preocuparam em descrever detalhadamente na matéria esse processo:

> Essa busca é um processo exaustivo e frequentemente demorado, que repetimos cada vez que nos deparamos com o nome de um novo personagem. No caso da procuradora Monique Cheker isso se deu da seguinte forma: Para começar, buscamos em outras conversas sinais que possam trazer evidências sobre quem é a pessoa de que temos certeza sobre o sobrenome. Fazendo isso, encontramos o seguinte diálogo de Cheker no *chat* privado dela com Deltan Dallangnol, datado de 9 de setembro do ano passado:
>
> Deltan — 00:17:33 — Mo, como faço a citação do artigo? Preciso dos dados da obra em que estará inserido. Vc me passa ou indica nome se estiver já online?
>
> Monique — 01:10:06 — Pela ABNT, faça a citação e coloque a informação "no prelo" após o nome do autor.
>
> Monique — 01:11:20 — [imagem não encontrada]
>
> Monique — 01:11:50 — O nome da coletânea será "Desafios contemporâneos do Sistema Acusatório" (Demori; Martins, 8 jul. 2019, on-line).

Na matéria, os jornalistas mostram o *print* da busca no site Amazon pela coletânea que Monique participa como autora e que foi mencionada nos diálogos. Eles verificam que realmente o livro contém um artigo com a assinatura da procuradora. Porém, os jornalistas afirmam que ainda fizeram outra verificação do nome da procuradora, consultando a base de dados do Ministério Público Federal (MPF), no Portal da Transparência, que trouxe os nomes ativos dos procuradores na mesma época em que o diálogo foi realizado. Nesse site, havia o nome de Monique Cheker integrando o quadro dos procuradores federais. Outra verificação também foi a pesquisa sobre os servidores inativos do MPF, que não incluía nenhuma pessoa com o nome Monique.

Além da estratégia argumentativa que defendia o uso dos vazamentos como fonte jornalística e de provar que o conteúdo era realmente verdadeiro, havia uma disputa política que evidenciava, mediante essas disputas argumentativas, um conflito entre os sistemas Judiciário, jornalístico e político. Uma das reportagens que aponta essa disputa é a matéria "A reação do governo Bolsonaro contra a Vaza Jato mostra por que nossas reportagens sobre o arquivo são tão vitais[99]", escrita por Glenn Greenwald, Leandro Demori e Betsy Reed, editores-chefe do Intercept. Publicada em 28 de julho de 2019, o texto comentava sobre a prisão dos *hackers* que efetuaram a invasão nas contas de Telegram da força-tarefa da Lava Jato e sobre a consequência que essa notícia traria para o jornalismo que estava sendo realizado pelo Intercept sobre a Vaza Jato. Os jornalistas, então, comentam uma declaração do presidente Jair Bolsonaro, de que o jornalista estadunidense Glenn Greenwald poderia "pegar uma cana aqui no Brasil" e sobre a acusação do juiz Sergio Moro, então ministro da Justiça do governo Bolsonaro, de que os jornalistas do Intercept seriam "aliados de criminosos":

> À medida em que novas revelações foram sendo publicadas — pelo Intercept e por nossos parceiros jornalísticos — eles recorreram à mesma tática empregada por autoridades no mundo todo quando vêem sua corrupção sendo revelada pela imprensa: distrair a atenção de seus atos, demonstrados pelas reportagens, preferindo fixar seu discursos contra os jornalistas e suas fontes. É isso que Sergio Moro, se valendo de sua posição de ministro da Justiça e Segurança Pública, vem há semanas tentando fazer. Ele e seus defensores, em sua maioria do partido de Bolsonaro, falam constantemente dos supostos crimes cometidos pela fonte e insinuam que os repórteres e editores do Intercept e dos demais veículos trabalhando em cima desse arquivo são "criminosos" ou "cúmplices" devido ao papel que desempenhamos em expor a verdade. O blog que vem funcionando como porta voz oficial de Moro se refere a nós como "cúmplices", enquanto Moro nos chama de "aliados de criminosos". Ontem, o presidente Bolsonaro se envolveu diretamente no assunto (depois de fugir dele por semanas), com a acusação indecorosa de que Glenn Greenwald se casou no Brasil e adotou crianças para evitar uma deportação (seu casamento ocorreu há catorze anos); e ameaçando Greenwald com prisão: "Ele pode pegar uma cana aqui no Brasil". Apesar de seus esforços, Moro, Bolsonaro e seus defensores se mostraram incapazes de obter uma única prova ou indício de que o

---

[99] Disponível em: https://theintercept.com/2019/07/28/reacao-bolsonaro-vaza-jato-reportagens-vitais/. Acesso em: 15 abr. 2021.

> Intercept tenha feito qualquer coisa além de exercer seu direito de praticar jornalismo, tal qual é garantido e protegido pela Constituição brasileira e gozado por todos os jornalistas do país. Pelo contrário: todas as insinuações e sugestões feitas por eles de que o Intercept teria agido de forma imprópria foram desmentidas pelos fatos (Demori; Greenwald; Reed 28 jul. 2019, on-line).

No mesmo texto, os jornalistas informaram que, no depoimento do *hacker* Walter Delgatti à Polícia Federal, ele mesmo reforça que não houve nenhuma vinculação entre ele e a equipe do Intercept:

> Depois que a Polícia Federal anunciou as prisões, foi vazada à imprensa uma confissão de um dos suspeitos, Walter Delgatti Neto, apontado pelas autoridades como sendo o principal *hacker* que teria fornecido o material ao intercept. Depois de ter sido submetido a horas de interrogatório e supostamente confessar ser o *hacker*, Delgatti Neto disse em seu depoimento, conforme vazado:
>
> - Que nunca falou com qualquer repórter do Intercept antes de ter realizado os hackeamentos;
>
> - Que nunca pediu ou recebeu qualquer pagamento do Intercept (ou de qualquer outra parte) por fornecer os documentos;
>
> - Que só se comunicou com o Intercept de forma anônima;
>
> - Que nunca alterou os *chats* enviados ao Intercept, e que considera tecnicamente impossível realizar alterações desse tipo devido à forma como foram baixados do Telegram; e
>
> - Que se inspirou no whistleblower da NSA Edward Snowden, obtendo e vazando esses documentos com o objetivo de expor corrupção praticada por autoridades que a população tem o direito de saber (Demori; Greenwald; Reed, 28 jul. 2019, on-line).

O editor do The Intercept Brasil, Alexandre de Santi[100], ressalta que ficou surpreso sobre a polêmica acerca das origens dos vazamentos, fato que, em sua visão, desviou o foco do conteúdo das denúncias: *"achei que não haveria esse debate"*. Outra questão abordada pelo editor do The Intercept

---

[100] Palestra de Alexandre de Santi – Aula inaugural do curso de jornalismo da Unisinos, realizada no Campus Porto Alegre em 17/09/2019

Brasil é a liberdade editorial permitida pelo portal: *"não estamos acostumados a ouvir sim no jornalismo. É muito difícil se acostumar com esse tipo de liberdade. Nosso freio é jurídico, não a linguagem".* O apoio jurídico do The Intercept Brasil é realizado por dois advogados cariocas, que, segundo o editor, são entusiastas da liberdade de imprensa e prestam consultoria jurídica sobre ilegalidades. De Santi esclarece que não foi a partir da Vaza Jato que se inaugurou a prática de jornalismo investigativo que se utiliza do vazamento de informações. Na verdade, o jornalista afirma que essa é uma prática recorrente do portal e, mais do que isso, que foi exatamente com essa missão que o projeto foi criado. O portal divulga no site uma possibilidade de contato para que o grande público possa realizar denúncias, denominada "seja nossa fonte"[101], seção que disponibiliza um *link* para uma plataforma de segurança que permite o envio de informações criptografadas. Nessa seção, há um convite[102] para que qualquer pessoa possa fazer uma denúncia sobre uma instituição, o governo ou uma figura pública, por meio de um *link* que redireciona para o repositório SecureDrop.

Depois, as denúncias são apuradas e posteriormente publicadas. Essa ferramenta de depósito de arquivos costuma ser bastante utilizada no jornalismo internacional, tendo sido, inclusive, utilizada no caso Snowden. No Brasil, o The Intercept Brasil é o único veículo jornalístico que utiliza o SecureDrop como ferramenta de segurança de dados. Na página, o Intercept orienta, de forma detalhada, os caminhos que a pessoa deve realizar para efetivar a denúncia de forma anônima e segura:

> Se você deseja se comunicar conosco de maneira anônima, pode usar um canal chamado SecureDrop. Com esse servidor, é possível enviar mensagens ou materiais confidenciais para nossos repórteres sem revelar a sua identidade, e nós podemos responder os seus contatos. Como os metadados de nossa correspondência — informações sobre remetente e destinatário e horários das mensagens — não estão disponíveis para terceiros, esse canal é muito seguro (The Intercept Brasil, 12 jun. 2019, on-line).

Outro episódio que discute a questão dos vazamentos, porém contrapondo o uso deles pela Operação Lava Jato, é referido por meio da matéria

---

[101] Imagem de divulgação disponível na dissertação, "Estratégias de Construções jornalísticas: Lava Jato x Vaza Jato", página 182: http://repositorio.jesuita.org.br/handle/UNISINOS/9958. Acesso em: 8 ago. 2024.

[102] Disponível em: https://theintercept.com/brasil/fontes/. Acesso em: 15 abr. 2021.

do The Intercept Brasil "Vazamento Seletivo[103]". A reportagem se baseia em uma entrevista[104] dada por Deltan Dallagnol ao site BBC Brasil, em 2017, em que ele afirma que não haveria possibilidade de a Lava Jato realizar vazamentos, *"pois não teriam instrumentos eficientes para identificá-los"*. A partir dessa entrevista do procurador, o The Intercept refuta na matéria essa declaração, confirmando, por intermédio dos diálogos mostrados, que a prática de vazamentos era amplamente utilizada pela Lava Jato.

Quanto à Vaza Jato, Alexandre de Santi relatou que foi realizado um intenso levantamento de checagem dos vazamentos e, a partir disso, que se percebeu que havia um conteúdo que suscitava o interesse público. O editor afirmou que, em todas as reportagens, houve um extenso processo de *fact-checking[105]*, que passou por vários editores para logo depois as matérias serem analisadas pelo departamento jurídico. Um ano depois da publicação das reportagens da Vaza Jato, The Intercept Brasil publicou, em seu site, um relato[106] do editor Leandro Demori, junto de imagens inéditas dos bastidores do primeiro dia da Vaza Jato, 9 de junho de 2019. Esse texto demonstra uma das marcas do jornalismo produzido por esse dispositivo jornalístico em uma ambiência midiatizada, que é a capacidade de **autorreflexividade**.

No relato, Demori recordou ter sido avisado do conteúdo dos vazamentos por conta de uma ligação de Glenn Greenwald. Ele também realiza uma análise, em seu texto, sobre as mudanças que a Vaza Jato proporcionaram na sociedade. Apesar de não ter feito uma reflexão sobre as mudanças jornalísticas que a Vaza Jato trouxe para o seu campo, o editor citou várias mudanças percebidas por ele no campo jurídico, como a mudança na prisão em segunda instância, que libertou Lula, e a decisão de que o réu delatado tem agora o direito de se defender por último, depois dos delatores. O jornalista também mencionou o enfraquecimento de Sergio Moro como figura pública, por conta de todas as iniciativas que não conseguiu aprovar no governo Bolsonaro, como o pacote anticrime, uma idealização de Moro. Demori, inclusive, relembrou uma reunião em que participou com a presença de 40 advogados[107] e afirmou que ouviu de muitos deles "que a

---

[103] Disponível em: https://theintercept.com/2019/08/29/lava-jato-vazamentos-imprensa/. Acesso em: 15 abr. 2021.

[104] Disponível em: https://www.bbc.com/portuguese/brasil-39563794. Acesso em: 15 abr. 2021.

[105] Fact-checking é um processo de verificação de fatos ou verificação de dados que tem como propósito detectar erros, imprecisões e mentiras.

[106] Disponível em: https://theintercept.com/2020/06/09/vaza-jato-um-ano/. Acesso em: 15 abr. 2021.

[107] Disponível em: https://www1.folha.uol.com.br/colunas/monicabergamo/2019/07/quarenta-advogados--se-reunem-com-glenn-greenwald-no-rio.shtml?origin=folha. Acesso em: 15 abr. 2021.

Lava Jato estava destruindo o direito de defesa no Brasil" e que o jornalismo realizado pelo The Intercept Brasil "aparecia como uma luz brilhante no fim de um túnel que antes parecia não ter fim". Ele terminou o texto referindo a mesma frase final do editorial que acompanhava as primeiras matérias da Vaza Jato: "A liberdade de imprensa existe para jogar luz sobre aquilo que as figuras mais poderosas de nossa sociedade fazem às sombras".

Disputas estratégicas intersistêmicas da Vaza Jato

Um dos aspectos que estabelece um nível de comparação entre a maneira das práticas jornalísticas que eram realizadas antes da Lava Jato é o ingresso do The Intercept Brasil como um novo ator jornalístico, mediante algumas práticas que se deslocam do próprio repertório de valores e ações do jornalismo tradicional brasileiro, propondo uma improvável aliança entre eles. É a partir da Vaza Jato que se estabelece uma parceria entre velhos e novos meios, ressignificando uma nova forma de fazer jornalístico, que antes era concorrencial e passa a se tornar colaborativa, por meio dessa adesão, na apuração do material e na colaboração com reportagens complementares, realizadas por mídias que aderiram à Vaza Jato.

A primeira parceria com The Intercept Brasil partiu do jornalista Reinaldo Azevedo[108], que republicou as conversas entre Moro e Dallagnol, em sua coluna no UOL, e repercutiu suas impressões acerca dos diálogos em seu programa de rádio chamado "O É da Coisa", veiculado na Rádio Band News FM. Essa atitude fez com que, posteriormente, outros veículos também aderissem ao esquema de parcerias com o The Intercept Brasil, tais como o Buzzfeed Brasil, a revista *Veja*, a *Folha de São Paulo*, o *El País* e a Agência Pública. O que chama a atenção nesse caso é a adesão de perfis de empresas jornalísticas bem diferenciadas entre si, desde as que são consideradas hegemônicas até as que realizam um jornalismo contra-hegemônico, considerado como jornalismo independente, o que comprova na prática a complexificação da circulação como algo que criou novos circuitos e vínculos a partir desse fato.

Dessa forma, é apresentada, na pesquisa que embasa este livro, a análise da colaboração de dois diferentes veículos que firmaram parcerias com o The Intercept Brasil na Vaza Jato: *Folha de São Paulo* e *Veja*. Essa escolha se justifica pelo fato de o acontecimento jornalístico proporcio-

---

[108] Disponível em: https://reinaldoazevedo.blogosfera.uol.com.br/2019/06/12/exclusivo-moro-sobre-papo-de-dallagnol-com-membro-do-stf-in-fux-we-trust/. Acesso em: 15 abr. 2021.

nado pela Vaza Jato ter conseguido a adesão até dos veículos hegemônicos, que inicialmente se mostravam amplamente favoráveis às realizações da Operação Lava Jato. Porém, essa escolha também tem o propósito de evidenciar dois acontecimentos: explicar melhor a processualidade que envolveu a divulgação do vazamento da ligação entre a presidente Dilma Rousseff e o ex-presidente Lula, assim como a realização de um *mea culpa* por parte da mídia hegemônica, representado por meio da autocrítica publicada pela revista *Veja* com relação a uma contribuição da narrativa que favoreceu os operadores jurídicos da Operação Lava Jato. Foi a partir da construção dessa narrativa que Lula se tornou inelegível para as eleições presidenciais que aconteceram em 2018. Nessa mesma eleição, o candidato do PSL, Jair Bolsonaro, foi eleito presidente do Brasil, nomeando, no ano seguinte, o juiz Sergio Moro[109] como ministro da Justiça de seu governo.

O editor Alexandre De Santi afirma que realmente houve, por parte do The Intercept Brasil, uma estratégia de temporalidade e de procura por adesões de outros veículos na disseminação dessas reportagens, o que conferiu uma base de credibilidade para o processo. Segundo o editor, as parcerias estabelecidas com outras empresas de comunicação foram necessárias porque a pequena equipe do portal necessitava de ajuda na apuração dos fatos e no levantamento do vasto material. Ele ainda afirmou que foram as próprias empresas jornalísticas que se candidataram como possíveis parceiros e que a escolha foi feita por afinidade de princípios, uma vez que o The Intercept Brasil não os enxerga como concorrentes. Apresentamos, na sequência, algumas das reportagens em parceria entre o The Intercept Brasil com duas empresas jornalísticas da mídia hegemônica: *Folha de São Paulo* e revista *Veja*. Analisamos discursivamente estas reportagens, pelo fato de que essas duas empresas jornalísticas, que aderiram posteriormente à Vaza jato, também tiveram uma contribuição importante na efetivação da estratégia argumentativa da Operação Lava Jato.

Parceria The Intercept Brasil + *Folha de São Paulo*

Em 23 de junho de 2019, a *Folha de São Paulo* anunciou a parceria[110] colaborativa com o The Intercept Brasil na apuração e publicação de

---

[109] Disponível em: https://www.cartacapital.com.br/politica/a-linha-do-tempo-de-moro-de-juiz-de-1a-instancia-a-superministro/. Acesso em: 15 abr. 2021.

[110] Imagem da reportagem disponível na dissertação, "Estratégias de Construções jornalísticas: Lava Jato x Vaza Jato", página 186: http://repositorio.jesuita.org.br/handle/UNISINOS/9958. Acesso em: 8 ago. 2024.

reportagens na série Vaza Jato. Em seu editorial, a *Folha* mencionou que havia recebido e estava verificando o material vazado que fazia parte do acervo da Vaza Jato, informando aos seus leitores que, a partir daquele dia, publicaria uma série de matérias sobre o assunto.

O texto também menciona que a primeira matéria dos dois veículos relata como os procuradores da Lava Jato agiram para proteger o juiz Sergio Moro para evitar tensões com o STF, um dia após o juiz ter sido repreendido pela mesma instituição por ter divulgado ilegalmente o vazamento entre Dilma Rousseff e Lula da Silva. Aliás, essa ocorrência aparece como bastante recorrente na Vaza Jato, pois também se configura como o acontecimento primeiro que disparou todo o processo de criação do The Intercept Brasil. Essa relação é, inclusive, mencionada no editorial que introduz a Vaza Jato, relativizando os critérios sobre vazamentos utilizados pela própria Operação Lava Jato, porém argumentando que não pretendia expor a privacidade dos denunciados, ao contrário do que havia acontecido nos vazamentos anteriores:

> A bem da verdade, ao produzir reportagens a partir desses arquivos, somos guiados pela mesma argumentação que levou boa parte da sociedade brasileira — aí incluídos alguns jornalistas, comentaristas políticos e ativistas — a aplaudir a publicidade determinada pelo então juiz Moro das conversas telefônicas privadas entre a presidente Dilma Rousseff e seu antecessor Luiz Inácio Lula da Silva (em que discutiam a possibilidade do ex-presidente se tornar ministro da Casa Civil), logo reproduzidas por inúmeros veículos de mídia. A divulgação dessas ligações privadas foi crucial para virar a opinião do público contra o PT, ajudando a preparar o terreno para o *impeachment* de Dilma em 2016 e a prisão de Lula em 2018. O princípio invocado para justificar essa divulgação foi o mesmo a que estamos aderindo em nossas reportagens sobre esse acervo: o de que uma democracia é mais saudável quando ações de relevância levadas a cabo em segredo por figuras políticas poderosas são reveladas ao público. Mas a divulgação feita por Moro e diversos veículos da imprensa dos diálogos privados entre Lula e Dilma incluíam não apenas revelações de interesse público, mas também comunicações privadas de Lula sem qualquer relevância para a sociedade – o que levou muitas pessoas a argumentarem que a divulgação tinha o propósito de constranger pessoalmente o ex-presidente.

> Ao contrário deles, o Intercept decidiu manter reservada qualquer comunicação ou informação relacionada a Moro, Dallagnol e outros indivíduos que seja de natureza puramente privada e, portanto, desprovida de real interesse público (Greenwald; Reed; Demori, 9 jun. 2019, on-line).

Meses depois, a Vaza Jato traz uma reportagem[111], novamente em parceria com a *Folha de São Paulo*, em que relata, com detalhes, as conversas que antecederam o vazamento da ligação entre Dilma e Lula. Segundo a reportagem, outras conversas gravadas naquele dia revelam que Lula teria relutância em aceitar a indicação de Dilma para ser ministro da Casa Civil, o que contradiz a alegação de Moro de que Lula teria usado essa estratégia para assim gozar de imunidade por foro privilegiado:

> A reportagem teve acesso a anotações dos agentes que monitoraram Lula, com resumos de 22 conversas grampeadas após a interrupção da escuta em março de 2016. Elas foram gravadas porque as operadoras de telefonia demoraram a cumprir a ordem de Moro e o sistema usado pela PF continuou captando as ligações. Os diálogos, que incluem conversas de Lula com políticos, sindicalistas e o então vice-presidente Michel Temer (MDB), revelam que o petista disse a diferentes interlocutores naquele dia que relutou em aceitar o convite de Dilma para ser ministro e só o aceitou após sofrer pressões de aliados. O ex-presidente só mencionou as investigações em curso uma vez, para orientar um dos seus advogados a dizer aos jornalistas que o procurassem que o único efeito da nomeação seria mudar seu caso de jurisdição, graças à garantia de foro especial para ministros no Supremo (Lara; Bianchi; Demori; Bathazar; Bächtold, 8 jul. 2019, on-line).

A matéria ainda denuncia que as conversas vazadas demonstravam que um agente da Polícia Federal alertou os investigadores da Lava Jato sobre o conteúdo da ligação entre Dilma e Lula e que foi instruído por eles a realizar um relatório[112] sobre isso. Essa constatação mostra uma arbitrariedade no processo judicial, pois a ordem para a interrupção das escutas telefônicas já havia sido determinada pelo próprio juiz Sergio Moro,

---

[111] Disponível em: https://www1.folha.uol.com.br/poder/2019/09/conversas-de-lula-mantidas-sob-sigilo-pela-lava-jato-enfraquecem-tese-de-moro.shtml. Acesso em: 15 abr. 2021.

[112] Imagem de divulgação disponível na dissertação, "Estratégias de Construções jornalísticas: Lava Jato x Vaza Jato", página 186: http://repositorio.jesuita.org.br/handle/UNISINOS/9958. Acesso em: 8 ago. 2024.

horas antes dessa ligação. Embora as escutas estivessem sido realizadas desde 19 de fevereiro, a equipe da Lava Jato manifestou mais atenção com o conteúdo das gravações a partir do conhecimento do convite de Dilma para Lula ser ministro, inclusive levando essas informações ao juiz Sergio Moro, que então solicitou a transcrição completa do material.

É importante destacar a tradução do vocabulário jurídico pela didática jornalística, pois foi algo que se colocou como necessário, para explicar os fatos descritos na reportagem. Dessa forma, o texto jornalístico precisou fazer aos seus leitores um esclarecimento sobre os procedimentos do campo jurídico, como demonstrado na reportagem sobre a explicação do termo "eprocar"[113], o que exprime uma interdiscursividade produzida pelas interpenetrações entre os sistemas jurídico e jornalístico. De acordo com as conversas reveladas, somente depois que a imprensa confirmou a nomeação de Lula ao cargo de ministro da Casa Civil, ocorrido na manhã do dia 16 de março, que o juiz Sergio Moro decidiu por solicitar o encerramento das escutas telefônicas, o que só ocorre 5 horas depois, por demora das operadoras de telefonia. Nesse meio tempo, às 13h32min, ocorre a ligação entre Dilma e Lula.

Conforme informou a *Folha de São Paulo* na matéria, os diálogos divulgados pelo The Intercept Brasil revelaram que a conversa provocou impacto imediato sobre a equipe de investigadores da Operação Lava Jato, que temiam que a estratégia do governo evitasse a prisão de Lula. Segundo a reportagem, a Polícia Federal anexou nos autos o áudio com a conversa de Dilma e Lula e o relatório com sua transcrição às 15h37min, com o Ministério Público já se manifestando a favor da retirada do sigilo da investigação antes mesmo de tomar conhecimento do diálogo. Porém, o juiz Sergio Moro ainda não havia manifestado nenhuma decisão sobre o caso. Entretanto, a matéria apura que o juiz dedicou demasiada importância ao ocorrido:

> Registros no sistema eletrônico de acompanhamento dos processos da Justiça Federal mostram que o juiz examinou com atenção os áudios anexados pela PF. Ele determinou a exclusão dos arquivos de duas conversas com advogados de Lula, argumentando que envolviam sigilo profissional. Moro decidiu levantar o sigilo dos autos às 16h19. A Globo-

---

[113] Imagem disponível na dissertação "Estratégias de Construções jornalísticas: Lava Jato x Vaza Jato", página 188: http://repositorio.jesuita.org.br/handle/UNISINOS/9958. Acesso em: 8 ago. 2024.

> News noticiou a decisão às 18h32 e revelou que Dilma fora grampeada. Uma cópia da transcrição do diálogo que a presidente tivera com Lula naquela tarde foi lida ao vivo (Lara; Bianchi; Demori; Bathazar; Bächtold, 8 jul. 2019, on-line).

O Jornal Nacional também utilizou o mesmo vazamento como destaque da edição daquela noite, o que amplificou a exposição do caso. A reportagem do The Intercept Brasil com a *Folha de São Paulo* ainda revela que a decisão de Moro causou questionamentos dos próprios procuradores, que duvidavam da fundamentação legal da decisão, o que foi mostrado pelos diálogos da Vaza Jato. Logo depois, o relator do processo, Teori Zavascki, anulou as decisões de Moro e o repreendeu, argumentando que "ele usurpara as atribuições do Supremo ao tratar a conversa de Dilma e Lula como válida, divulgar diálogos dela e de outras autoridades com foro na corte e fazer juízo de valor sobre sua conduta sem ter competência legal para tanto" (Lara; Bianchi; Demori; Bathazar; Bächtold, 2019). Porém, os desdobramentos das atitudes de Moro já haviam-se consolidado:

> Mas os efeitos das decisões de Moro eram irreversíveis. Com base nas conversas divulgadas pelo juiz, o ministro Gilmar Mendes, do STF, anulou a posse de Lula dois dias depois, em 18 de março. Com o aprofundamento da crise política, a Câmara aprovou a abertura do processo de *impeachment* em abril e afastou Dilma do cargo (Lara; Bianchi; Demori; Bathazar; Bächtold, 8 jul. 2019, on-line).

A repercussão desse caso provocou diversos debates em diversos campos, principalmente o jurídico. A *Revista Brasileira de Ciências Criminais*[114] dedicou uma edição especial à Operação Lava Jato, com artigos que questionavam a espetacularização do processo penal, debatiam o uso dos vazamentos telefônicos e depoimentos inquisitórios, assim como a elaboração de críticas à cobertura midiática da Lava Jato.

No campo jornalístico, houve debate sobre o ocorrido em sites especializados[115], assim como artigos acadêmicos e um artigo opinativo[116], escrito por Glenn Greenwald, fundador do The Intercept, que também é

---

[114] Disponível em: https://dialnet.unirioja.es/ejemplar/443762. Acesso em: 15 abr. 2021.

[115] Disponível em: http://www.observatoriodaimprensa.com.br/arquivos-da-lava-jato/sergio-moro-e-os--antagonistas-do-jornalismo-serio-e-relevante/. Acesso em: 15 abr. 2021.

[116] Disponível em: https://theintercept.com/2016/03/18/o-brasil-esta-sendo-engolido-pela-corrupcao--da-classe-dominante-e-por-uma-perigosa-subversao-da-democracia/. Acesso em: 15 abr. 2021.

advogado constitucional. Seu primeiro artigo sobre o Brasil no The Intercept é assinado conjuntamente com os jornalistas Andrew Fishman e David Miranda, no dia 18 de março de 2016, apenas dois dias após o vazamento da ligação entre Lula e Dilma. O texto traz uma contextualização sobre a fragilidade política brasileira e realiza uma intensa crítica midiática sobre a cobertura do governo Dilma Rousseff, assim como aponta uma campanha coordenada pela imprensa quanto ao *impeachment* da presidenta:

> A mídia corporativa brasileira age como os verdadeiros organizadores dos protestos e como relações-públicas dos partidos de oposição. Os perfis no Twitter de alguns dos repórteres mais influentes (e ricos) da Rede Globo contêm incessantes agitações anti-PT. Quando uma gravação de escuta telefônica de uma conversa entre Dilma e Lula vazou essa semana, o programa jornalístico mais influente da Globo, o Jornal Nacional, fez seus âncoras relerem teatralmente o diálogo, de forma tão melodramática e em tom de fofoca, que se parecia literalmente com uma novela, muito distante de um jornal, e foram ridicularizados nas redes por isso. Durante meses, as quatro principais revistas jornalísticas do Brasil dedicaram capa após capa a ataques inflamados contra Dilma e Lula, geralmente mostrando fotos dramáticas de um ou de outro, sempre com uma narrativa impactantemente unificada (Greenwald; Fishman; Miranda, 18 mar. 2016, on-line).

O próprio jornalista Glenn Greenwald declarou, por meio de entrevistas e declarações, a percepção de uma criação de narrativa unificada que partia da imprensa brasileira hegemônica sobre a Operação Lava Jato e que se direcionava contra figuras políticas como Lula e Dilma. Esse fato, segundo o jornalista estadunidense, foi algo que motivou essencialmente a criação do The Intercept Brasil e o que possibilitou posteriormente a publicação da Vaza Jato. E a Vaza Jato, como um acontecimento jornalístico, possibilitou uma série de disputas com a Operação Lava Jato, desde seu surgimento. Uma delas foi a contestação sobre a proibição da entrevista de Lula às vésperas da eleição presidencial de 2018. Na matéria "Exclusivo: procuradores da Lava Jato tramaram em segredo para impedir entrevista de Lula antes das eleições, por medo de que ajudasse a 'eleger o Haddad'", o The Intercept Brasil afirmou que havia nos diálogos um temor dos procuradores da força-tarefa da Lava Jato que uma entrevista de

Lula, concedida a veículos de imprensa hegemônicos, pudesse fortalecer a campanha presidencial de Fernando Haddad, o que em si já configuraria um direcionamento político às ações do campo jurídico:

> Os procuradores, que por anos garantiram não ter motivações políticas ou partidárias, manifestaram repetidamente nos *chats* a preocupação de que a entrevista, a ser realizada a menos de duas semanas do primeiro turno das eleições, ajudaria o candidato à Presidência pelo PT, Fernando Haddad. Por isso, articularam estratégias para derrubar a decisão judicial de 28 de setembro de 2018, que a liberou — ou, caso ela fosse realizada, para garantir que fosse estruturada de forma a reduzir seu impacto político e, assim, os benefícios eleitorais ao candidato do PT. Essas discussões ocorreram no mesmo dia em que o STF acatou o pedido de entrevista da Folha de S.Paulo. Conforme noticiado no Consultor Jurídico: "Na decisão, o ministro [Ricardo Lewandowski] citou que o Plenário do STF garantiu 'a 'plena' liberdade de imprensa como categoria jurídica proibitiva de qualquer tipo de censura prévia'" (Greenwald; Pougy, 9 jun. 2019, on-line).

Outro trecho da reportagem demonstra como houve uma articulação dos procuradores e da própria Polícia Federal no sentido de oferecer uma menor importância para o acontecimento, liberando a entrevista solicitada pela *Folha de São Paulo* e pelo *El País* para outros veículos. Na ocasião, tanto o *El País* quanto a *Folha de São Paulo* resolveram tomar medidas jurídicas para assegurar o direito de realizar a matéria e contornar a manobra da Polícia Federal. Os dois jornais[117] obtiveram o direito de realizar a entrevista com Lula, mediante liminar deferida[118] pelo ministro do STF, Ricardo Lewandowski. Porém, a liminar que concedia a entrevista[119] foi suspensa por decisão de outro ministro do STF, Luiz Fux, a pedido do Partido Novo. A medida evidenciou um embate entre dois desembargadores do Supremo Tribunal Federal, órgão máximo do Judiciário brasileiro, porém também uma disputa entre os sistemas judiciário e jornalístico, além de um embate

---

[117] Disponível em: https://www1.folha.uol.com.br/poder/2019/04/lewandowski-desautoriza-pf-a-adaptar--decisao-do-stf-sobre-entrevista-de-lula.shtml. Acesso em: 15 abr. 2021.

[118] Imagem da reportagem da *Folha de São Paulo* disponível na dissertação, "Estratégias de Construções jornalísticas: Lava Jato x Vaza Jato", na página 192: http://repositorio.jesuita.org.br/handle/UNISINOS/9958. Acesso em: 8 ago. 2024.

[119] Disponível em: https://www1.folha.uol.com.br/poder/2018/09/fux-suspende-decisao-de-lewandowski--que-autorizava-entrevista-de-lula-a-folha.shtml e na dissertação "Estratégias de Construções jornalísticas: Lava Jato x Vaza Jato", na página 192. Acesso em: 8 ago. 2024.

político entre partidos. Esse episódio é retomado de forma detalhada pelo The Intercept Brasil, na reportagem que mostra, mediante a transcrição dos diálogos dos procuradores, que realmente foi realizada uma articulação para tentar barrar a entrevista, assim como revela a comemoração dos procuradores diante da decisão de Fux:

> Descartada a possibilidade de impedir a entrevista, eles passaram a debater qual formato traria menos benefícios políticos para Lula: uma entrevista a sós com Mônica Bergamo, ou uma coletiva de imprensa com vários jornalistas. Januário Paludo, por exemplo, propôs as seguintes medidas: "Plano a: tentar recurso no próprio stf, possibilidade Zero. Plano b: abrir para todos fazerem a entrevista no mesmo dia. Vai ser uma zona mas diminui a chance da entrevista ser direcionada." Outro procurador, Athayde Ribeiro Costa, sugeriu expressamente que a Polícia Federal manobrasse para que a entrevista fosse feita depois das eleições, já que não havia indicação explícita da data em que ela deveria ocorrer. Dessa forma, seria possível evitar a entrevista sem descumprir a decisão. [...] Os receios dos procuradores, porém, foram logo acalmados. Às 22h49 do mesmo dia, o procurador Julio Noronha compartilhou mais uma reportagem do Antagonista, dessa vez com uma boa notícia: "Partido Novo Recorre ao STF Contra Entrevista de Lula". Uma hora depois, o clima era de comemoração. O ministro do STF Luiz Fux concedeu uma liminar contra a entrevista, atendendo ao pedido do Partido Novo. Na decisão, o ministro diz que "se faz necessária a relativização excepcional da liberdade de imprensa". Januário Paludo foi taxativo: "Devemos agradecer à nossa PGR: Partido Novo!!!". Os procuradores não demonstraram preocupação com o fato de um ministro do STF ter poder para suspender a liberdade de imprensa – ou de que um partido que se diz liberal entrou com um pedido nesse sentido. Pelo contrário, os procuradores comemoraram a proibição (Greenwald; Pougy, 9 jun. 2019, on-line).

Depois desse texto apresentado, a matéria exibe um diálogo entre os procuradores da força-tarefa da Operação Lava Jato comemorando a proibição do ministro do STF:

> Januário Paludo — 23:41:02 Eu fiquei sabendo agora... (emojis rindo)

Deltan — 23:41:32 Rsrsrs

Athayde Costa – 23:42:02 O clima no stf deve ta ótimo

Januario Paludo – 23:42:11 vai ser uma guerra de liminares...

(Greenwald; Pougy, 9 jun. 2019, on-line).

A reportagem também desmascara as intenções políticas que motivavam os procuradores para tais atos, sendo que publicamente se divulgavam como uma operação imparcial:

> Os procuradores, que por anos garantiram não ter motivações políticas ou partidárias, manifestaram repetidamente nos *chats* a preocupação de que a entrevista, a ser realizada a menos de duas semanas do primeiro turno das eleições, ajudaria o candidato à Presidência pelo PT, Fernando Haddad. Por isso, articularam estratégias para derrubar a decisão judicial de 28 de setembro de 2018, que a liberou — ou, caso ela fosse realizada, para garantir que fosse estruturada de forma a reduzir seu impacto político e, assim, os benefícios eleitorais ao candidato do PT. [...] Assim, levando em conta que Lula "não [se encontra] em estabelecimento prisional, em que pode existir eventual risco de rebelião" e tampouco "se encontra sob o regime de incomunicabilidade", o ministro decidiu em favor da entrevista. [...] Um clima de revolta e pânico se espalhou entre os procuradores. Acreditando se tratar de uma conversa privada que jamais seria divulgada, eles deixaram explícitas suas motivações políticas. A procuradora Laura Tessler logo exclamou: "Que piada!!! Revoltante!!! Lá vai o cara fazer palanque na cadeia. Um verdadeiro circo. E depois de Mônica Bergamo, pela isonomia, devem vir tantos outros jornalistas... e a gente aqui fica só fazendo papel de palhaço com um Supremo desse...". 'ando muito preocupada com uma possivel volta do PT, mas tenho rezado muito para Deus iluminar nossa população para que um milagre nos salve'. Uma outra procuradora, Isabel Groba, respondeu com apenas uma palavra e várias exclamações: "Mafiosos!!!!!!!!!!!!!!!!!!!!!". Após uma hora, Tessler deixou explícito o que deixava os procuradores tão preocupados: "sei lá mas uma coletiva antes do segundo turno pode eleger o Haddad" (Greenwald; Pougy, 9 jun. 2019, on-line).

Para contrapor o discurso político proferido nos *chats* entre os procuradores, o The Intercept Brasil publicou na reportagem um *print* de uma postagem de Deltan Dallagnol em sua conta no Twitter, na qual o procurador compartilhava trechos de um artigo da *Folha de São Paulo*, conforme imagem a seguir, uma estratégia do procurador para tentar reafirmar a imparcialidade da Operação Lava Jato perante a opinião pública:

Figura 11 – Tweet de Deltan Dallagnol na matéria do Intercept

Fonte: reprodução (2019)

Parceria The Intercept Brasil + revista *Veja*

A parceria mais improvável da Vaza Jato deu-se com a revista *Veja*, a mídia que mais celebrou os feitos de Sergio Moro no comando da Operação Lava Jato. A publicação anunciou a adesão à Vaza Jato na capa da edição 2642, com a manchete "Justiça com as próprias mãos". Na capa[120], podemos

---

[120] A capa da revista, a imagem da seção "carta ao leitor" e a reportagem sobre Moro podem ser vistas na dissertação "Estratégias de Construções jornalísticas: Lava Jato x Vaza Jato", na página 195 e 196: http://repositorio.jesuita.org.br/handle/UNISINOS/9958. Acesso em: 8 ago. 2024.

ver a imagem de Sergio Moro, olhando para o leitor e colocando a mão em um dos lados da balança, símbolo da justiça. Na seção "Carta ao Leitor", a revista realiza um *mea culpa* em um texto em que admite ter tratado o juiz Sergio Moro como um herói em suas capas e reportagens. O texto é ilustrado por várias das capas que a revista publicou sobre Sergio Moro.

Os editores também assumem no texto a parceria como The Intercept Brasil, afirmando que, naquele momento, diante das denúncias apuradas, estava dando o seu aval quanto à veracidade dos vazamentos da Vaza Jato. Esse acontecimento se coloca como uma ruptura frente ao jornalismo hegemônico, que o transforma, ao aceitar a Vaza Jato como pauta jornalística, referendando o jornalismo praticado pelo The Intercept Brasil e aceitando os vazamentos como fonte fidedigna. Esse episódio ainda provoca uma retratação bastante ambígua por parte da revista *Veja*, que assume que o juiz Sergio Moro, que antes era protagonista das suas matérias, agora é denunciado. Porém, é preciso fazer a ressalva que a revista *Veja*, embora tenha feito uma autocrítica, não a fez de fato, pois, no mesmo espaço em que assumiu seu equívoco, afirmou que não se arrepende de ter realizado campanha pró-Lava Jato e que o fato de denunciar as irregularidades cometidas não significa que a revista está se posicionando contra Sergio Moro. Segundo a revista, não há como se fechar os olhos para as irregularidades cometidas, pois a denúncia corrobora o discurso de imparcialidade defendido pela *Veja*. Portanto, de acordo com a publicação, a motivação para ingressar na Vaza Jato foi de agir com Moro da mesma forma como a revista agiu com Lula. Lembramos que, um ano depois dessa matéria, no dia 3 de julho de 2020, a mesma revista publicou uma entrevista nas páginas amarelas com Deltan Dallagnol, referindo-se ao procurador como o "chefe da Lava Jato", com a manchete "A Lava Jato não deu apoio ao Bolsonaro[121]", uma referência que podemos considerar subliminar à Sergio Moro e ao fato de o magistrado ter passado de juiz da Operação à ministro do governo federal.

Porém, outra vantagem no estabelecimento da parceria com a Vaza Jato foi a de consolidar, por intermédio da adesão desses dispositivos jornalísticos, uma ampliação da audiência. Glenn Greenwald considerou, inclusive, como um aspecto extraordinário no jornalismo feito pelo The Intercept Brasil o fato de compartilharem o material vazado da Vaza Jato com outros jornalistas, algo que ele não considerava uma prática

---

[121] Disponível em: https://veja.abril.com.br/paginas-amarelas/deltan-dallagnol-a-lava-jato-nao-deu-apoio--ao-bolsonaro#:~:text=A%20Lava%2DJato%20nunca%20foi,a%2candidatura%20de%20Jair%20Bolsonaro. Acesso em: 13 jun. 2022.

recorrente das grandes empresas jornalísticas. Essa atitude abriu um importante precedente de parcerias entre empresas jornalísticas, como se comprovou no consórcio montado para verificação dos casos de coronavírus, em 2020. Portanto, a partir dos exemplos mostrados, afirmamos que a série de reportagens da Vaza Jato gerou um contrafluxo a partir da narrativa provocada pela Lava Jato perante a opinião pública por meio da imprensa hegemônica. Depois das divulgações, a equipe da Lava Jato passou a sofrer contestações, e a Operação sofreu um enfraquecimento da sua reputação, deixando de ser referida como a maior operação contra a corrupção brasileira para se tornar o maior escândalo judicial da história do país. E ao longo dessa trajetória, a imprensa brasileira revelou uma transformação nos seus modos de enunciar, trazendo um outro lado da cobertura da Lava Jato que não havia sido mostrado.

Visão comparativa de transformações de narrativas: *Folha de SP/ Veja*/Globo

Depois de analisar as duas estratégias principais que se interpenetram e se colocam em disputa, tanto da mídia hegemônica quanto da mídia independente, apontando perspectivas diferentes, é verificável que as duas estratégias são, na verdade, bifurcantes, ou seja, levam a dois lados antagônicos, que se disputam. Uma é a estratégia pró-Lava Jato e a outra é a estratégia da Vaza Jato que propõe uma análise crítica e mais analítica sobre a própria Lava Jato. A partir dessa compreensão, foi realizada uma análise comparativa dos materiais publicados de ambas as instituições jornalísticas envolvidas na cobertura jornalística da Lava Jato, verificando aspectos da bifurcação mencionada. Também analisamos se houve como destaque alguma transformação perceptível em seus enunciados e na atuação desta mídia hegemônica, no contexto da midiatização.

Revista *Veja*

A partir da autocrítica de revista *Veja*, publicada na seção "Carta ao Leitor", podemos perceber uma diferença de narrativa na maneira como o juiz Sergio Moro passou a ser retratado em suas páginas. Isso se comprova na reportagem "Moro erra ao tentar criticar capa de VEJA" (edição 2642)[122],

---

[122] Disponível em: https://veja.abril.com.br/politica/moro-erra-ao-tentar-criticar-capa-de-veja. Acesso em: 15 mar. 2021.

na qual a publicação entra em disputa com o magistrado, depois de ter recebido críticas sobre a matéria em parceria com a Vaza Jato.

> No começo da noite da sexta, 5, o Ministro da Justiça Sergio Moro postou em sua conta oficial no Twitter uma mensagem criticando VEJA. "Que constrangedor para a *Veja* a matéria abaixo. Será que tem resposta para isso ou vai insistir na fantasia, como na do juiz que favorece à acusação, mas que absolve os acusados no mesmo processo?". Moro postou em seguida o *link* para um texto publicado por um site que tentou desmentir uma das informações da reportagem "Justiça com as próprias mãos", feita em parceria entre VEJA e o site The Intercept Brasil: a de que, enquanto juiz da Lava Jato, Moro comunicava-se fora dos autos com membros do MPF por meio de um sistema privado de conversas, o Telegram (Paduan, 6 jul. 2019, on-line).

A publicação afirma que Moro declarou haver inconsistências nas informações apresentadas e, no mesmo texto, responde com uma descrição detalhada sobre como as decisões do juiz favoreceram as ações da procuradoria da força-tarefa:

> De acordo com o texto citado pelo ministro da Justiça em seu Twitter, os contatos telefônicos de Moro com pedidos e cobranças ao MPF foram devidamente registrados na época dentro dos processos. Exemplo disso, ainda de acordo com o mesmo texto, seria o despacho datado do dia 2 de fevereiro de 2016. Ele está relacionado a um pedido da defesa de habeas corpus impetrado pela Odebrecht contra o envio de dados, incluindo extratos bancários, da Justiça Suíça à Lava Jato. Em determinado trecho do documento, Moro escreve o seguinte: *"Intime-se o MPF, com urgência e por telefone (já que há acusados presos)"*. O pedido para fazer o telefonema registrado nos autos é um ato burocrático e comum nos processos da Lava Jato – e não tem absolutamente nada a ver com a flagrante irregularidade denunciada pela por AVEJA (confira a arte e os documentos abaixo). Na reportagem, a revista cita um *chat* do Telegram entre Moro e Dallagnol sobre o mesmo assunto (habeas corpus Odebrecht) que começa no dia 2 de fevereiro e se estende até o dia 5. É uma conversa privada entre um juiz e um procurador tratando de detalhes de um processo. Moro informa sobre a petição a Dallagnol às 13h18 do dia 2 e diz que abrirá prazo para

> a manifestação do MPF. A oficialização do ato ocorre às 14h00 (o tal despacho no qual Moro manda intimar por telefone o MPF). No dia 4, às 15h06, Dallagnol envia a Moro pelo *chat* a peça "quase pronta" da manifestação do MPF. "Caso precise adiantar algo", escreve Dallagnol. É uma irregularidade evidente. Trata-se do chefe da força-tarefa enviando a Moro um trabalho inacabado do MPF para que o juiz possa adiantar uma decisão. Como se sabe, pela lei, um juiz determina prazos para manifestações da defesa e da acusação e, de posse das argumentações de cada um dos lados, arbitra a sentença. Não foi o que aconteceu nesse episódio. Dallagnol protocola a manifestação do MPF às 19h13 do dia 5 de fevereiro, quatro horas e sete minutos depois de enviar o "rascunho" da manifestação oficial. Cinco dias depois, Moro decide a favor do MPF. Esse é apenas um dos vários casos citados na reportagem de VEJA em que o ex-juiz não age de forma imparcial, atuando, na prática, como chefe e parceiro do MPF (Paduan, 6 jul. 2019, on-line).

Depois da edição em parceria com a Vaza Jato, a revista *Veja* ainda publicaria outras duas edições com entrevistas exclusivas com Sergio Moro. A primeira foi publicada na edição 2655, em 26 de outubro de 2019, realizada com o ex-juiz ainda como ministro do governo Bolsonaro. A seguir, são mostrados alguns trechos da entrevista, em que são tratados assuntos como a Operação Lava Jato, os diálogos da Vaza Jato e a relação com o presidente Jair Bolsonaro, que Moro afirmou que era seu candidato na eleição de 2022:

> ### *"QUAL FOI O EXAGERO DA LAVA-JATO?"*
>
> *Acusado de parcialidade na condução da Lava-Jato, o ministro vê ataques direcionados para minar os resultados da operação, rebate o discurso de que houve seletividade no que se refere aos alvos das investigações e comenta as revelações feitas pelo ex-procurador Rodrigo Janot, que afirmou ter tentado matar o ministro Gilmar Mendes no STF* "Não houve excesso, ninguém foi preso injustamente. Opinião de militante político não conta, pois desconsidera as provas. A sociedade tem de consolidar os avanços conquistados pela operação. As pessoas falam em excessos, mas qual foi o excesso da Lava-Jato? Essa entrevista do ex-procurador Janot é coisa dele. Não tem nada a ver com Curitiba. É difícil acreditar nessa história. Agora vem essa

discussão de que a ordem das alegações finais seria um erro da Lava-Jato. Os avanços anticorrupção não são de propriedade de juízes ou procuradores. É uma conquista da sociedade, do país. É o país que perde com eventuais retrocessos."

"NÃO HÁ ILEGALIDADE NAS MENSAGENS"

A divulgação de mensagens captadas ilegalmente nos celulares dos procuradores da força-tarefa levantou suspeitas e gerou acusações de atuação imprópria e de parcialidade do então juiz Sergio Moro "No caso das mensagens divulgadas pelo The Intercept Brasil e por outros veículos, mesmo que elas fossem verídicas, não haveria nelas nenhuma ilegalidade. Onde está a contaminação de provas? Não há. É uma questão de narrativa. Houve, sim, exagero da imprensa. Esse episódio está todo superdimensionado. A Polícia Federal está investigando as pessoas que invadiram os celulares. Não está descartada a hipótese de que houve interesses financeiros por trás desse crime. Esses *hackers*, pelo que já foi demonstrado, eram estelionatários. Mas nada vai mudar o fato de que a Operação Lava-Jato alterou o padrão de impunidade da grande corrupção. As pessoas sabem diferenciar o que é certo do que é errado."

"LULA ESTÁ PRESO PORQUE COMETEU CRIMES"

Condenado a vinte anos de prisão por corrupção e lavagem de dinheiro, o ex-presidente pediu ao Supremo Tribunal Federal que decrete a suspeição de Moro. Se isso acontecer, Lula, que está preso há mais de um ano, poderá ser solto e seu processo voltar à estaca zero "Estou bem tranquilo com minha consciência quanto ao que fiz. O exdeputado Eduardo Cunha também diz que é inocente. Aliás, na cadeia todo mundo diz que é inocente, mas a Petrobras foi saqueada. Sempre que há um julgamento importante, dizem que a Lava-Jato vai acabar, que tudo vai acabar. Há um excesso de drama em Brasília. As pessoas pensam tudo pela perspectiva do Lula, embora seja possível que o julgamento do STF sobre a ordem das alegações finais leve à anulação da sentença sobre o sítio de Atibaia. Lula está preso porque cometeu crimes."

"TENTATIVA DE ME INDISPOR COM O PRESIDENTE"

Moro, no entanto, admite que parte dessas intrigas tem origem dentro do próprio governo, inclusive da Polícia

> **Federal, que está sob a jurisdição do Ministério da Justiça** "Brasília é uma cidade onde as intrigas ganham uma dimensão irreal. As mais recentes afirmavam todo dia que eu estava saindo do governo. Há dentro do governo, no Congresso e no Supremo interesses múltiplos que nem sempre são convergentes, mas não entendo muito a lógica dessas intrigas. Toda relação de trabalho tem seus altos e baixos. Minha relação com o presidente é muito boa, ótima. Nunca cheguei perto de pedir demissão. As pessoas inventam histórias. Sei que é mentira, o presidente sabe que é mentira. Não sei direito de onde essas intrigas vêm." (Borges, 26 out. 2019, on-line, grifos meus).

Entretanto, antes dessa entrevista, a revista *Veja* já havia realizado outra edição (2653), falando sobre a polarização entre lavajatistas e bolsonaristas, já percebendo que a relação entre Jair Bolsonaro e Sergio Moro passava por desavenças e disputas políticas, rompimento que se concretizou no mês de maio de 2020. Dessa forma, a edição número 2685 traz uma outra entrevista exclusiva com Sergio Moro, centrada nos conflitos que fizeram com que o magistrado deixasse o governo do presidente Jair Bolsonaro, quando este determinou a troca do diretor da superintendência da Polícia Federal. Nessa matéria, as declarações de destaque mostram uma grande disposição em ouvir a versão da história do magistrado sobre o rompimento com o Planalto. A matéria de capa traz a manchete "Não sou mentiroso" e revela declarações de Moro, afirmando que o ex-juiz apresentaria ao STF provas contra Bolsonaro e que o presidente nunca priorizou o combate à corrupção. Sendo assim, mesmo que a revista *Veja* tenha realmente realizado uma autocrítica, admitindo a sua participação em uma narrativa que ajudou a construir uma figura heroica do juiz Sergio Moro na Lava Jato e que também tenha aderido à Vaza Jato, a publicação ainda manteve em sua estratégia discursiva a defesa ao juiz Sergio Moro e, por diversas vezes, endossou o discurso do magistrado.

Porém, essa narrativa foi abandonada aparentemente, quando, em 2021, o Supremo Tribunal Federal decidiu pela suspeição do juiz Sergio Moro no julgamento de Lula pela Lava Jato. A capa da edição número 2734 surpreendeu pela mudança de tom e de uma representação positiva do ex-presidente Lula na capa, com uma imagem de seu rosto sorrindo e a manchete "De volta ao jogo", em uma sinalização clara de que o político poderia, de fato, ser uma opção para o cenário das eleições presidenciais para 2022. Embora a reportagem afirme que Lula não admitia sua candidatura, a publicação analisou alguns desafios que ele poderia enfrentar em uma possível campanha, como o apoio dos evangélicos e a relação com o empresariado brasileiro. Na mesma edição, a revista, em um espaço de análise, compara Lula a Joe Biden, presidente dos Estados Unidos que derrotou Donald Trump, político de extrema-direita. Entretanto, mostramos, no item a seguir, como comparativo entre as estratégias jornalísticas, a análise da cobertura jornalística do jornal *Folha de São Paulo* em um contexto pós-Vaza Jato, pelo fato de também ter sido, assim como a *Veja*, uma das grandes empresas jornalísticas que aderiram à parceria com o The Intercept Brasil.

Folha de São Paulo

A *Folha de São Paulo* foi o veículo que mais deu aval à Vaza Jato, lançando uma série de reportagens investigativas. Porém, o jornal se manteve fiel às suas próprias gramáticas, buscando mostrar um discurso pluralista, ao admitir que houve parcialidade nas ações da força-tarefa da Lava Jato e nas decisões do juiz Moro. Mas o jornal ainda denomina em suas páginas a Operação Lava Jato como uma grande referência na investigação contra corrupção no Brasil, colocando em suspeição as denúncias contra Lula. Esse indício pode ser comprovado em dois textos. O primeiro é um editorial, com o título "O pós Lava Jato[123]", publicado em 26 de fevereiro de 2021. Nesse texto, o jornal admite que os vazamentos denunciaram as práticas ilegais em um julgamento que se mostrou parcial, mas ainda aponta benefícios sobre a Operação Lava Jato e coloca suspeitas sobre o caso do apartamento, cujas provas não foram apresentadas.

> Desde que vieram a público, em junho de 2019, os primeiros vazamentos de conversas entre investigadores da Lava Jato e o então juiz Sergio Moro, ficou evidente que o ex-presidente Luiz Inácio Lula da Silva (PT) não teve um julgamento imparcial no caso do famigerado apartamento de Guarujá (SP). As gravações mostraram uma proximidade inaceitável entre magistrado e acusadores, o que é razão suficiente para a suspeição. [...] À medida que mais mensagens vão sendo examinadas, mais heterodoxias vão sendo descobertas. É

---

[123] Disponível em: https://www1.folha.uol.com.br/opiniao/2021/02/o-pos-lava-jato.shtml. Acesso em: 15 abr. 2021.

particularmente chocante o diálogo entre dois procuradores debatendo o que devem fazer diante da informação de que uma delegada da Polícia Federal havia lavrado termo de depoimento de testemunha que não fora ouvida. Há não poucas evidências de que a Lava Jato em várias ocasiões extrapolou. Cumpre lembrar, porém, que as gravações resultam de uma invasão ilegal a celulares. Não podem ser empregadas como prova para incriminar ninguém; podem, contudo, ser usadas pelas defesas de réus para pleitear nulidades. Se a Lava Jato nem sempre se comportou como deveria, há ainda mais evidências de que os esquemas de corrupção por ela investigados eram terrivelmente reais. Bilhões de reais desviados foram recuperados, dezenas de envolvidos confessaram seus crimes e grande parte das condenações foi confirmada por instâncias superiores. Isso também vale para Lula —o caso do apartamento merece, claramente, o escrutínio da Justiça (*Folha de São Paulo*, 26 fev. 2021, on-line).

A outra reportagem já deixa bastante evidente a suspeição contra Lula na manchete. Com o título "Conheça suspeitas em torno do ex-presidente Lula, agora ficha limpa por decisão do Supremo[124]", publicada em 20 de março de 2021, a reportagem, escrita pelos jornalistas José Marques e Flávio Ferreira, analisa diversas acusações que foram feitas pela Operação Lava Jato contra Lula, acusações que inclusive tiveram o pedido de arquivamento pelo Ministério Público Federal. A matéria afirma que ainda há casos em andamento contra o ex-presidente Lula que a defesa terá de se ocupar, agora que as decisões da vara de Curitiba foram anuladas. A manchete deixa clara a posição do jornal, que, na enunciação, traz um discurso opinativo, de que o político só está na condição de ser elegível (ficha limpa) por uma decisão do Supremo Tribunal Federal, o que poderia denotar que não foi uma decisão justa, tendo em vista o conteúdo da reportagem. No texto, o jornal apresenta, a cada processo que cita, um aparte, com um texto em que diz relatar a resposta da defesa de Lula, com o subtítulo "o que diz a defesa". No entanto, a assessoria do presidente Lula afirmou que não houve contato, nem com o ex-presidente nem com seus advogados. A alegação consta em um texto[125] publicado no site da

---

[124] Disponível em: https://www1.folha.uol.com.br/poder/2021/03/conheca-suspeitas-em-torno-do-ex-presidente-lula-agora-ficha-limpa-por-decisao-do-supremo.shtml. Acesso em: 30 maio 2021.

[125] Disponível em: https://ptnosenado.org.br/o-jornalismo-de-suspeicao-da-folha-de-s-paulo-contra-lula/. Acesso em: 15 abr. 2021.

bancada do PT no Senado Federal, no qual a Folha é cobrada pelo fato de colocar na matéria como suspeitos inquéritos que já foram arquivados, acusando o jornal da prática de *lawfare*. Outra reportagem também citada no texto é "Empresários querem terceira via para vencer Bolsonaro ou Lula em 2022[126]", da jornalista Bruna Narciso, que entrevista, segundo o jornal, uma "parte importante do empresariado nacional", que considera uma disputa entre Lula e Bolsonaro, em 2022, a pior hipótese para a próxima eleição. Não há, na reportagem da *Folha,* o critério estabelecido para a escolha dos empresários entrevistados e se essa amostra representaria com fidelidade a opinião do empresariado brasileiro, embora, na matéria, haja a menção a Carlos Wizard como um dos entrevistados, que, segundo a própria jornalista, é bastante próximo a Bolsonaro.

Entretanto, o mesmo jornal publicou uma análise autorreferenciada sobre a própria prática jornalística que realizou na cobertura da Operação Lava Jato. Na reportagem publicada em março de 2021, que traz a manchete "Folha cobriu com olhar crítico ao longo de 7 anos de operação[127]", o jornal realiza uma extensa matéria, dividindo por tópicos alguns temas que receberam destaque na publicação sobre o acontecimento. A divisão, que contou com tópicos sobre "Moro", "Dallagnol", "Modus Operandi da operação", "Caso Lula" e "Delações", entre outros, sofreu uma seleção bastante criteriosa do jornal, que elencou os *links* de reportagens que favoreciam o ângulo oferecido no texto, contextualizando de acordo com a perspectiva que queriam apresentar. Observamos que essa característica autorreferente é bastante comum na indústria jornalística brasileira, sobretudo no jornalismo hegemônico. Contudo, analisamos que, embora seja considerada uma narrativa autorreferenciada, ela também pode ser vista como uma tentativa de enquadramento, já que só beneficia o seu ângulo sobre a questão.

Seguimos com a análise comparativa sobre a relação da imprensa hegemônica com relação à cobertura da Operação Lava Jato posteriormente à publicação da Vaza Jato. E um dos casos mais emblemáticos diz respeito à atuação da maior empresa de comunicação do país[128] sobre o caso, a Rede Globo. Mostraremos, no próximo item, não somente como

---

[126] Disponível em: https://www1.folha.uol.com.br/mercado/2021/03/empresarios-querem-terceira-via-para-vencer-bolsonaro-ou-lula-em-2022.shtml. Acesso em: 30 maio 2021.

[127] Disponível em: https://www1.folha.uol.com.br/poder/2021/03/folha-cobriu-lava-jato-com-olhar-critico-ao-longo-de-7-anos-da-operacao.shtml. Acesso em: 16 maio 2021.

[128] Disponível em: https://valor.globo.com/empresas/coluna/maior-grupo-de-comunicacao-do-pais-globo-tem-novo-comando-executivo.ghtml. Acesso em: 16 maio 2021.

a emissora repercutiu os acontecimentos provenientes das revelações dos vazamentos, mas também as relações estabelecidas entre a empresa jornalística com o The Intercept Brasil, o jornalista Glenn Greenwald, o juiz Sergio Moro e o procurador Deltan Dallagnol.

Rede Globo

Uma das maiores preocupações dos jornalistas do Intercept quanto à publicação da Vaza Jato era sobre a temporalidade como decisão editorial: quanto tempo esperar para publicar as reportagens? Havia a necessidade de uma apuração criteriosa do vasto material, mas também a insegurança sobre o *hacker*, que poderia passar os vazamentos para outro jornalista. Resolveram lançar mão de uma estratégia alternativa, que ofereceria parcerias com outros veículos jornalísticos para ajudar na apuração e publicação dos materiais. Decidiram, então, oferecer para a Rede Globo, por levarem em conta o alcance em audiência da maior emissora do país:

> Tinham consciência de que, pela pequena estrutura do site, não conseguiriam esgotar a vastidão dos arquivos sozinhos. Greenwald lembrou que havia feito parcerias com outros veículos para explorar a vasta extensão de documentos vazados por Snowden, em 2013. Fazia sentido repetir a tática. Queriam que o material tivesse impacto, e sabiam que a repercussão seria maior se aliassem aos maiores líderes de audiência. Ao mesmo tempo, acreditavam que ter mais parceiros era uma forma de proteger o The Intercept do contra-ataque dos investigados. A primeira ideia foi oferecer a parceria ao Fantástico, da Rede Globo. A jornalista Sônia Bridi havia feito a cobertura do Caso Snowden, e Greenwald disse que iria procurá-la para oferecer o material. Demori sugeriu que também procurassem a *Folha de São Paulo*. Assim, teriam dois dos maiores veículos, em TV e impresso, para garantir a melhor distribuição. A relutância em prestigiar o Fantástico com exclusividade tinha um motivo adicional. "A Globo nunca fez nenhuma referência ao Intercept", queixava-se Demori. "Eles deram um monte de coisa do Caso Marielle chupando nosso material, sem citar a gente" (Duarte; The Intercept Brasil, 2020, p. 45-46).

Na verdade, o relato sobre essa interação revelou que a relação entre a Rede Globo e o The Intercept já ocorria muito antes da Vaza Jato, porém se entrelaçando com sua origem e com acontecimentos seminais que foram consequências de ações da Lava Jato: o *impeachment* de Dilma Rousseff. Segundo o livro do The Intercept Brasil sobre a Vaza Jato, havia uma desconfiança na sua equipe de que a Rede Globo tivesse algum tipo de veto a eles. O motivo seria um artigo, escrito pelo jornalista e deputado federal David Miranda[129], publicado em 22 de abril de 2016, no jornal britânico *The Guardian*, intitulado[130] *"The real reason Dilma Rousseff's enemies want her impeachment"* [A verdadeira razão pela qual os inimigos da Dilma Rousseff querem o seu *impeachment*]. O texto sugeria que a "emissora alimentava um 'golpe das elites' contra a petista". A resposta veio por meio de uma nota do diretor das Organizações Globo, João Roberto Marinho, publicada incialmente nos comentários do artigo, que depois se tornou um artigo institucional, publicado no dia 24 de abril de 2016, no *The Guardian*, com o título[131] *"Globo's duty to report on the Brazilian crisis"* [O dever da Globo de cobrir a crise brasileira]. David Miranda fez uma tréplica à Marinho, porém publicada no The Intercept, em que respondeu item por item as colocações do comentário feito ao seu artigo. O texto de resposta com o título "João Roberto Marinho me atacou no The Guardian e tentou enganar o mundo. Eis minha resposta[132]" foi publicado em 25 de abril de 2016. A primeira contestação de Miranda refere-se à argumentação de Marinho (trecho em negrito em itálico) de que o *impeachment* da Dilma Rousseff só começou por causa das investigações da Operação Lava Jato:

> *O artigo do Sr. David Miranda ("A verdadeira razão dos inimigos de Dilma Rousseff quererem cassá-la", de 21 de abril, publicado pelo The Guardian) pinta uma completamente falsa imagem do que está acontecendo no Brasil hoje. Ele não menciona que tudo começou com uma investigação (chamada Operação Lava-Jato), que por sua vez revelou o maior esquema de suborno e corrupção na história do país, envolvendo os principais membros*

---

[129] David Michael dos Santos Miranda foi jornalista, estrategista de marketing e político brasileiro, filiado ao Partido Democrático Trabalhista. Foi deputado federal pelo estado do Rio de Janeiro e um dos fundadores do The Intercept Brasil. Era casado com o jornalista Glenn Greenwald com quem tinha três filhos. Ele faleceu de complicações decorrentes de um quadro de infecção gastrointestinal em 9/05/2023.

[130] Disponível em: https://www.theguardian.com/commentisfree/2016/apr/22/razao-real-que-os-inimigos-de-dilma-roussef-querem-seu-*impeachment*. Acesso em: 14 abr. 2021.

[131] Disponível em: https://www.theguardian.com/world/2016/apr/24/globo-duty-to-report-on-the-brazilian-crisis. Acesso em: 14 abr. 2021.

[132] Disponível em: https://theintercept.com/2016/04/25/joao-roberto-marinho-me-atacou-no-guardian-e-tentou-enganar-o-mundo-eis-minha-resposta/. Acesso em: 14 abr. 2021.

do Partido dos Trabalhadores (PT), assim como líderes de outros partidos da coalizão do governo, funcionários públicos e magnatas dos negócios.

O que é "completamente falso" é a tentativa de João de levar os leitores a acreditarem que a Lava Jato é o que está por trás do *impeachment* de Dilma. É verdade que o PT, como a maioria dos grandes partidos, se mostrou repleto de enormes problemas de corrupção, e que muitas de suas figuras estão implicadas na Lava Jato. O caso jurídico para o *impeachment* não está, no entanto, baseado em nada daquilo, mas em argumentos de que ela manipulou o orçamento público para fazê-lo parecer mais forte do que realmente era. A enganosa tentativa de João de confundir o público estrangeiro misturando a operação Lava Jato com o *impeachment* de Dilma exemplifica perfeitamente o tipo de fraude e o viés pró-*impeachment* que a Globo vem disseminando institucionalmente por mais de um ano (Miranda, 25 abr. 2016, on-line, grifos do autor).

O debate continua no artigo de Miranda, conforme texto a seguir, em que ele rebate os argumentos de Marinho (em negrito itálico) de que a Globo sempre fez uma cobertura imparcial do *impeachment* de Dilma:

A imprensa brasileira em geral, e o Grupo Globo, em particular, cumpriram o seu dever de informar sobretudo, como teria sido o caso em qualquer outra democracia no mundo. Vamos continuar a fazer o nosso trabalho, não importa quem possa ser afetado pela investigação. A sugestão de que a Globo é uma organização de notícias neutra e imparcial — ao invés de principal braço de propaganda da oligarquia brasileira — é cômica para qualquer um que já tenha assistido a seus programas. A rigor, a parcialidade da Globo, e em particular de seu principal show noturno de notícias, o Jornal Nacional, tem sido tão escancarada que se tornou uma fonte inesgotável de piadas. Essa é uma razão pela qual os manifestantes pró-democracia escolheram os edifícios das organizações Globo como alvos.

Precisamente para evitar qualquer acusação de incitar manifestações de massa — como o Sr. Miranda agora nos acusa — o Grupo Globo cobriu os protestos sem nunca anunciar ou dar parecer sobre eles em seus canais de notícias antes de acontecerem. Globo tomou medidas iguais sobre comícios para a presidente Dilma Rousseff e con-

> *tra o impeachment: ela cobriu todos, sem mencioná-los antes deles realmente ocorrem, concedendo-lhes o mesmo espaço que foi dado aos protestos anti-Dilma. Quando o processo de impeachment começou na Câmara "Baixa" do Congresso, alocamos igual tempo e espaço para a defesa e acusação.* Que as corporações de mídia dominantes no Brasil são braços de propaganda de direita dos ricos não está em discussão. O universalmente respeitado grupo Repórteres sem Fronteiras acabaram de mostrar o Brasil em 104º lugar no ranking de liberdade de imprensa, explicando que isso se deve, em grande parte, ao fato de que a mídia no país é dominada e controlada por um pequeno número de famílias muito ricas: de maneira pouco velada, o principal grupo de mídia nacional exortou o público a ajudar na derrubada da Presidenta Dilma Rousseff. Os jornalistas que trabalham para esses grupos de mídia estão claramente sujeitos à influência dos interesses privados e partidários, e esse permanente conflito de interesses ocorre em claro detrimento da qualidade de seu jornalismo. Jornalistas estrangeiros residentes no Brasil frequentemente apontam para o fato de que as principais organizações de mídia brasileiras são o oposto de neutras e imparciais. Stephanie Nolen, repórter do Canadense Globe and Mail baseada no Rio, escreveu no mês passado sobre uma coluna da revista *Veja*, que classificou como uma "revista distribuída nacionalmente e que se inclina, como a maioria da mídia brasileira, para a direita." Alex Cuadros, jornalista americano há muito tempo residente no Brasil, observou: "os principais meios de comunicação se inclinam politicamente para a direita, e sua cobertura frequentemente reflete isso." Disse ainda: "Há muito pouca crítica da mídia no Brasil que não seja descaradamente partidária, então as grandes revistas podem distorcer os fatos sem grande medo de censura." O colunista da Folha, Celso Rocha de Barros, documentou como a mídia dominante no Brasil tem obsessão por notícias de corrupção relacionadas ao PT enquanto minimizam ou ignoram notícias igualmente chocantes sobre líderes da oposição de sua predileção (Miranda, 25 abr. 2016, on-line, grifos do autor).

No dia 2 de agosto de 2016, Glenn Greenwald publicou um texto em que informa a criação do The Intercept Brasil, iniciativa que conta com a colaboração de David Miranda e seu assistente Andrew Fishman. No texto, Greenwald diz que o "foco inicial será o julgamento e a votação final do *impeachment* da Presidente Dilma Rousseff no Senado Federal, assim como matérias sobre os Jogos Olímpicos do Rio de Janeiro". Em 2019, sua equipe recebe os arquivos da Vaza Jato.

Verificamos, então, que a ruptura oferecida pelo The Intercept Brasil à narrativa estabelecida pela imprensa hegemônica brasileira foi o desdobramento de uma tensão entre atores do sistema jornalístico que já estavam em disputa. Greenwald, de fato, procurou Sonia Bridi para buscar uma parceria com a Rede Globo, que recomendou que ele procurasse o repórter Eduardo Faustini, especialista da emissora em jornalismo investigativo. Eles se encontraram na sede da Globo no dia 5 de junho:

> Na reunião com Faustini, falou que tinha "uma grande bomba a explodir" e que estava certo de que iria interessar ao Fantástico, mas antes de revelar o conteúdo queria ter certeza de que a Globo não tinha algo contra o Intercept. Faustini disse que precisava saber mais detalhes sobre o conteúdo. Que bomba era aquela? Greenwald temia que, se compartilhasse a história com antecedência, sem formalizar a parceria, a informação pudesse vazar dentro da Globo e chegar ao ex-juiz Sergio Moro. Caso autoridades tivessem conhecimento prévio do assunto, poderiam tentar impedir a publicação do material - como já havia acontecido com outros jornalistas. Um dos precedentes havia sido uma decisão da Justiça do Rio, em novembro de 2018, proibindo a própria TV Globo de divulgar o conteúdo de qualquer parte do inquérito policial do Caso Marielle. "Precisamos antes saber se a Globo tem algum veto contra o Intercept", Greenwald insistia. Faustini respondeu que não tinha conhecimento de qualquer impedimento. Greenwald disse que precisariam ter certeza e solicitou que o repórter levasse o caso às instâncias superiores. [...] A resposta oficial do Fantástico nunca chegou (Duarte; The Intercept Brasil, 2020, p. 47).

Depois da Vaza Jato já consolidada, o The Intercept Brasil publicou, de maneira inédita, a reportagem "Um transatlântico: o namoro entre a Lava Jato e a Rede Globo[133]" no livro *Vaza Jato: os bastidores das reportagens que sacudiram o Brasil*, lançado em 2021. A matéria também foi publicada posteriormente no site do The Intercept Brasil. A reportagem revela que

---

[133] Disponível em: https://www.intercept.com.br/2021/02/09/namoro-lava-jato-rede-globo/. Acesso em: 14 abr. 2021.

o procurador Deltan Dallagnol buscou articular uma parceria com a Rede Globo em várias frentes, procurando estabelecer relações com repórteres e ao marcar um encontro reservado com José Roberto Marinho, diretor executivo de jornalismo da Globo. O primeiro contato veio por intermédio de um colega do Ministério Público Federal, chamado Daniel Azevedo:

> Deltan, jantei na semana passada com o José Roberto Marinho (com quem tenho um ótimo contato desde a Rio +20) da Globo e conversei sobre a campanha e novas formas de aprofundarmos a divulgação. Falamos por alto em uma série no jornal nacional comparando os modelos de combate a corrupção de outros países e mostrando como as 10 medidas aproximaria o Brasil dos sistemas mais eficientes do mundo, mas há abertura para outras ideias. O diretor executivo de jornalismo da Globo está em contato conosco para conversar sobre o assunto. Vou fazer uma conversa inicial e colocá-lo em contato com você tudo bem?", escreveu o procurador em agosto de 2015, no grupo Parceiros/MPF–10 Medidas. "Shou heim", vibrou Dallagnol (Duarte; The Intercept Brasil, 2020, p. 266).

A reportagem mostra, mediante a revelação dos diálogos entre os procuradores da força-tarefa e Deltan Dallagnol, que havia uma prática de retenção de informações para que fossem publicadas pelo Jornal Nacional:

> Até ali, Dallagnol e equipe privilegiavam a Globo sempre que possível. Em 3 de julho de 2015, por exemplo, enquanto o grupo comemorava mais um avanço nas investigações, o procurador pediu para os colegas segurarem a informação. "Não passem pra frente, vamos dar pro JN de amanhã em princípio...", disse no grupo FT–MPF 2, se referindo ao principal programa jornalístico da emissora, o Jornal Nacional. Dallagnol queria repassar à Globo a descoberta, até ali restrita à força-tarefa, de que o ex-diretor da Petrobras Paulo Roberto Costa recebeu depósitos em contas na Suíça em datas próximas a telefonemas trocados entre Bernardo Freiburghaus, apontado como operador da Odebrecht, e Rogério Araújo, um executivo da empreiteira. O assunto permaneceu oculto no dia 3 de julho, mas voltou à tona entre os procuradores três dias depois (Duarte; The Intercept Brasil, 2020, p. 267).

A reportagem ainda publicou diálogos entre Deltan e os procuradores da força-tarefa da Operação Lava Jato que deixam clara essa prática de retenção de informações com o objetivo de serem divulgadas com exclusividade no Jornal Nacional. Também publicou posteriormente um diálogo[134] entre Dallagnol com uma outra pessoa ligada ao telejornal (provavelmente uma produtora) sobre o prazo máximo em que poderiam enviar as informações para que a entrega pudesse coincidir com o prazo de fechamento do programa, o que demonstra uma clara relação de interpenetrações que ultrapassa a temporalidade do fechamento dos processos jurídicos que busca atender à temporalidade dos fechamentos dos processos jornalísticos:

> 6 de julho de 2015 — *Chat* pessoal
>
> Deltan Dallagnol — 11:18:20 — Oi [NOME SUPRIMIDO[135]], devo passar para Vc ou para [NOME SUPRIMIDO] aquele material?
>
> Dallagnol —— 11:18:28 — Ele deu uma melhorada até
>
> Dallagnol — 11:18:48 — Pergunto pq ele me perguntou a respeito...
>
> [NOME SUPRIMIDO] — 11:19:40 — Oi dr deltan. Aquele o sr deve passar para mim
>
> [NOME SUPRIMIDO] — 11:19:48 — Imagino que ele tenha ficado sabendo depois né
>
> [NOME SUPRIMIDO] — 11:20:20 — Obrigada por me contar
>
> [NOME SUPRIMIDO] — 11:20:40 — Ele te perguntou do material hoje ou na sexta?
>
> [NOME SUPRIMIDO] — 11:20:48 — Pq conversamos na quinta-feira Dallagnol — 11:21:47 — Sexta depois de eu te ligar, mandou uma msg
>
> [NOME SUPRIMIDO] — 11:21:47 — Então é pra mim mesmo, eu pedi primeiro, ele deve ter me ouvido conversar com a editora rs
>
> Dallagnol — 11:21:59 — como não falamos para mais ninguém, imaginei que Vc falou...

---

[134] O *print* da imagem do diálogo pode ser acompanhado no texto da dissertação em que se baseia esta obra, "Estratégias de Construções jornalísticas: Lava Jato x Vaza Jato", página 210: http://repositorio.jesuita.org.br/handle/UNISINOS/9958. Acesso em: 8 ago. 2024.

[135] No trecho que aparece na reportagem do The Intercept Brasil, o nome de jornalista da Globo é suprimido por se tratar de uma conversa com a fonte, situação contemplada pelo código de ética da profissão jornalística e apontada pelo TIB na matéria.

[NOME SUPRIMIDO] — 11:22:08 — Pois é! Eu não falei!

[NOME SUPRIMIDO] — 11:22;32 — Mas tudo bem, fica entre nós

[NOME SUPRIMIDO] — 11:22:40 — Posso passar aí ou quer definir um horário

Dallagnol — 11:23:08 — Vamos nos falando. Mas te passo hoje com certeza. Qual o limite de horário?

[NOME SUPRIMIDO] — 11:23:28 — Umas 17h no máximo. Senão aperta o fechamento da matéria e pode não ir ao ar por conta disso

Dallagnol — 11:23:32 — Qdo for lá, queria entender melhor esse negócio do [NOME SUPRIMIDO]...

Dallagnol — 11:23:40 — Ok

[NOME SUPRIMIDO] — 11:23:44 — A gente conversa lá

Dallagnol — 11:30:15 — Pode passar 17h lá. Se ficar pronto antes, aviso

[NOME SUPRIMIDO] — 11:30:35 — Combinado

(Demori; Martins; Neves, 9 fev. 2021, on-line).

Posteriormente, Dallagnol avisa aos procuradores[136] do Ministério Público de Curitiba sobre o prazo máximo em que o material deve ser enviado para que possa ir ao ar na edição do Jornal Nacional daquele dia:

6 de julho de 2015 — *Chat* FT MPF Curitiba 2

Deltan Dallagnol — 11:17:28 — Caros não juntem as info da Ode antes de conversarmos

Dallagnol — 11:17:45 — Moro vai esperar para info em HCs

Dallagnol — E estou falando com JN

Athayde Costa — 11:20:36 — Cf passou para o Estadao

Costa — 11:21:39 — Brincadeirinha....

Costa — 11:22:36 — to tentando com a tim os extratos de 2009 tb

---

[136] O *print* da imagem do diálogo pode ser acompanhado no texto da dissertação em que se baseia esta obra, "Estratégias de Construções jornalísticas: Lava Jato x Vaza Jato", na página 209: http://repositorio.jesuita.org. br/handle/UNISINOS/9958. Acesso em: 8 ago. 2024.

Dallagnol— 11:29:52 — Limite para passar pro JN é 17h

(Demori; Martins; Neves, 9 fev. 2021, on-line).

Essa prática, demonstrada mediante a publicação dos diálogos de Deltan Dallagnol com a jornalista e, posteriormente, com os procuradores da força-tarefa, demonstra que havia uma declarada prática de retenção de informações para que fossem publicadas exclusivamente pela emissora, em um caso em que se comprova uma processualidade típica da midiatização atravessando a Operação Lava Jato. Segundo a reportagem do The Intercept, a informação foi realmente aproveitada e abriu caminho para uma relação proveitosa entre os procuradores da força-tarefa e os jornalistas da emissora:

> A informação de Dallagnol realmente foi aproveitada pela Globo, que veiculou uma reportagem de quase dois minutos no Jornal Nacional daquela noite, 6 de julho. A matéria mostra trechos de um pedido do MPF para manter as prisões de Marcelo Odebrecht e dois executivos da empreiteira. O argumento eram as novas descobertas sobre as movimentações da empreiteira no exterior. Esse documento já estava pronto desde o dia 2 de julho, mas ainda não tinha sido juntado aos autos da Justiça Federal do Paraná — ou seja, não estava público. A força-tarefa só anexou esse documento no processo às 20h19 do dia 6: onze minutos antes do início do Jornal Nacional daquela noite. Uma espécie de vazamento legalizado. No dia 21, um repórter da emissora perguntou pelo Telegram se o coordenador da Lava Jato faria alguma denúncia na sexta-feira seguinte. Dallagnol abasteceu o jornalista. "Haverá denúncias sim, e não comente com ninguém mas te garanto que Vc não vai se arrepender. Venha. Mas não comente com ninguém. A ASSCOM vai informar jornalistas amanhã só, creio", adiantou. "Vc não sabe disso", acrescentou Dallagnol (Duarte; The Intercept Brasil, 2020, p. 269).

Outra situação que evidencia a relação típica da ambiência da midiatização, demonstrando as relações interpenetrantes entre sistemas, no caso da Operação Lava Jato, é o pedido de Deltan Dallagnol para que a assessoria de imprensa da força-tarefa promovesse um encontro entre o procurador e o colunista Merval Pereira, como mostra o trecho[137] a seguir:

---

[137] O *print* da imagem do diálogo pode ser acompanhado no texto da dissertação em que se baseia esta obra, "Estratégias de Construções jornalísticas: Lava Jato x Vaza Jato", na página 211: http://repositorio.jesuita.org.br/handle/UNISINOS/9958. Acesso em: 8 ago. 2024.

> Mais tarde, Dallagnol recorreu à sua assessoria com outro pedido relacionado à Globo: "queria falar com Merval Pereira. Onde ele fica? SP ou RJ? Queria uma conversa sem objeto definido, para ele nos conhecer por uma conversa comigo. Vcs intermediam isso por favor?"
>
> 9 de novembro de 2015 — *Chat* DD — [NOME SUPRIMIDO[138]]
>
> Assessor 1 — 11:33:56 — Acho que ele fica no Rio, mas preciso confirmar. De qualquer forma, quer mesmo fazer contato com ele? Almoço com João Roberto Marinho, conversa com o Merval... Não sei, talvez seja "aproximação" demais com a Globo.
>
> Assessor 3 — 11:35:00 — concordo. qual é o objetivo exatamente, dr?
>
> Deltan Dallagnol — 11:59:08 — Faz tempo que quero falar com Merval. Um sexto sentido. Não costumo seguir intuição, mas essa me acompanha há uns meses.
>
> Dallagnol — 12:16:15 — [NOME SUPRIMIDO], Vc liga lá por favor e tenta conseguir um espaço? (Demori; Martins; Neves, 9 fev. 2021, on-line).

Segundo a reportagem, essa relação se intensificou ainda mais após um encontro reservado de Dallagnol com João Roberto Marinho, vice-presidente de administração e presidente dos conselhos editorial e institucional do Grupo Globo, seguido de uma conversa com o colunista Merval Pereira. A intenção do procurador era de estabelecer uma parceria para divulgar as 10 medidas contra a corrupção e as ações da força-tarefa. Logo depois do encontro, a empresa começou a se manifestar publicamente favorável à Operação Lava Jato:

> Nos dias seguintes, o procurador solicitou uma lista de pedidos a fazer à cúpula da Globo no grupo de coordenadores do projeto das dez medidas no MPF: "Caros, mantenham restrito por favor, mas almoçarei com João Roberto Marinho, responsável pela parte de programação da globo. Preciso saber o que exatamente pedir que seja realista é factível, na forma de duas ou três alternativas", escreveu. [...] Merval Pereira publicou um artigo que já trazia resultados da sua aproximação com a empresa. O colunista (e membro do

---

[138] Segundo a reportagem do The Intercept Brasil, os nomes suprimidos neste diálogo não tratam de pessoas que atendam ao interesse público.

Conselho Editorial do Grupo Globo) levou para as páginas de O Globo um texto intitulado "Atrás da prova concreta", no qual falava sobre como os procuradores discutiam nos bastidores a busca da Lava Jato por provas sólidas para denunciar Lula. O texto trazia aspas de procuradores anônimos e respostas para as críticas de que a operação demorava para avançar — e mencionava as dez medidas de combate à corrupção como forma de consolidar os avanços da Lava Jato. Dallagnol comemorou o "fruto da conversa com Merval", como escreveu no Telegram a assessores, e mandou o *link* do artigo. "Já tinha lido. Percebi seu "discurso oculto" na hora... rsrs", respondeu um dos assessores. No almoço, o procurador, enfim, teve o encontro com João Roberto Marinho. Menos de um mês depois do almoço secreto entre o executivo e Deltan Dallagnol, o jornal O Globo publicou o editorial "Combate à corrupção passa pelo fim da impunidade". Estava selado o alinhamento entre a Lava Jato e a família Marinho (Duarte; The Intercept Brasil, 2020, p. 273).

A partir desses dois encontros, a parceria selada entre a Lava Jato e as Organizações Globo foi admitida por Dallagnol em uma conversa com os procuradores da força-tarefa, que foi publicada na reportagem do The Intercept Brasil, como mostra o diálogo[139] a seguir:

27 de novembro de 2015 – *Chat* FT MPF Curitiba 2

Deltan Dallagnol – 12:42:27 – Caros esqueci de contar algo importante... Na correria, passou. Mas tem que ficar restrito. Almocei na quarta com João Roberto Marinho. É ele quem, segundo muitos, manda de fato na globo. Responsável pela área editorial do grupo. A pessoa que mais manda na área de comunicação no país. Quem marcou foi Joaquim Falcao. Para evitar repercussão negativa, foi na casa do Falcao. Falei do grupo, do trabalho e das medidas. Falei da guerra de comunicação que há no caso. Ele ouviu atentamente e deu seu apoio às 10 medidas. Vai abrir espaço de publicidade na globo gratuitamente.

Andrey Mendonça – 13:04:03 – [emojis de palmas] Parabéns Deltinha!

Januário Paludo – 13:04:20 – Bah!!! (Demori; Martins; Neves, 9 fev. 2021, on-line).

---

[139] O *print* da imagem do diálogo pode ser acompanhado no texto da dissertação em que se baseia esta obra, "Estratégias de Construções jornalísticas: Lava Jato x Vaza Jato", na página 212: http://repositorio.jesuita.org. br/handle/UNISINOS/9958. Acesso em: 8 ago. 2024.

É importante destacar que, na mensagem, Deltan reforça a necessidade de se encontrar com Marinho, que, segundo ele, "é a pessoa que mais manda na área de comunicação do país". Também precisa ser destacada a definição, dada por Dallagnol, sobre a "guerra de comunicação que há no caso". Somente esses dois indícios já demonstram de maneira categórica a preocupação excessiva com as processualidades comunicacionais mantida pelo procurador-chefe da Operação Lava Jato, um agente do sistema judiciário. Portanto, foram a partir dessas articulações que a parceria consolidada entre a Operação Lava Jato e a Rede Globo trouxe para a Operação um aval tão grande de credibilidade à inciativa jurídica, que seus atores adquiriram o status de heróis e suas ações eram completamente aceitas pelo sistema jurídico, midiático e político, sem ressalvas:

> Os meses seguintes mostraram que a estratégia de recrutar o grupo de comunicação como aliado foi um sucesso e componente fundamental para a operação moldar a percepção pública e disseminar informações favoráveis. As críticas praticamente desapareceram. Por anos, a Globo trabalhou com a operação Lava Jato numa parceria de benefício mútuo. O arquivo da Vaza Jato mostra que a força-tarefa antecipava informações para jornalistas da emissora e dava dicas sobre como achar detalhes quentes nas denúncias. A Globo usava os furos para atrair audiência e servia como uma plataforma para amplificar o ponto de vista dos procuradores. O espaço dado à defesa dos suspeitos e investigados viraria nota de rodapé, e minguava a esperada distância crítica que jornalistas precisam ter de suas fontes e de grupos políticos que são tema de suas reportagens. A parceria da Globo com a Lava Jato foi fundamental para consolidar a imagem de heróis que procuradores e o ex-juiz e ex-ministro da Justiça Sergio Moro sustentaram por anos. Quando os trechos de delações — algumas delas até hoje não homologadas pela justiça — continham acusações contra políticos, ganhavam as manchetes da Globo, e da imprensa em geral, em letras garrafais. Mas, quando as acusações se provaram falsas ou não puderam ser comprovadas — como ocorreu com frequência —, não se noticiou o fim das suspeitas ou a absolvição de acusados com o mesmo destaque, com consequências desastrosas para a reputação dos envolvidos (Duarte; The Intercept Brasil, 2020, p. 277).

Um dos exemplos sobre esse aval que a Operação Lava Jato obteve da Rede Globo é um episódio, citado na matéria do The Intercept Brasil, no qual Deltan Dallagnol antecipou voluntariamente uma informação a um repórter da TV Globo, sobre a delação de Fernando Moura, que admitiu ter mentido em seu depoimento ao juiz Sergio Moro, de que não teria sido aconselhado por José Dirceu (ex-ministro petista) a deixar o país em 2005, por conta da repercussão do caso do Mensalão. Deltan, então, comenta[140] com o repórter sobre o fato e ainda tenta sugerir o enquadramento que a interpretação jornalística deveria ter:

> Na tarde do dia 28 daquele mês, o procurador Roberson Pozzobon anunciou aos colegas que havia acabado de tomar o depoimento de Fernando Moura. Era um delator da Lava Jato que havia dito, na colaboração, ter sido aconselhado pelo ex-ministro José Dirceu a fugir do país em 2005, na esteira do caso Mensalão. Em depoimento a Sergio Moro, no entanto, Moura voltou atrás e negou ter recebido essa recomendação do petista. O assunto estava na mira da imprensa nacional naquele dia, porque os advogados de Moura tinham acabado de abandonar a defesa do cliente devido à contradição entre os testemunhos. Naquela tarde, Moura confessou aos procuradores, em depoimento gravado, ter mentido a Moro. Foi esse vídeo que Dallagnol ofereceu à Globo (Duarte; The Intercept Brasil, 2020, p. 276).
>
> 28 de janeiro de 2016 — *Chat* pessoal
>
> Deltan Dallagnol — 18:36:20 — O Moura disse que JD o orientou a ir para o exterior para proteger JD e o partido
>
> [NOME SUPRIMIDO] — 18:37:00 — Vixe... isso é muito bom!
>
> [NOME SUPRIMIDO] — 18:37:28 — Obrigado por me ligar! Falei com ela, ela está correndo prai. Abração!
>
> Dallagnol — 19:14:09 — Mas destaca por favor a questão de ele ter se desmentido e ter alegado que foi ameaçado para ter mentido...
>
> Dallagnol — 19:14:44 — Ele fo ouvido em procedimento de apuração de violação do acordo, instaurado por uma questão lógica, porque ele disse "A" e depois "não-A", o que deixa evidente que em um dos momentos ele mentiu

---

[140] O *print* da imagem do diálogo pode ser acompanhado no texto da dissertação em que se baseia esta obra, "Estratégias de Construções jornalísticas: Lava Jato x Vaza Jato", na página 213: http://repositorio.jesuita.org.br/handle/UNISINOS/9958. Acesso em: 8 ago. 2024.

> [NOME SUPRIMIDO] — 19:31:30 — Boa! Tem toda razão! Falei pra ela. Abração!! E mais uma vez obrigado. PS. Duque está fazendo delação? [emoji de macaco fechando os olhos] heheheh
>
> [NOME SUPRIMIDO] — 19:31:30 — Parabéns! Vcs vão conseguir esclarecer toda essa história!!
>
> Dallagnol — 19:33:44 — [três emojis de sinal positivo com o dedo polegar] (Demori; Martins; Neves, 9 fev. 2021, on-line).

A reportagem[141] foi veiculada na edição do Jornal Nacional do dia 28 de janeiro de 2018, com o enquadramento esperado, sob o título: "Fernando de Moura confessa que mentiu ao juiz Sergio Moro". Na mesma reportagem publicada pelo The Intercept Brasil, há o relato de que o material foi anexado nos autos do processo, praticamente antes de o jornal ir ao ar, o que revela uma sincronia da processualidade jurídica com os objetivos midiáticos de suas ações:

> Enquanto Dallagnol alertava o jornalista da Globo para a existência dos vídeos com a confissão do delator, eles eram anexados aos processos, para que já estivessem públicos quando a reportagem fosse ao ar: as gravações foram juntadas aos autos às 19h18 e apareceram na edição do Jornal Nacional pouco mais de uma hora depois (Duarte; The Intercept Brasil, 2020, p. 277).

Outra situação denunciada na reportagem da Vaza Jato foi a relação de intimidade entre o procurador Deltan Dallagnol e o repórter Vladimir Netto, que cobria a Operação Lava Jato pela TV Globo em Curitiba. De acordo com a reportagem do The Intercept Brasil, o jornalista foi consultado por Dallagnol sobre como poderia revidar às críticas à condução coercitiva de Lula, que ocorreu por ordem do juiz Sergio Moro, como mostram os diálogos[142] a seguir:

> 4 de março de 2016 — *Chat* pessoal
>
> Deltan Dallagnol — 16:20:49 — Vc acha que temos que fazer nota sobre a condução coercitiva?

---

[141] Disponível em: https://globoplay.globo.com/v/4771383/. Acesso em: 15 abr. 2021.

[142] O *print* da imagem do diálogo pode ser acompanhado no texto da dissertação em que se baseia esta obra, "Estratégias de Construções jornalísticas: Lava Jato x Vaza Jato", na página 215: http://repositorio.jesuita.org.br/handle/UNISINOS/9958. Acesso em: 8 ago. 2024.

Vladimir Netto — 16:23:36 — Não

Netto — 16:24:02 — Pra q? Não vejo o q vcs poderiam ganhar com isso

Netto— 16:24:18 — Rsrs entendi o recado Rsrs

Netto — 16:25:02 — O CF foi muito bem na coletiva ao abordar esse ponto. [...]

5 de março de 2016 — *Chat* FT MPF Curitiba 3

Deltan Dallagnol — 18:51:12 – Falei com Vladimir neto e ele acha que não valeria a pena pq so reaviva, a não ser que seja para soltar agoea para não deixar Moro sozinho. Mas ele acha que teria de ser muuuuito serena pq estamos mais expostos do que Moro na avaliação dele

Jerusa Viecelli — 18:51:22 — Os artigos do J e do Robinho estão sensacionais! Mas agora não é o momento.

Dallagnol — 18:51:34 — Teria que dizer que pedida por razões técnicas sem ficar bradando igualdade etc

Dallagnol — 18:51:56 — Mandei a nota para ele e espero as impressões dele

Dallagnol — 18:51:58 — Por mim, soltamos pq não deixo amigo apanhando sozinho rs. Independentemente de resultado, soltaria por solidariedade ao Moro

Carlos Fernando dos Santos Lima — 18:53:14 — Concordo.

Dallagnol — 18:53:16 — Mas deixaria mais amena do que está

Dallagnol — 18:53:24 — O máximo possível

Santos Lima — 18:53:27 — Sugestão?

Laura Tessler — 18:53:37 — Concordo contigo, Deltan, mas deixaria como está

Santos Lima — 18:53:42 — Não adianta também soltar um picolé de chuchu.

Dallagnol — 18:53:59 — Kkkk

Dallagnol — 18:54:11 — Blz, assino embaixo

Dallagnol — 18:54:39 — Querem esperar as impressões do Vladimir Neto? É um cara ligado em imprensa e política [...]

5 de março de 2016 — *Chat* pessoal

> Deltan Dallagnol — 19:27:31 — Acabou ficando boa parte do começo, mas com base em seu olhar tiramos 2 itens inteiros. Acabou pesando a solidariedade à nota de hoje
>
> Dallagnol — 19:27:41 — Obrigado Vladimir!
>
> Netto — 19:29:57 — De nada! Fico feliz em ajudar. Já soltaram a nota? Ainda dá tempo de sair no JN
>
> Dallagnol — 20:04:17 — Soltamos
>
> (Demori; Martins; Neves, 9 fev. 2021, on-line).

A partir da leitura dos diálogos, percebemos que o jornalista não somente aconselhou o procurador sobre a redação da nota, como também lembrou Dallagnol de que ainda havia tempo para o material ser publicado naquela edição do Jornal Nacional. De fato, a nota foi veiculada na edição[143] do Jornal Nacional do dia 5 de março de 2016. Essas duas atitudes denunciam uma relação não somente de interpenetração entre os sistemas jurídico e jornalístico, mas uma relação de coautoria, de uma participação ativa do jornalista da Rede Globo na edição de um texto da assessoria do Ministério Público de Curitiba, que seria veiculado com exclusividade na emissora que ele trabalha. É importante reforçar que, nessa parte da reportagem da Vaza Jato, tanto na versão on-line quanto no livro, os jornalistas do The Intercept Brasil explicam que sempre omitiram o nome dos jornalistas que conversavam com os procuradores da força-tarefa, por argumentar que eram nomes de personagens que não eram de interesse público, porém a exceção ocorria quando essas pessoas houvessem cometido desvios éticos, crimes ou ilegalidades.

A equipe do The Intercept Brasil também deixou claro que decidiu, neste caso, publicar o nome do repórter Vladimir Netto, por entender "que ajudar funcionários públicos na confecção de uma nota para rebater publicamente a defesa de um réu é desvio ético e nada tem a ver com a relação habitual entre o jornalista e a fonte". O Intercept, porém, oferece no livro o direito de resposta a Netto, que negou a existência dos diálogos, e à própria Rede Globo, que afirmou que ouviu todas as partes envolvidas e sempre foi contra a corrupção. Entretanto, a reportagem do The Intercept Brasil relatou com detalhes a relação entre o procurador e o jornalista, reproduzida no texto a seguir:

---

[143] Disponível em: http://g1.globo.com/jornal-nacional/edicoes/2016/03/05.html. Acesso em: 16 maio 2021.

Após três horas de depoimento, Lula saiu falando grosso e convocou uma entrevista em que se comparou a uma cobra venenosa e prometeu vingança: "Se tentaram matar a jararaca, não bateram na cabeça, bateram no rabo". A temperatura também subiu em Brasília: havia mal-estar com as críticas de que a condução de Lula fora arbitrária. Era a opinião, entre outros, do ministro Marco Aurélio Mello, do Supremo Tribunal Federal, e do advogado Alberto Toron, famoso criminalista que defendeu, na Lava Jato, nomes como o deputado Aécio Neves, o ex-presidente da Petrobras Aldemir Bendine, e Fernando Bittar, sócio de um dos filhos de Lula. Incomodado com as críticas, Dallagnol acionou Vladimir Netto, repórter do Jornal Nacional e autor de um livro sobre a Lava Jato que estava, então, às vésperas de ser lançado. Ambos conversavam com frequência pelo Telegram desde novembro de 2014, e a correspondência trocada no aplicativo, até abril de 2019, enche 35 páginas de livro. Aproveitando a intimidade, o procurador perguntou a opinião do jornalista sobre como agir naquela situação. Netto foi em frente — ainda que os Princípios Editoriais do Grupo Globo digam que "é altamente recomendável que a relação com a fonte, por mais próxima que seja, não se transforme em relação de amizade" (Duarte; The Intercept Brasil, 2020, p. 278).

No mesmo mês em que a Rede Globo exibiu com exclusividade o vazamento da ligação telefônica entre o ex-presidente Lula e a então presidenta Dilma Rousseff, a reportagem do The Intercept Brasil revelou que Deltan Dallagnol comemorava nos *chats* dos grupos da força-tarefa da Lava Jato no Telegram sobre a adesão da Globo à campanha das 10 medidas contra a corrupção:

Em meados de março, Dallagnol comemorava a adesão da Globo à campanha das dez medidas: "Lu, os vídeos estão bombando, assim como divulgação em programas... ontem Faustão, hoje Ana Maria Braga...", escreveu para a promotora Luciana Asper. Dias depois, Dallagnol escreveu a uma assessora de imprensa do MPF em Brasília para comunicar que falara com Marinho sobre a cobertura de "dois eventos" — um deles certamente a entrega do projeto de lei das dez medidas contra a corrupção no Congresso, dali a uma semana: "NOME SUPRIMIDO, reservado: falei com o João Roberto Marinho, e ele falou que vão cobrir os 2 eventos.

Agradeci o vídeo que está entrando no ar hoje". Naquele mesmo ano, Dallagnol começaria a cogitar sua candidatura ao Senado, incentivado por, entre outras pessoas, a promotora Luciana Asper, do Distrito Federal, voluntária da campanha pelas dez medidas. O vídeo mencionado por Dallagnol é uma peça publicitária criada para uma campanha da Associação Nacional dos Procuradores da República, entidade de classe da categoria, intitulada "Juntos Contra a Corrupção". Conforme prometeu ao chefe da Lava Jato, a Globo veiculou a peça gratuitamente em sua programação (Duarte; The Intercept Brasil, 2020, p. 281).

Em 2019, em entrevista[144] à Agência Pública, o jornalista Glenn Greenwald realizou uma análise crítica sobre a participação da imprensa hegemônica na cobertura jornalística da Lava Jato, admitindo que, depois da Vaza Jato, houve, de fato, uma mudança de narrativa de modo geral, sendo a única exceção a Rede Globo, pois, segundo o jornalista, a emissora é parceira da Operação Lava Jato e vice-versa:

> *Como você avalia a repercussão a partir da própria imprensa brasileira? Hoje, por exemplo, você disse que "a estratégia da Globo é a mesma que os governos usam contra aqueles que revelam seus crimes" e que "a Globo é sócia, agente e aliada de Moro e Lava Jato".*
>
> É incrível porque, para mim, o tempo todo, a grande mídia não estava reportando sobre a Lava Jato, ela estava trabalhando para a Lava Jato. Com uma exceção que é a Folha de S. Paulo. A Folha, para mim, manteve uma distância, uma independência, estava criticando, questionando... Mas a Globo, Estadão, *Veja*, o tempo todo estavam simplesmente recebendo vazamentos, publicando o que a Força-Tarefa queria que eles publicassem. Mas, na realidade, preciso falar que depois de publicar o que publicamos, acho que com uma exceção, que é a Globo, a grande mídia está reportando o material de forma mais ou menos justa, com a gravidade que merece. [...] A única exceção é a Globo mas essa é uma exceção enorme por causa do poder do Jornal Nacional que está quase tratando a história somente como um crime — e o único crime que interessa é o da nossa fonte, que eles acham que ela cometeu. Eles não têm quase nenhum

---

[144] Disponível em: https://apublica.org/2019/06/glenn-greenwald-a-globo-e-a-forca-tarefa-da-lava-jato-sao-parceiras/. Acesso em: 15 abr. 2021.

interesse nas gravações e no comportamento do Moro, do Deltan. Eles estão falando sobre o comportamento da fonte e, na realidade, eles não sabem nada. Mas é interessante porque isso é comportamento de governo.

Como assim?

Quando você denuncia ações de corruptos ou trata de problemas sobre o governo, ele sempre tenta distrair falando somente sobre quem revelou essa corrupção, quem divulgou esses crimes para criminalizar pessoas, jornalistas ou fontes que revelaram o material. Essa estratégia, não dos jornalistas, é o que a Globo está usando. Porque a Globo e a força-tarefa da Lava Jato são parceiras. E os documentos mostram isso, né? Não é só eu que estou falando isso por causa da Globo. Os documentos mostram como Moro e Deltan estão trabalhando juntos com a Globo e nós vamos reportar, então eu sei disso já e a reportagem está mostrando. Mas o resto da grande mídia está tratando a história com a gravidade que merece. É impossível para todo mundo que está lendo esse material defender o que Moro fez. Impossível! (Domenici, 11 jun. 2019, on-line, grifos meus).

A entrevista gerou um pedido de resposta das organizações Globo, que publicou uma nota no site da Agência Pública:

Segue esclarecimento da Comunicação da Globo sobre a entrevista de Glenn Greenwald, publicada por seu veículo. Glenn Greenwald procurou a Globo por e-mail no último dia 29 de maio para propor uma nova parceria de trabalho. Em 2013, a emissora já havia dividido com ele o trabalho sobre os documentos secretos da NSA referentes ao Brasil. Uma parceria que mereceu elogios dele pela forma como foi conduzido o trabalho. Greenwald ficou ainda mais agradecido por um gesto da Globo. Nas reportagens que a emissora divulgou, em algumas frações de segundo era possível ver nomes de funcionários da agência americana, que não trabalhavam em campo, mas em escritório. Mesmo assim, tal exposição poderia levá-lo a responder a um processo em seu país natal, os Estados Unidos. A Globo, então, assumiu sozinha a culpa, declarando que, durante a realização da reportagem, Greenwald se preocupava sobremaneira com a segurança de seus compatriotas. Tal atitude o livrou de qualquer risco. Ao e-mail do dia 29 de maio seguiram-se alguns telefonemas na tentativa de conciliar agendas (ele estava viajando) para um encontro, finalmente marcado. Ele ocorreu na redação do Fantástico no dia 5 de junho. Na conversa, insistindo em não revelar o tema, ele disse que tinha uma grande "bomba a explodir" e repetiu que queria voltar a dividir o trabalho com a Globo, pelo seu profissionalismo. Mas, antes, gostaria de saber se a emissora tinha algo contra ele, sem especificar claramente os motivos da pergunta, apenas dizendo que falara mal da Globo em algumas ocasiões. Provavelmente se referia a um artigo que seu marido, o deputado David Miranda, do PSOL, tinha publicado no Guardian com mentiras em relação à cobertura do *impeachment* da presidente Dilma Rousseff. O artigo foi rebatido por João Roberto Marinho, presidente do Conselho Editorial do Grupo Globo, fato que deu origem a comentários desairosos do próprio Greenwald. Na conversa de 5 de junho, ele afirmou que "tudo estava no passado". Prontamente, ouviu que jamais houve restrição (de fato, David Miranda já foi inclusive convidado para entrevista em programa da GloboNews). Greenwald ouviu também, com insistência, por três vezes, que a Globo só poderia aceitar a parceria se soubesse antes o conteúdo da tal "bomba" e sua origem, procedimento óbvio. Greenwald se despediu depois de ouvir essa ponderação. A Globo ficou aguardando até que, na sexta-feira à tarde, Greenwald mandou um e-mail afirmando que não recebeu nenhuma resposta da Globo e que devia supor que a emissora não estava interessada em reportar este material. Como Greenwald, no e-mail, continuava a sonegar o teor e origem da "bomba", não houve mais contatos. Não haveria como assumir qualquer compromisso de divulgação sem conhecimento do que se trata. No domingo, seu site, o Intercept, publicou as mensagens atribuídas ao ministro Sergio Moro e procuradores da Lava-Jato, assunto que mereceu na mesma noite destaque em reportagem de mais de cinco minutos no Fantástico (e depois em todos os telejornais da Globo). Na segunda, uma funcionária do Intercept sugeriu que o programa Conversa com Bial entrevistasse um dos editores do site para um debate sobre jornalismo investigativo. Como o próprio site anunciou que as publicações de domingo eram apenas o começo, recebeu como resposta que era conveniente esperar o conjunto da obra, ou algo mais abrangente, antes de se pensar numa entrevista. Por tudo isso, causam indignação e revolta os ataques que ele desfere contra a Globo na entrevista publicada na Agência

> Pública. Se a avaliação dele em relação ao jornalismo da Globo e a cobertura da Lava-Jato nos últimos cinco anos é esta exposta na entrevista, por que insistiu tanto para repetir "uma parceria vitoriosa" e ser tema de um dos programas de maior prestígio da emissora? A Globo cobriu a Lava-Jato com correção e objetividade, relatando seus desdobramentos em outras instâncias, abrindo sempre espaço para a defesa dos acusados. O comportamento de Greenwald nos episódios aqui narrados permite ao público julgar o caráter dele (Organizações Globo, 2019 *apud* Agência Pública, 12 jun. 2019, on-line).

De fato, a Rede Globo noticiou a publicação da Vaza Jato no programa Fantástico, exibido no dia 9 de junho de 2019, porém, mesmo que estivesse tratando-se de denúncias com relação ao ministro da Justiça, a notícia só mereceu uma nota simples de 5 minutos, lida pelos apresentadores Poliana Abrita e Tadeu Schmidt. Eles fizeram um resumo sobre algumas denúncias apontadas nas reportagens pelo The Intercept Brasil, porém reforçaram que as matérias foram baseadas em um conteúdo extraído de maneira ilegal dos celulares dos procuradores.

Os jornalistas referiram, o tempo todo, a expressão "segundo o Intercept" para abordar as denúncias. E embora um artigo da constituição brasileira tenha sido atribuído ao motivo que embasou juridicamente a reportagem do The Intercept Brasil, demonstrando a irregularidade da relação entre procuradoria e juiz, os apresentadores do Fantástico contra-argumentaram que consultaram especialistas (não identificados), que não constataram conduta ilegal nas mensagens. A nota também mencionou as respostas vindas de notas oficiais de Sergio Moro e da força-tarefa da Lava Jato, que lidas na íntegra e juntas, ocuparam metade do tempo da notícia. O jornalista Glenn Greenwald também comentou no seu perfil do Twitter sobre a parcialidade da Globo nos seus espaços jornalísticos com relação às denúncias da Vaza Jato:

Figura 12 – Tweets de Greenwald em contestação à Rede Globo

Fonte: reprodução (2019)

Outros dois episódios relacionados à Globo e à maneira como essa empresa jornalística realiza a cobertura da Lava Jato diz respeito ao julgamento[145] do STF, que votou, em 2021, pela suspeição das decisões do juiz Sergio Moro com relação ao julgamento de Lula. O ministro Gilmar Mendes, ao prestar seu voto, afirmou que houve uma cumplicidade da imprensa com relação às ações ilegais da Operação Lava Jato, no sentido de que a divulgação jornalística, como publicizante das ações da operação, de acordo com os critérios de noticiabilidade pretendidos pela força-tarefa, seria justamente considerada uma estratégia central colocada em prática em parceria entre os sistemas judiciário e jornalístico, comentário que gerou uma nota em resposta da própria TV Globo[146], lida ao vivo no programa Jornal Nacional pelo apresentador William Bonner:

> Gilmar Mendes afirmou que os procuradores agiam de modo a obter grande repercussão de suas ações. O ministro citou mensagens da operação *Spoofing* sobre atos da Lava Jato que poderiam produzir notícias, e atacou a imprensa, dizendo que havia uma cumplicidade de jornalistas com procuradores.

> "Colhe-se das conversas que o juiz Sergio Moro opinava ativamente quanto ao momento ideal do indiciamento. 'Utilizo esse grupo PF/Lula. Seria importante fazer a denúncia logo. O que acham de um eventual indiciamento de Lula pela PF antes da denúncia? Seria notícia'. Veja a estratégia de marketing, a notícia era muito importante. Esse é um dado importante que precisa ser registrado. Tudo isso não se realizaria sem um tipo de cumplicidade. Veja: tudo isso não se realizaria sem um tipo de cumplicidade da imprensa. É bom que se diga isso. Este modelo de estado totalitário que se desenhou teve complacência da mídia. Tudo tinha que ser noticiado dentro dessa perspectiva".

> Em relação ao jornalismo da Globo, é preciso dizer que aqui nós nos dedicamos a registrar os fatos, as suas repercussões e os seus desdobramentos. Como estamos fazendo agora, na cobertura do julgamento da suspeição do ex-juiz Sergio Moro (Jornal Nacional, 9 mar. 2021).

---

[145] O Plenário do Supremo Tribunal Federal confirmou, no dia 23 de junho de 2021, por sete votos a quatro, a decisão da 2ª Turma que declarou o ex-juiz Sergio Moro, suspeito para julgar o então ex-presidente Lula no caso do triplex do Guarujá, em São Paulo. Com o resultado, as acusações contra Lula seriam anuladas.

[146] Notícia disponível em: https://tvefamosos.uol.com.br/noticias/redacao/2021/03/09/jn-responde-declaracao-de-gilmar-mendes-registramos-os-fatos.htm. Acesso em: 16 maio 2021.

Outra ação que deve ser destacada é o espaço dado ao juiz Sergio Moro pela TV Globo em seus espaços jornalísticos, mesmo depois de a suspeição de suas ações como juiz da Operação Lava Jato ter sido confirmada pelo Supremo Tribunal Federal. No dia 29 de março de 2021, o magistrado recebeu 5 minutos de reportagem no Jornal Nacional, divulgando uma *live*[147] realizada por Moro com empresários, em que defende a sua atuação como juiz na Lava Jato. Tendo em vista a análise de todos os materiais, apresentamos, a seguir, algumas considerações sobre esse processo de leitura do material apresentado. Neste item, assinalamos alguns aspectos acerca das relações de disputas argumentativas e acoplamentos entre cada uma das coberturas apresentadas neste trabalho, para, em seguida, apresentarmos a conclusão da pesquisa em um âmbito geral.

Inferências sobre os materiais analisados

A partir da análise dos materiais jornalísticos das estratégias jornalísticas sobre a Lava Jato e a Vaza Jato, é possível destacar alguns aspectos. Durante o surgimento da Operação Lava Jato até a prisão de Lula, a estratégia argumentativa que imperava nos materiais jornalísticos era a sugerida pelos operadores jurídicos da Lava Jato, que, ao adotar lógicas midiáticas em seus processos, contaram com a adesão da imprensa hegemônica ao seu discurso.

Nessa narrativa, a intenção era provar que Lula era o chefe de um esquema de corrupção que relacionava a inciativa privada e o setor público, com a anuência do governo federal. A figura de Lula emerge como elemento principal dessa construção, pois é a partir da representação imagética sobre o político perante a sociedade que a operação construiu sua estratégia narrativa. E essa construção foi o que motivou as ações dos operadores da Lava Jato e provocou o interesse da mídia, pois foi mediante a campanha do antipetismo que a Operação Lava Jato ganhou força. Sendo assim, para que a narrativa surtisse efeito, fazia-se necessária a construção de uma estratégia argumentativa que objetivasse a derrocada política do líder do Partido dos Trabalhadores. E, nesse primeiro momento, o juiz Sergio Moro assumiu o lugar de antagonista de Lula, sendo identificado pela própria imprensa como o comandante das ações da Operação Lava Jato, tendo como cúmplice e parceiro o procurador Deltan Dallagnol.

---

[147]   Transmissão realizada ao vivo por meio de um aplicativo de transmissão de vídeo, como Zoom, Teams ou Google Meet.

Entretanto, se não fosse a estratégia produzida pelo The Intercept Brasil, por meio da Vaza Jato, a parcialidade do juiz Sergio Moro não se tornaria perceptível, pois não foram somente os vazamentos que desmascararam as atividades ilegais do juiz e dos procuradores da força-tarefa. Foi também mediante a elaboração da narrativa criada pelo Intercept que a estratégia da Operação Lava Jato foi desmontada. A ação do The Intercept Brasil provocou uma ruptura da narrativa da Lava Jato, a partir da exposição dos diálogos vazados. Esse elemento foi determinante para desmontar a credibilidade que a Operação Lava Jato gozava perante a opinião pública. E foi logo após a Vaza Jato que essa narrativa começou a ser desconstruída, dando lugar a uma nova estratégia argumentativa, que se colocou em disputa com a primeira.

Durante a análise dessa cobertura jornalística como um todo, ficou claro que houve uma mudança de outras narrativas. Um dos casos mais emblemáticos é o do jornalista Reinaldo Azevedo, que migrou do lugar de um colunista com viés antipetista para se tornar um dos primeiros jornalistas a apoiar a Vaza Jato, para posteriormente acabar entrevistando[148] de maneira amistosa o ex-presidente Lula, embora mantenha como convicção política uma ideologia direitista-liberal, como ele mesmo se define.

Percebe-se, entretanto, haver, por parte da mídia hegemônica, uma falha de compreensão quanto a uma transformação no entorno comunicacional e sobre as lógicas do próprio sistema, que, em uma ambiência midiatizada, sofrem uma ressignificação. Há ainda, por parte dessa mesma mídia hegemônica, uma tentativa de agendamento que, visando a pautar a esfera pública, não percebe que também é pautada por esta. Compreende-se tal movimento no jornalismo praticado pela Rede Globo, que se comporta no cenário jornalístico brasileiro como o catalisador do debate jornalístico dentro do campo jornalístico hegemônico, sendo seguido pelo jornal *Folha de São Paulo* e pela revista *Veja*, embora esses dois últimos veículos acrescentem, segundo as gramáticas próprias, ângulos interpretativos que atendam aos seus próprios contratos de leitura. No caso da *Folha*, a sua estratégia se consolida a partir da tentativa de mostrar que o jornal procura sempre demonstrar um discurso pluralista, o que, na verdade, não se confirma de fato. Entretanto, a análise das publicações deixa evidente a atitude de tomar uma posição diante dos fatos que publiciza, seguindo

---

[148] Entrevista de Lula para Reinaldo Azevedo para o programa "O é da coisa – especial", exibido pela Rádio Band News FM e no canal do Youtube da emissora no dia 1 de abril de 2021. Disponível em: https://www. youtube.com/watch?v=vlvjciPQrq4. Acesso em: 26 abr. 2021.

um discurso autorreferente e bastante opinativo, praticado tanto pela *Folha* como pela *Veja*, pois se posicionam como veículos declaradamente defensores da Operação Lava Jato e só mudam essa narrativa quando a opinião pública modifica sua visão sobre o assunto, em grande parte por conta das ações da Vaza Jato. Contudo, mesmo assim esses veículos ainda se demonstram fiéis às suas gramáticas.

Contudo, um dos aspectos mais contundentes desse caso faz referência à maneira depreciativa como a *Veja* apresenta algumas personalidades em suas capas, sobretudo com relação ao ex-presidente Lula. Nesse sentido, inferimos que foi conveniente para algumas empresas jornalísticas a adesão à estratégia antipetista da Lava Jato, pois essas empresas reafirmaram, mediante suposições, tal como também fazem os procuradores da Lava Jato, a prática de denúncias não fundamentadas e suspeitas sem indícios que não se configuram em uma prática de informação. E percebemos que essas mesmas empresas não apresentam pudor em trazer uma narrativa incoerente se isso atender aos seus interesses econômicos e políticos, algo que se demonstrou pelo episódio que ocorreu depois da Vaza Jato, no qual a revista *Veja* modificou a sua a narrativa, apresentando, em 2021, uma matéria de capa em que admite Lula como candidato, sem nenhuma conotação irônica ou agressiva.

Observamos também que a mídia hegemônica mostra de fato uma forte característica autorreferencial quando justifica ao seu público que apenas mostra os fatos de maneira imparcial e neutra (não significando, com isso, que o jornalismo praticado seja realmente neutro ou imparcial), sendo que o seu próprio contrato de leitura denota que o leitor já compreenda as gramáticas e os valores da publicação que consome e, exatamente por isso, os acesse ou os rejeite. É necessário compartilhar com o público a sua posição editorial e política, porque essa estratégia faz parte do contrato de leitura que se desenvolve junto ao público leitor, embora o seu próprio público identifique essa posição, mesmo que ela não seja declarada. Seus leitores são assim participantes desse processo, pois também são coautores e coemissores de processos, segundo *feedbacks* complexos, gerados nas interpenetrações entre as duas instâncias. É exatamente essa dinâmica que é aproveitada estrategicamente pelo The Intercept.

Os veículos da imprensa hegemônica apresentam para seus públicos, como regra, uma gramática parecida, que é de defender o que é mais conveniente no momento, conforme o caso da *Folha* e da *Veja*. Porém, o que se percebe é que houve uma divergência nesse processo de construção a partir do caso da Rede Globo. A emissora, em momento algum, admitiu em seus espaços jornalísticos a má conduta do juiz Sergio Moro, demonstrando uma postura declaradamente combativa com relação a Luiz Inácio Lula da Silva. Além disso, como demonstrado, a Rede Globo articulou, internamente com os operadores da Lava Jato, uma parceria de apoio mútuo. Neste caso, a emissora ofereceu ao magistrado um amplo espaço de defesa, além de sempre responder na defensiva as acusações de que praticara um jornalismo parcial na cobertura da Lava Jato, no *impeachment* de Dilma e no julgamento de Lula.

O surgimento do The Intercept trouxe uma perspectiva diferente ao jornalismo brasileiro, pois se colocou de forma perspicaz no meio de um acontecimento em desenvolvimento, oferecendo uma nova alternativa de leitura do fato a partir desse acontecimento jornalístico. Também fez emergir disputas e negociações, com o objetivo de publicizar conteúdos, dessa maneira, agindo estrategicamente para que seu alcance e sua credibilidade se ampliassem. Um dos exemplos apresentados na leitura desenvolvida foram as parcerias estabelecidas com outros veículos integrantes ao sistema da mídia hegemônica. Outra estratégia foi o trabalho realizado pelos jornalistas do Intercept, no momento em que eles demonstraram preocupação não somente com a apuração jornalística, mas também com outros aspectos, como se aconselhar com seus advogados sobre procedimentos a serem adotados (o que mostra uma clara ação de interpenetração entre sistemas, na qual o sistema jurídico intervém nas ações do sistema jornalístico) e a grande preocupação dedicada às práticas de segurança digital. Também foi utilizada como estratégia a figura dos jornalistas envolvidos na Vaza Jato, principalmente Glenn Greenwald e Leandro Demori, apresentados como ativistas em prol do jornalismo, seja em entrevistas, seja em palestras ou eventos em geral, o que gerou um forte engajamento ao trabalho realizado por eles. Porém, a autorreferencialidade da estratégia narrativa do The Intercept Brasil difere-se da praticada pelos veículos da mídia hegemônica, porque consistiu no esclarecimento dos processos de apuração de maneira transparente, apresentando indícios e, inclusive, referindo-se a outras mídias. Percebemos que há uma disputa interpretativa entre as coberturas da Lava Jato e da Vaza Jato, sendo que a primeira se baseia na acusação contra o ex-presidente Lula, com o objetivo de dar visibilidade à Operação Lava Jato. E a segunda é justamente a ruptura dessa narrativa, a partir de uma construção jornalística que se contrapôs à cobertura jornalística hegemônica, revelando que a Lava Jato era uma estratégia de comunicação que se apoiava da instrumentação judiciária com fins políticos.

Conclusões sobre o caso

Uma das maiores revelações da Vaza Jato foi a de demonstrar que a Operação Lava Jato tinha o foco centralizado em referências oriundas da midiatização em processo, segundo operações comunicacionais, que foram o objeto de nossa análise. Nessas operações, o operador jurídico se deslocou de seu campo e interveio no circuito social, devido à sua interpenetração com o sistema jornalístico hegemônico, capturando indícios que são dinamizados, em termos interpretativos, em favor de sua narrativa, gerando uma série de efeitos. É fato que houve, na Operação Lava Jato, uma instância do discurso jurídico que se centrou em duas frentes: uma, a partir da atuação do Ministério Público, protagonizada principalmente por Deltan Dallagnol, e outra, mediante as ações do juiz Sergio Moro, juiz do caso e que influenciava as ações do Ministério Público. Observa-se que o magistrado agiu de maneira colaborativa com os procuradores federais, centrando-se em três estratégias: a primeira, utilizando-se do aparato de assessoria de comunicação do Ministério Público Federal, e a segunda, publicando artigos sobre o assunto. Já a terceira estratégia se valeu de esquemas de comunicação que estavam dentro do MP, mas que se transformaram em esquemas de comunicação que tinham o objetivo de se comunicar com a sociedade, publicizando, por intermédio dos meios de comunicação, ações do campo jurídico, como apreensões, depoimentos e mandados de busca. Tudo isso fez parte dessa conjugação de fluxos com base em processos técnico-comunicacionais que se passam na sociedade em midiatização, segundo operações que envolvem contatos, acoplamentos e várias formas de entrelaçamentos. O que se fazia anteriormente, na sociedade dos meios, onde os campos/sistemas guardavam fronteira uns com os outros, atualmente se passa hoje no ritmo de simultaneidade, de quase plasmagens. Há momentos em que o discurso jurídico está tão revestido pelo discurso midiático que nem parece fala de um jurista, mas enunciações jornalísticas, uma vez que os operadores de comunicação permeiam, por exemplo, textos e alocuções do juiz. A Vaza Jato se insere nesse circuito, segundo ruptura desse modelo de narrativa, quando mostra, a partir das publicações das conversas entre os integrantes da Operação

Lava Jato, uma série de inconsistências entre a narrativa que estava sendo apresentada e o que de fato ocorria, como a interferência de Moro na atuação da equipe de procuradores da Operação Lava Jato.

Dessa maneira, está muito claro que a publicização em torno do vazamento da ligação entre Dilma Rousseff e Lula, embora, mais distante, foi um dos catalisadores da própria derrocada da narrativa da Lava Jato. Esse acontecimento inicial já revelava que a Lava Jato se desdobraria como uma operação que se engendrou no contexto da midiatização. Isso porque ela ocorreu na medida em que sua gênese e o desdobramento de suas ações manifestaram-se por intermédio dos entrelaçamentos de operações de complexas estratégias de ações comunicacionais, dinâmicas que envolviam mídias e outros sistemas. E, ao privilegiar a mídia, a Lava Jato não apenas se volta para o problema da anunciabilidade dos fatos, mas também para subordinar a sua própria gênese e os efeitos de circulação às lógicas da midiatização em processo. Assim, a centralidade das mídias não se destacava apenas pelo papel dos meios em si, mas pela sua importância na construção de fatos, em um contexto e uma ambiência já permeados por dinâmicas e referencias da midiatização.

Alguns aspectos e injunções dessa ambiência já afetavam diferentes sistemas sociais, como o jurídico e político, que recorriam aos elementos da midiatização como possibilidade, não só de fazer anunciar suas ações, mas também de revesti-las com operações e lógicas de mídia de diferentes dimensões, como jornalísticas e publicitárias, por exemplo. É através dessa realidade que essas diferentes práticas – política, jurídica e comunicacional – se contatam e se "contaminam". Então, valemo-nos, de alguma forma, de uma construção do historiador Pierre Nora sobre o acontecimento, quando ele diz "que não há acontecimento sem os media" (1976, p. 181). Dessa afirmação, pode-se compreender que a intenção de Moro era justamente estabelecer uma aliança midiática entre os campos jurídico e midiático, para estabelecer uma narrativa específica, que promovesse a exposição e a legitimação da Lava Jato.

Assim, a Lava Jato acabou se tornando-se um grande fenômeno que não somente provocou disputas no campo midiático e jornalístico, mas também no campo judiciário. Um dos exemplos é a criação, em 2016, do Movimento[149] Juízes pela Democracia, em que diversos juristas lançaram

---

[149] Disponível em: https://www.conjur.com.br/2016-mar-18/advogados-juizes-protestam-violacoes-lava-jato. Acesso em: 29 abr. 2021.

um manifesto[150] contra a Operação Lava Jato, iniciativa rechaçada[151] por entidades como Ajufe e ANPR[152]. O caso também se tornou tema de debate no Supremo Tribunal Federal, que julgou como parciais as decisões do juiz Sergio Moro quanto ao julgamento do ex-presidente Lula, em 2021.

Outros desdobramentos no campo jurídico desse caso também foram relatados no texto "Depois da Vaza Jato", do livro *Vaza Jato: os bastidores das reportagens que sacudiram o Brasil*, lançado pela equipe do The Intercept Brasil e a jornalista Letícia Duarte. O texto informa sobre a libertação de Lula, em 8 de novembro de 2019, e que sua soltura ocorreu posteriormente à decisão do Supremo Tribunal Federal, que derrubou a possibilidade de prisão após condenação em segunda instância. Outro desdobramento no campo jurídico, relatado pelo The Intercept Brasil, foi a revisão de outras posições jurídicas, tais como a garantia de que réus delatados falem por último nos processos.

Porém, esse fenômeno também operou transformações no sistema jornalístico. O próprio sistema jornalístico condenou a atuação oficialista que ajudou a conferir um caráter de credibilidade para a Operação, sem admitir contestações. Porque os operadores jurídicos da Lava Jato se utilizaram do código de seus sistemas como uma ferramenta para avaliar suas ações perante a opinião pública, justamente pelo fato de que a discursividade jurídica é densamente técnica e de difícil compreensão ao senso comum. Assim, é um fato incontestável de que a imprensa referendou os argumentos dos procuradores da Lava Jato como verdade, somente porque aceitou os atores dessa operação como autoridades, que desenvolviam de modo autorreferencial a validade do ponto de vista do sistema jurídico como um todo. Somente quando a Vaza Jato surgiu é que os sistemas judiciário e jornalístico foram forçados a refletir sobre as condutas dos atores do judiciário, aceitando que a operação obteve visibilidade porque foi fruto de uma campanha midiática, cujo objetivo era meramente político. Em favor desse argumento, reside o fato de que os próprios atores da Operação Lava Jato já argumentaram publicamente e nos diálogos vazados que o apoio do sistema midiático seria fundamen-

---

[150] Disponível em: https://www.change.org/p/ministério-da-justiça-defesa-da-legalidade-democrática?recruiter=512885219&utm_source=share_for_starters&utm_medium=copyLink. Acesso em: 29 abr. 2021.

[151] Disponível em: https://camilavazvaz.jusbrasil.com.br/noticias/297086644/juizes-e-procuradores-criticam-carta-de-advogados-contra-a-lava-jato. Acesso em: 29 abr. 2021.

[152] Respectivamente, Associação dos Juízes Federais do Brasil e Associação Nacional dos Procuradores da República.

tal para o sucesso da operação. Nesse sentido, ocorrem as autopoieses estimuladas pelos novos dispositivos midiáticos e pelas novas relações que se instituem entre as redes sociais, que recirculam os acontecimentos midiatizados e outros sentidos, que não são mais propostos pelo sistema jornalístico, mas pela dinâmica da produção de sentidos da ambiência midiatizada, que sofre interpenetrações de todos os sistemas (inclusive o jornalístico) e dos atores sociais.

Outra questão agregadora ao sistema jornalístico foi a ressignificação das mídias independentes, que passaram a ser vistas com relevância, como consequência da série de estratégias realizadas pelo The Intercept Brasil, como a parceria com outras mídias hegemônicas, o que ampliou o alcance de disseminação. Também é possível perceber algumas práticas tentativas, como a divulgação das matérias por meio das redes sociais oficiais do The Intercept Brasil e o disparo de newsletters, medida que objetivava oferecer um conteúdo inédito ao leitor que se inscrevia, assim como a realização de eventos alusivos às discussões sobre a Vaza Jato, o que contribuiu para uma circulação sobre o assunto, que abrangeu um circuito que transitou além do alcance que a sua publicação poderia oferecer. Também é importante reforçar que um dos efeitos dessa intervenção interpretativa é a criação de novos circuitos, cujos fluxos de leituras passam-se mediante os comentários em redes sociais e no site oficial, assim como nas discussões acadêmicas, em colunas opinativas e em reportagens, o que também fez amplificar a circulação para outras fronteiras. Nesse sentido, observamos nesses fluxos uma dinâmica de interpenetração de sistemas diversos, que movimentam os dois níveis de acontecimento (Lava Jato e Vaza Jato) a partir de disputas intersistêmicas que geram novos sentidos. Sendo assim, essa relação entre circuitos desenrola-se em um fluxo adiante, mas retorna a ressignificar sentidos de microacontecimentos ocorridos em um passado recente, pois eles acabam sendo referidos novamente, assim, gerando uma nova e complexa temporalidade. Então, os sentidos produzidos sobre esses dois acontecimentos seguem sendo recirculados e ressignificados nesse fluxo adiante.

Outra singularidade desse caso é a atuação do jornalista como um ator social, tendo como exemplo a análise da performance de Glenn Greenwald. Observamos que sua participação no jornalismo configura-se como experimental, pois ele não é jornalista de formação, mas um advogado constitucionalista que ingressou no sistema jornalístico a partir da publicação de um blog que lhe rendeu o convite para escrever para o jornal The Guardian. Greenwald também trouxe para o caso as estratégias que deram certo no caso Snowden e que ele aplicou na Vaza Jato. Entretanto, Greenwald traz, em suas práticas profissionais, alguns fundamentos jornalísticos aliados a características de um profissional do jornalismo midiatizado, mais intuitivo e multidisciplinar, que leva em conta suas temporalidades e seus processos. Também há, nesse caso, a confluência com dois outros jornalistas, Leandro Demori e Alexandre de Santi, que trazem habilidades especiais quanto a estratégias de segurança digital e direcionamento editorial, assim como também agregam as suas próprias trajetórias e experiências profissionais, por estarem habituados à maneira que o jornalismo hegemônico brasileiro funciona.

O jornalismo praticado pelo The Intercept Brasil propôs, com a Vaza Jato, uma ruptura na cobertura jornalística realizada pela imprensa hegemônica, que referendava a narrativa proposta pela força-tarefa da Operação Lava Jato. Dessa maneira, o jornalismo praticado pelos veículos hegemônicos ainda se comporta seguindo as lógicas do jornalismo automatizado, produzido em escala para gerar audiência, modelo que ainda atende às lógicas dos meios da era de massa, mesmo que se utilize de estratégias próprias das lógicas de midiatização, como veiculação da repercussão das redes sociais e transmissão ao vivo de manifestações populares. Sobretudo, esse acontecimento também trouxe vários questionamentos quanto às relações de poder, sugerindo uma proposta de autonomia de ação por parte dos profissionais do jornalismo. Trouxe também um questionamento sobre os valores-notícia, ao promover um debate público mais amplo, que envolve de modo mais complexo o jornalismo com outros campos sociais, um desdobramento de um processo dentro do jornalismo que está modificando a sua própria antologia. A partir de novas formas de atuação dos atores jornalísticos, indo além de práticas que possam ultrapassar as lógicas midiáticas, podemos perceber uma desconstrução do próprio fazer jornalístico, segundo demonstra a tentativa do The Intercept Brasil de associar novas formas de dizer sobre a realidade com preocupações centradas na credibilidade de sua ação jornalística.

Essa maneira de atuar do The Intercept Brasil, além da projeção que conquistou, sendo uma mídia independente, fez com que outras mídias alternativas e independentes também crescessem neste movimento, que ainda está em construção, com a adesão de novos atores jornalísticos independentes e novas formas de atuação. Esses dispositivos jornalísticos que emergem, além de propor novos estilos de narrativas, novos formatos e novas formas jornalísticas, também estão propondo novas formas de rentabilizar o negócio comunicacional, com o objetivo de promover uma maior independência no fazer jornalístico. Além dessa nova quebra de paradigma, o profissional do jornalismo midiatizado também atua além de outras lógicas que se manifestam na ambiência da midiatização, considerando complexos fluxos de produção e de circulação de sentidos engendrados por interpenetrações de práticas jornalísticas e de outras naturezas, como a de escutar as dinâmicas dos processos sociais.

A fundamentação teórica trazida neste livro foi essencial na análise deste caso, pois foi a partir do entendimento sobre a dinâmica das disputas argumentativas, que identificamos, como resultado, alguns sentidos bifurcantes sobre a questão, compreendendo que esses processos somente poderiam passar-se em uma ambiência midiatizada. Destaca-se, nessa processualidade, a interpenetração entre sistemas, que se configurou ela mesma como um produto da circulação, pois é o resultado da diferença entre essas interações. A midiatização, ao afetar todas as práticas sociais, produziu *feedbacks* complexos, trazendo como consequência uma produção de sentidos que somente podem ser percebidos e analisados quando ganham forma no cenário das discursividades sociais. A partir dessa compreensão, infere-se que o jornalismo e o campo midiático se tornaram subsistemas da sociedade, assim como a esfera jurídica e política. Esses sistemas promoveram entre si disputas e negociações diversas, que desencadearam transformações em seus próprios sistemas e nos outros, assim como em um sistema maior, que é a sociedade como um todo.

Com relação à minha experiência como pesquisadora, compreendo que o cenário comunicacional que nos envolve é muito mais complexo do que imaginamos. E dentro deste contexto, pude confirmar a minha percepção inicial de que o jornalismo está realmente sofrendo uma intensa transformação. Cabe aos jornalistas perceberem essas mudanças e evoluírem junto a essa movimentação. Para mim, os pressupostos teóricos da midiatização somente complementam uma melhor percepção deste cenário, assim como as outras abordagens teóricas que dialogam com suas problematizações, como a ideia de sistemas e interpenetrações. É esse caminho que quero continuar trilhando, como pesquisadora, para contribuir cada vez mais com minha área de atuação, e, sobretudo, com a sociedade. Para corroborar a premissa apresentada nesta obra, de que os desdobramentos deste caso desenrolam-se em uma processualidade de fluxo sempre adiante, segundo dinâmicas próprias da midiatização, trago em seguida um prólogo com algumas atualizações do caso e alguns exemplos dessas dinâmicas de circulação.

PRÓLOGO

ATUALIZAÇÕES SOBRE O CASO: DESDOBRAMENTOS DA LAVA JATO, DISPUTAS E INTERPENETRAÇÕES QUE SEGUEM EM UM FLUXO SEMPRE ADIANTE.

Breve histórico

Após ficar 580 dias preso e ser impedido de disputar a eleição presidencial de 2018, o ex-presidente Luiz Inácio Lula da Silva teve suas condenações na Operação Lava Jato anuladas em 2021, pelo Supremo Tribunal Federal (STF). Ele havia sido considerado culpado pelos crimes de corrupção passiva e lavagem de dinheiro, mas o STF anulou essas condenações, por entender que Lula não teve seus direitos respeitados ao longo dos processos conduzidos pelo então juiz Sergio Moro.

O Supremo Tribunal Federal reconheceu, em 23 de março de 2021, a parcialidade do juiz Sergio Moro na condenação do ex-presidente Lula no caso do triplex do Guarujá, considerando que o magistrado agiu por motivação política na condução do processo. Nessa ocasião, todas as decisões do juiz nesse processo foram anuladas e as ações realizadas pelo Ministério Público Federal contra Lula foram remetidas para um novo julgamento pela Justiça Federal do Distrito Federal. Inicialmente, o STF entendeu que esses processos não deveriam ter tramitado na Justiça de Curitiba. Pouco depois, em junho, a Corte decidiu também que Moro não julgou Lula com imparcialidade. Conforme a relatoria do ministro do STF, Edson Fachin, os processos julgados por Moro em Curitiba deveriam ser anulados e julgados por outro juiz, em Brasília. Dessa forma, Fachin declarou a incompetência da **Justiça Federal do Paraná** nos casos do triplex do Guarujá e do sítio de Atibaia. Na decisão, Fachin entendeu que o Ministério Público (MP) não demonstrou que havia envolvimento da Petrobras nos supostos crimes de Lula, requisito necessário para o caso ser julgado na vara de Moro. Essa decisão foi confirmada pela Segunda Turma do STF, que depois também julgou Moro como tendo sido um juiz parcial nos processos contra o petista, o que reforçou a anulação das condenações. O STF[153] reviu outras posições jurídicas, a exemplo do que ocorreu na Operação Lava Jato, como mostra este trecho do livro sobre a Vaza Jato:

> O STF reviu outras posições na esteira da Vaza Jato. Uma das principais mudanças foi a garantia de que réus delatados falem por último nos processos. Como regra durante a Lava Jato, o réu delatado fazia suas alegações finais ao mesmo tempo que o delator, contrariando o princípio de ampla defesa. Com base no novo entendimento, o STF anulou a sentença de Moro que condenou o ex-presidente da Petrobras, Aldemir Bendine, em agosto de 2019. Segundo levantamento da própria força-tarefa da Lava Jato, a mudança poderia levar à anulação de 32 sentenças de casos da operação, que envolvem 143 dos 162 condenados (Duarte; The Interecpt Brasil, 2020, p. 114).

O Comitê de Direitos Humanos da Organização das Nações Unidas (ONU) também concluiu que o ex-juiz Sergio Moro foi parcial em seu julgamento dos processos contra o ex-presidente Luiz Inácio Lula da Silva (PT) no âmbito da Operação Lava Jato. A decisão, publicada em abril de 2022, também concluiu que os direitos políticos de Lula foram violados em 2018, quando ele foi impedido de disputar as eleições.

Com essas duas decisões, as condenações foram consideradas nulas, mas Lula ainda poderia responder às acusações em novos processos, a serem realizados na Justiça de Brasília. No entanto, esse retorno à estaca zero acabou provocando a prescrição da pretensão punitiva. Ou seja, terminou o prazo estabelecido na legislação penal para possível punição dos crimes, caso Lula fosse considerado culpado. E quando não há mais possibilidade de punição, as acusações são arquivadas definitivamente. Ou seja, Lula não pode mais ser julgado nos casos do triplex e do sítio de Atibaia.

---

[153] O Supremo Tribunal Federal reconheceu, em 23 de março de 2021, a parcialidade do juiz Sergio Moro na condenação do ex-presidente Lula no caso triplex, considerando que o magistrado agiu por motivação política na condução do processo. Nessa ocasião, todas as decisões do juiz nesse processo foram anuladas e as ações realizadas pelo Ministério Público Federal contra Lula foram remetidas para um novo julgamento pela Justiça Federal do Distrito Federal, conforme notícia disponível: http://portal.stf.jus.br/noticias/verNoticiaDetalhe. asp?idConteudo=464261&ori=1. Acesso em: 13 fev. 2023.

> Após 580 dias na prisão em Curitiba, Lula foi libertado em 8 de novembro de 2019. A soltura do ex-presidente foi autorizada após decisão do Supremo Tribunal Federal que derrubou a possibilidade de prisão após condenação em segunda instância, retornando ao entendimento de que um réu só pode cumprir pena depois que esgotaram os recursos na Justiça. Ao chegar em casa, Lula ligou para Greenwald: "Foi por causa do seu trabalho que estou livre." (Duarte; The Intercept Brasil, 2020, p. 114).

Em 2022, Luiz Inácio Lula da Silva concorreu às eleições presidenciais e derrotou, no segundo turno, o candidato à reeleição Jair Bolsonaro. Com a vitória, Lula acabou tornando-se o único presidente do Brasil a assumir três diferentes mandatos. Ele tomou posse em 1 de janeiro de 2023.

Sergio Moro deixou, em 2019, a magistratura para atuar como ministro da Justiça e Segurança Pública do governo de Jair Bolsonaro. Ele pediu exoneração em 24 de abril de 2020, alegando pressões de Bolsonaro para trocas na direção da Polícia Federal. Na época em que Moro saiu do cargo, Bolsonaro decidiu, pela primeira vez, pronunciar-se publicamente sobre a Vaza Jato, como mostra o trecho a seguir:

> Dez meses depois da Vaza Jato, o reconhecimento de que as mensagens divulgadas pelo Intercept eram realmente autênticas veio de onde menos se esperava. "A Vaza Jato começou em junho de 2019. Foram vazamentos sistemáticos de conversas de Sergio Moro com membros do MPF", tuitou o presidente Jair Bolsonaro após a saída do ex-aliado do governo. "Buscavam anular processos e acabar com a reputação do ex-juiz. Em julho, PT e PDT pediram a prisão dele. Em setembro, cobravam o STF. Bolsonaro no desfile do dia 7 fez isso", completou. "Isso" era uma foto que mostrava o presidente Bolsonaro abraçado a Moro, demonstrando seu apoio ao subordinado no momento em que a Vaza Jato expunha sua fragilidade. Na imagem, os dois sorriam alinhados, olhando na mesma direção (Duarte; The Intercept Brasil, 2020, p. 116-117).

Moro foi candidato eleito ao Senado pelo Estado do Paraná, em 2022, pelo partido União Brasil, embora sua candidatura quase tenha sido impugnada pelo Tribunal Superior Eleitoral (TSE) por ter trocado de partido em meio às eleições. Ele também atuou nos debates presidenciais de

2022 como assessor especial da campanha pela reeleição à presidência de Jair Bolsonaro. Em 2024, Moro foi julgado pelo Tribunal Regional Eleitoral do Paraná (TRE-PR), em uma ação que pedia a cassação do seu mandato como senador. Ele foi acusado de abuso de poder econômico e dos meios de comunicação social, uso de caixa dois, além de infrações às normas de arrecadação e gastos eleitorais durante a pré-campanha eleitoral de 2022. O juiz foi absolvido no processo, sendo julgadas improcedentes as ações de investigação judicial eleitoral. A decisão foi mantida pelo TSE, por unanimidade. Entretanto, o ex-magistrado também está sendo investigado por sua conduta como juiz na Operação Lava Jato pelo Conselho Nacional de Justiça (CNJ), que realizou uma auditoria nos processos da operação.

De acordo com o documento da auditoria, a Corregedoria do CNJ sugeriu à Polícia Federal que Moro seja responsabilizado criminalmente pelo crime de peculato, por desvio de recursos da Lava Jato para uma fundação privada. O Conselho Nacional de Justiça também decidiu determinar a abertura de processo disciplinar para apurar a conduta de quatro juízes que atuaram nas investigações da Operação Lava Jato. Os magistrados são os juízes federais Gabriela Hardt e Danilo Pereira e os desembargadores Thompson Flores e Loraci Flores de Lima, os dois últimos afastados das funções por decisão do CNJ.

Deltan Dallagnol também foi outro integrante da Operação Lava Jato que entrou para a política. Depois de sete anos à frente da Lava Jato[154], ele se demitiu do cargo de procurador e coordenador da Operação em Curitiba. Em 2022, foi eleito como o deputado federal mais votado do Paraná, pelo partido "Podemos", com 344.917 votos. Entretanto, o ex-procurador perdeu o mandato em 16 de maio de 2023, tendo o registro de candidatura nas eleições de 2022 cassado por unanimidade pelo TSE. Ele foi condenado por ter antecipado a sua exoneração do cargo de Procurador de República para se candidatar enquanto estavam pendentes algumas sindicâncias que apuravam a sua conduta na Operação Lava Jato. Em agosto de 2022, o ex-procurador foi condenado, também por unanimidade, pela Quarta Turma do Superior Tribunal de Justiça (STJ), a pagar uma indenização por danos morais de R$ 75 mil ao ex-presidente Luiz Inácio Lula da Silva, em razão de entrevista coletiva concedida em 2016, na qual utilizou o programa de computador PowerPoint para explicar denúncia apresentada contra o político na Operação Lava Jato.

---

[154] Em de fevereiro de 2021 o MPF anunciou que a força-tarefa da Operação Lava Jato foi oficialmente encerrada.

A Lava Jato foi oficialmente encerrada em 1º de fevereiro de 2021. A decisão foi anunciada publicamente em coletiva de imprensa por integrantes do Ministério Público Federal, que informaram que a força-tarefa foi incorporada ao Grupo de Atuação Especial de Combate ao Crime Organizado do MPF, denominado Gaeco. A investigação sobre o hackeamento das mensagens que originaram a Vaza Jato foi concluída pela Polícia Federal em 2019 e apontou seis responsáveis, que foram indiciados:

> Ao encerrar sua investigação sobre o caso do hackeamento telefônico de Moro, em dezembro de 2019, a Polícia Federal apontou seis responsáveis pela invasão de dispositivos telefônicos das principais autoridades do país. Concluiu que o objetivo do grupo seria obter informações para fraudes bancárias e que eles haviam invadido os celulares de 176 pessoas (bem menos que os mil aparelhos estimados inicialmente pela PF) — do presidente Jair Bolsonaro ao humorista Gregório Duvivier. Entre os crimes atribuídos ao grupo estão formação de organização criminosa e interceptação telefônica. Os indiciados foram Walter Delgatti Neto, Gustavo Souza, Danilo Marques, Suelem Priscila de Oliveira, Thiago Eliezer Martins e Luiz Henrique Molição (Duarte; The Intercept Brasil, 2020, p. 115).

Em agosto de 2023, o *hacker* Walter Delgatti dos Santos foi condenado a 20 anos e um mês de prisão pela Operação *Spoofing*, que investigava vazamento de conversas de autoridades ligadas à Operação Lava Jato. Outras quatro pessoas também foram condenadas pelo envolvimento nos vazamentos: Gustavo Henrique Elias Santos (13 anos e 9 meses), Thiago Eliezer Martins Santos (18 anos e 11 meses), Suelen Priscila de Oliveira (6 anos) e Danilo Cristiano Marques (10 anos e 5 meses).

Entretanto, mesmo que a Operação Lava Jato tenha sido finalizada, ainda acompanhamos desdobramentos desse caso, que se reconfigura a partir de novos acontecimentos que se originaram das disputas que se estabeleceram a partir das interpenetrações que emergiram dos embates entre sistemas. E essas disputas também ocasionam interdiscursividades, próprias da gramática do próprio sistema, mas com reconfigurações vindas da criação de novos circuitos, que são gerados pela reconfiguração de sentidos que se estabelecem a partir do sentido original, reencaminhando, assim, novos sentidos. Apresentamos, a seguir, alguns exemplos.

Fluxo adiante e circuitos que se ressignificam: desdobramentos de um caso midiatizado

Como vimos nesta obra, na parte em que explicitamos o caso midiatizado, ele se define por ser um caso que se desenrola em uma dinâmica processual muito mais complexa, exatamente por ser atravessado por diversas lógicas de categorias de produção, cujo funcionamento escapa da centralidade dos meios.

Assim, as narrativas desse caso reconfiguram-se a partir da recomposição de estratégias argumentativas e recontextualizações que se construíram a partir de novos circuitos, cuja reestruturação só se torna possível a partir de novas interdiscursividades e interpenetrações, que somente emergiriam dentro da ambiência da midiatização. Dessa maneira, essa relação entre circuitos desenrolou-se em uma dinâmica de fluxo adiante, que retornou a ressignificar sentidos de microacontecimentos ocorridos em um passado recente, gerando uma nova e complexa temporalidade. Isso se demonstra agora, na criação de novos circuitos, que recirculam sentidos de acontecimentos que já haviam sido apresentados em outros contextos anteriores e que agora aparecem ressignificados.

Uma das inferências possíveis é que novas disputas argumentativas se insurgiram a partir das estratégias estabelecidas entre as operações comunicacionais da Operação Lava Jato, que foram colocadas em contraponto com a estratégia comunicacional da Vaza Jato. Isso faz com que essas disputas ainda reverberem em interdiscursividades e interpenetrações entre os sistemas político, jurídico e jornalístico, em uma dinâmica de fluxo constante, a partir do engendramento de novos circuitos, nas quais se configuram novas disputas e recirculações de sentidos que já haviam sido produzidos anteriormente e que, na criação destes novos circuitos, adquirem novos significados. Esses acoplamentos seguem afetando diferentes sistemas sociais, reconfigurando práticas, tendo, como resultado, a partir da diferença entre essas perturbações entre sistemas, acoplamentos e renegociações, assim como complexos *feedbacks*, imprevisibilidade nas repercussões entre as interdiscursividades, além de renegociações processuais dos próprios sistemas.

Novos circuitos

Trazemos aqui alguns exemplos de reconfigurações que emergiram dessas disputas. Um dos casos que apresentamos desenrola-se como um desdobramento da Operação Lava Jato e ocorre posteriormente ao seu encerramento. Analisamos aqui dois episódios de disputa, com três protagonistas desse caso: Lula, Deltan Dallgnol e Sergio Moro. O objetivo é demonstrar que, embora a Operação Lava Jato tenha sido encerrada e seus personagens seguido trajetórias diversas, as interações e os desdobramentos provenientes desse caso ainda repercutem sobre o destino deles e suas biografias seguem entrelaçadas em disputas de narrativas que seguem em uma dinâmica de fluxo sempre adiante, em que novos circuitos são formados, como veremos a seguir.

Depois da Lava Jato, ocorreram vários acontecimentos que se engendraram como desdobramentos das relações de interpenetrações do caso, como a decisão do Supremo Tribunal Federal (STF) de anular todas as decisões processuais da Operação Lava Jato contra o ex-presidente Luiz Inácio Lula da Silva e a declaração do Comitê de Direitos Humanos da ONU sobre sua investigação de que o ex-juiz Sergio Moro foi parcial no julgamento dos processos contra o ex-presidente Lula na Operação Lava Jato. Porém, inicialmente, pretendemos nos concentrar no episódio que se refere à condenação do procurador da Lava Jato, Deltan Dallagnol, pela Quarta Turma do Superior Tribunal de Justiça, ao pagamento de indenização por danos morais a Luiz Inácio Lula da Silva, por conta da entrevista coletiva, concedida em 2016, na qual ele utilizou um Power Point para explicar a denúncia apresentada contra o político na Operação Lava Jato.

É considerável alertar sobre a importância desses acontecimentos, pelo fato de serem circuitos que se criaram posteriormente, recirculando sentidos que já haviam sido criados em outras disputas de sentido argumentativas em outros momentos temporais desses níveis acontecimentais, gerando outras disputas entre sistemas interpenetrantes. Mas é fundamental apontarmos o funcionamento de uma dinâmica que segue um fluxo sempre adiante, mas que se refere a um acontecimento passado que o ressignifica, o que só poderia acontecer em uma ambiência midiatizada.

Disputas dentro da dinâmica da circulação

O pesquisador José Luiz Braga trabalha a ideia de circuitos articulada com a de circulação, em que momentos atravessam disputas e negociações que ocorrem entre campos diversos e ocasionam processos fortemente tentativos:

> Na prática social encontramos, então, sobretudo circuitos. Cada setor ou processo de sociedade participa de circuitos múltiplos. Com a midiatização crescente, os campos sociais, que antes podiam interagir com outros campos segundo processos marcados por suas próprias lógicas e por negociações mais ou menos específicas de fronteiras, são crescentemente atravessados por circuitos diversos. Esses circuitos contemporâneos envolvem momentos dialógicos, momentos "especializados"; momentos solitários — o mundo circula em nosso *self* — e momentos tecno-distanciados, difusos. Todos esses momentos se interferem – se apoiam às vezes, certamente se atrapalham. Uma percepção que ocorre, diante de tais processos, a exigir elaboração reflexiva, é que com frequência se caracterizam como "circuitos canhestros", exatamente porque tentativos. A cultura comunicacional mediadora passa a ser caracterizada por tais processos fortemente tentativos (Braga, 2012, p. 44).

Assim, esses processos tentativos, segundo o autor, se desenrolam em um fluxo contínuo, sempre adiante, no qual não se pode mais se distinguir pontos iniciais e pontos de chegada como instâncias separadas. Dessa forma, essa relação entre circuitos desenrola-se justamente nesse fluxo adiante, que retornou a ressignificar sentidos de microacontecimentos ocorridos em um passado recente, gerando uma nova e complexa temporalidade. Isso se demonstra agora na criação de novos circuitos, que recirculam sentidos de acontecimentos que já haviam sido apresentados em outros contextos anteriores e que agora aparecem ressignificados.

Tanto no caso da absolvição de Lula, como da condenação do ex-procurador Deltan Dallagnol, as narrativas desse caso se reconfiguram a partir da recomposição de estratégias argumentativas e recontextualizações que se reconstruíram a partir de novos circuitos, cuja reestruturação só foi possível a partir de novas interdiscursividades e interpenetrações, que somente emergiriam dentro da ambiência da midiatização. Então, apresentamos aqui a análise de um caso que se foca na narrativa da condenação de Deltan Dallagnol a indenizar Lula sobre o caso do Power Point, o que ocasionou diversas novas disputas argumentativas e interpenetrações entre os sistemas político e judiciário. Mas essas disputas remontam à estratégia comunicacional proferida inicialmente pela reportagem publicada pelo The Intercept Brasil, na Vaza Jato, em 9 de junho de 2019. Com o título

"Até agora tenho receio"[155], a matéria revelava uma articulação estratégica de Deltan Dallagnol com o juiz titular do caso, Sergio Moro, sobre a denúncia contra Lula, e com os procuradores da Operação, na tentativa de ligar o político à investigação da força-tarefa. A reportagem mostra, mediante a transcrição das conversas vazadas, que Dallagnol duvidava da consistência das provas da procuradoria, que se apoiava apenas em uma reportagem do jornal *O Globo* e, por isso, resolveu ter a ideia de fazer o famoso Power Point[156] mostrado na entrevista coletiva em que apresentou a denúncia contra o então ex-presidente. E foi essa imagem que figurou com destaque nas principais capas dos jornais no dia seguinte, mais uma vez demonstrando como a imprensa comprava a versão comunicacional que a força-tarefa da Operação Lava Jato induzia. Um dos indícios claros é a comparação que o site Brasil de Fato[157] realizou em março de 2022, demonstrando que os mesmos jornais não noticiaram a condenação de Deltan Dallagnol em seus espaços noticiosos[158] na mesma proporção que divulgaram o famoso Power Point. Contudo, a condenação de Dallagnol provocou uma intensa disputa argumentativa e jurídica entre os atores envolvidos. Deltan expôs a decisão judicial no Twitter e fez um vídeo para seus seguidores no seu canal no YouTube, questionando a decisão STJ, dizendo-se indignado por ter sido condenado a indenizar o então ex-presidente Lula por danos morais. O STJ condenou Deltan Dallagnol a pagar a indenização de R$ 75 mil reais, um valor menor do que o pedido pela defesa de Lula, de 1 milhão de reais. Entretanto, a partir do vídeo, iniciou-se uma campanha de arrecadação de fundos para o pagamento da indenização, que partiu dos seguidores de Dallagnol, cujo montante chegou em R$ 500 mil reais.

---

[155] Disponível em: https://theintercept.com/2019/06/09/dallagnol-duvidas-triplex-lula-telegram-petrobras/. Acesso em: 24 jun. 2024.

[156] Em março de 2022, o The Intercept Brasil fez outra reportagem sobre o Power Point, escrita pelo jornalista João Filho. Disponível em: https://theintercept.com/2022/03/26/powerpoint-ppt-deltan-dallagnol-processos/. Acesso em: 13 jul. 2023.

[157] Disponível em: https://www.brasildefato.com.br/2022/03/23/compare-as-capas-de-jornais-do-power--point-contra-lula-e-da-condenacao-de-deltan-dallagnol. Acesso em: 13 jul. 2023.

[158] Recomendamos acompanhar a imagem das comparações das capas de jornais no artigo "Interpenetrações e novos circuitos nos desdobramentos das relações entre Lava Jato e Vaza Jato", apresentado no V Seminário Internacional de Pesquisas em Midiatização e Processos Sociais (p. 6-7). Disponível em: https://midiaticom. org/anais/index.php/seminário-midiatizacao-resumos/article/view/1440/1344. Acesso em: 13 jul. 2023.

Figura 13 – Dallagnol agradece contribuições de seguidores

Fonte: reprodução (2022)

Na ocasião, Deltan Dallagnol publicou um tweet aos seus seguidores agradecendo as contribuições, pedindo para que as doações cessassem e informando que o dinheiro excedente seria revertido a instituições de tratamento a crianças com câncer e autismo. Essa revelação fez com que Lula respondesse publicamente[159] à declaração e sua equipe jurídica entrasse com um pedido de recurso, solicitando o aumento da indenização por conta do valor da arrecadação divulgado. De acordo com a jornalista Mônica Bergamo[160], os próprios ministros do STJ declararam que estavam considerando aceitar o recurso da defesa e aumentar a indenização de Dallagnol, que se pronunciou em suas redes sociais, afirmando que a decisão judicial do STJ era uma represália contra a Lava Jato. Deltan também contestou o

---

[159] Disponível em: https://www.cartacapital.com.br/politica/lula-diz-que-pretende-entrar-com-recurso--para-aumentar-indenizacao-de-dallagnol/. Acesso em: 13 jun. 2023.

[160] Informação da jornalista Mônica Bergamo no programa Jornal BandNewsFM, do dia 24 de março de 2022.

pedido de recurso de Lula, afirmando que ele estaria querendo para si o dinheiro que seria destinado às crianças com câncer. Como vemos, essa disputa demonstra um conflito intersistêmico, entre os sistemas político e judiciário, por conta da decisão do STJ, da resposta da defesa de Lula e pelo fato de que, mesmo que Dallagnol, a essa altura, já não fosse o procurador da Lava Jato, nesse circuito, estivesse, sim, sendo julgado pela justiça por uma ação advinda de suas atividades processuais nesse caso.

Figura 14 – Disputas argumentativas entre circuitos

Fonte: reprodução (2022)

Além das disputas entre Dallagnol e Lula, foram criados novos circuitos de sentido, a partir do compartilhamento de atores sociais, por meio do Twitter e do Instagram, de imagens que foram reproduzidas na época da Operação Lava Jato, mas agora reaparecem, ressignificadas. Na época da condenação do ex-procurador, houve uma intensa circulação de postagens que remontavam ao famoso Power Point apresentado por Dallagnol, justamente o Power Point que motivou a sua condenação. Porém, agora o sentido da imagem aparecia ressignificado nos espaços de circulação, mencionando que Dallagnol havia sido condenado a indenizar Lula pelo uso do Power Point. O mesmo modelo do diagrama do Power Point também foi utilizado nas redes sociais de maneira ressignificada para aludir à perseguição a que Lula foi submetido pelos integrantes da Lava Jato e às etapas percorridas nessa jornada. Essa ação pode ser considerada dentro da dinâmica da circulação como uma remixagem.

Outro exemplo de ressignificação demonstrou-se depois do processo eleitoral presidencial em 2022, que terminou com o petista Luiz Inácio Lula da Silva proclamado presidente da República. Ao ser fotografado em uma reunião com os ministros do STF, a deputada Jandira Feghali, do PT-RJ, acabou publicando uma imagem que comparava duas situações diferentes: a reunião no STF, em 2022, e o depoimento prestado por Lula ao juiz Sergio Moro, em Curitiba, em 2017. Nesse caso, percebemos não somente uma ressignificação de sentidos, mas uma evocação à temporalidade dos acontecimentos, que acabaram por se desenrolar de uma maneira imprevisível. Essa constatação embasa a ideia da imprevisibilidade da comunicação, provocada por *feedbacks* complexos, algo que ocorre como resultado da diferença entre disputas e interpenetrações de sistemas. Essa ressignificação de sentidos mostra-se emblemática, tal como a denominação da legenda da foto, por conta dos desdobramentos dos acontecimentos que se interpuseram entre as duas imagens.

Figura 15 – Diferentes ressignificações do Power Point de Dallagnol

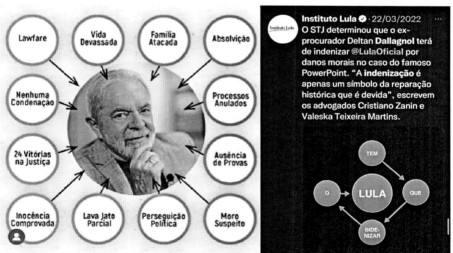

Fonte: reprodução (2022)

Figura 16 – Comparação entre dois momentos políticos distintos na vida de Lula

Fonte: reprodução (2022)

Depois do depoimento que Lula prestou à Moro em Curitiba, em 10 de maio de 2017 e em 12 de julho do mesmo ano, o juiz condenou Lula a nove anos e seis meses de prisão pelos crimes de corrupção passiva e lavagem de dinheiro. Lula foi preso em 7 abril de 2018, ao se entregar à Polícia Federal na Sede do Sindicato dos Metalúrgicos em São Bernardo do Campo. Ele ficou preso por 380 dias no prédio da Superintendência Regional da Polícia Federal, no Paraná. Em outubro de 2018, Jair Bolsonaro foi eleito presidente do Brasil. Em 2019, Sergio Moro largou a magistratura e passou a ocupar o cargo de ministro da Justiça do governo de Jair Bolsonaro. Em março de 2021, o Supremo Tribunal Federal (STF) resolver anular as condenações de Lula no âmbito da Lava Jato, por considerar que o Tribunal Regional Federal da 4ª Região julgou o processo fora da área de jurisdição daquela corte, fazendo com que Lula fosse solto. Com isso, Lula recuperou seus direitos políticos. No dia 28 de abril de 2022, o Comitê de Direitos Humanos da ONU publicou a conclusão de um relatório onde aponta que houve parcialidade por parte de Sergio Moro no julgamento dos processos contra Lula. Durante as eleições presidenciais de 2022, Luiz Inácio Lula da Silva se candidata à presidência da República e derrota o candidato Jair Bolsonaro, que concorria à reeleição. A foto em que aparece com os ministros do STF é posterior à sua eleição como presidente da República. É importante ressaltar que, em meio à disputa eleitoral de 2022, Sergio Moro também pretendia concorrer à presidência da República, mas desistiu na pré-candidatura. Mudou de sigla de partido, do Podemos para o União Brasil, e candidatou-se a senador federal pelo Paraná, tornando-se eleito. Durante o debate presidencial da Rede Globo, Moro também figurou como um dos assessores de Jair Bolsonaro.

Figura 17 – Sergio Moro anunciando sua presença no debate presencial da Rede Globo

Fonte: reprodução (2022)

Em diversas oportunidades, tanto durante a entrevista de Lula ao Jornal Nacional, no debate presidencial da Globo, como depois de Lula ter sido eleito presidente, Moro buscou um enfrentamento direto com Lula nas redes sociais, porém, durante as eleições presidenciais de 2022, não obteve resposta, uma atitude que se constatou como diferenciada percebida pelo político petista.

Contudo, no ano de 2020, houve, por parte de Lula, uma intenção de enfrentamento direto contra Moro e Dallagnol, tendo como revide uma rápida resposta de Moro. Os dois personagens já não pertenciam mais ao circuito original da Lava Jato, pois Moro já não era mais o magistrado da Operação, nem Lula era mais envolvido pelo inquérito judicial. Contudo, eles ainda seguiam ligados pelo antagonismo que ressoava entre eles, a partir dos sentidos ressignificados que ocorriam e seguem ocorrendo mediante as interdiscursividades que continuam emergindo nos episódios de disputas de narrativas entre esses personagens. E nestas disputas, o circuito original que os relacionou, que foi a Operação Lava Jato, sempre será referenciado.

Figura 18 – Disputas entre Moro e Lula no Twitter

Fonte: reprodução (2020)

LAVA JATO X VAZA JATO: ENFRENTAMENTOS ENTRE ESTRATÉGIAS JORNALÍSTICAS

Percebe-se, então, que essa atividade de disputa configura-se como recorrente e leva adiante novas produções de sentido. Isso se demonstra a partir da argumentação de Lula na entrevista realizada para a revista *Carta Capital*, na qual o político relembra[161], de forma indireta, suas impressões sobre os dois personagens da Operação Lava Jato:

> Nunca aceite ser chamado de ladrão quando você é inocente [...] A mentira que o Moro e o Dallagnol contavam era transformada em verdade pelos meios de comunicação sem que houvesse uma única cobrança. Era como se fossem verdades absolutas. Foram vidas destruídas. E estamos aqui, de cabeça erguida. Tenho certeza de que meus acusadores não andam de cabeça erguida como eu ando (Carta Capital, 13 dez. 22, on-line).

Entretanto, no ano da eleição e já candidato à presidência, Lula modifica seu comportamento e adota uma postura diferente, não mais mencionando os nomes de Moro e Dallagnol em suas redes sociais e declarações públicas. Além disso, ele aproveita para reforçar a narrativa de que foi absolvido pela justiça. Entretanto, seu antagonista é quem resolve partir para o confronto direto. Durante a época da disputa eleitoral de 2022, que definiria o próximo presidente da República, Sergio Moro utiliza, em suas redes sociais, uma narrativa em que deixa subentendido, como especialista jurídico, que o sistema judiciário cometeu um erro técnico ao absolver o político de suas condenações, pretendendo, dessa forma, transmitir, por meio de uma estratégia comunicacional, a ideia de que Lula estaria mentindo quanto à sua argumentação:

---

[161] Disponível em: https://www.cartacapital.com.br/cartaexpressa/lula-critica-moro-e-imprensa-pela-lava-jato-nao-quero-vinganca-mas-nao-me-pecam-para-esquecer/. Acesso em: 13 jun. 2023.

Figura 19 – Disputa entre Moro e Lula no Twitter – parte 2

Fonte: reprodução (2022)

Depois de eleito presidente, Lula passa a se referir[162] à Lava Jato em seus espaços de fala como a maior mentira contada:

> Um cidadão, e uma tal de força-tarefa, conseguiram durante anos enganar a imprensa, enganar o poder Judiciário, enganar a sociedade brasileira. Foi a maior mentira contada. [...] "Todo mundo foi pego na mentira, todo mundo começou a divulgar como verdade", afirmou sobre o processo que resultou em sua prisão. Ele diz se lembrar da postura de cada ministro do Supremo, mas que não pode "voltar a governar um país magoado com aquilo que me foi feito, que me prejudicou" (Neiva, 16 fev. 22, on-line).

Articulamos aqui a fala de Lula com a imagem que mostramos anteriormente, do político sentado à mesa com os ministros do STF de maneira descontraída, sem constrangimento algum. Neste sentido, o circuito interpenetrante que se cria, do discurso e da imagem, reforça o sentido, estabelecido por Lula, de que não há qualquer mal-entendido entre o chefe do Executivo e os integrantes do Judiciário, mesmo que,

---

[162] Disponível em: https://congressoemfoco.uol.com.br/area/governo/nao-posso-governar-magoado-diz-lula-sobre-lava-jato/. Acesso em: 13 jun. 2023.

no passado, Lula tenha sido julgado por eles. Uma importante conclusão que fica, a partir deste caso, é que as disputas argumentativas que se insurgiram a partir das estratégias estabelecidas entre as operações comunicacionais da Operação Lava Jato, sendo colocadas em contraponto com a estratégia comunicacional da Vaza Jato, ainda reverberam (e vão continuar reverberando) em interdiscursividades e interpenetrações entre os sistemas político, jurídico e jornalístico. Esse fenômeno acontece em uma dinâmica de fluxo constante, a partir do engendramento de novos circuitos, que proporcionam novas disputas e recirculações de sentidos, que ocorrem a partir de imagens que já haviam sido produzidas anteriormente, fazendo com que, na criação destes novos circuitos, elas adquiram novos significados.

Essas disputas, que haviam sido engendradas em meio aos embates provocados por circuitos criados durante as interdiscursividades da Operação Lava Jato, se complexificam, na medida em que são novos circuitos criados a partir de desdobramentos em resposta a situações que foram criadas e que tiveram como origem a processualidade comunicacional da Operação Lava Jato. Dessa maneira, as disputas interpenetrantes dos sistemas jurídico-político-comunicacional acabam por se desenrolar de uma maneira imprevisível e a partir do desdobramento de circuitos que emergem do desencadeamento dos circuitos originais.

Contudo, identifica-se algumas ações de Lula como tentativas de criação de circuitos e de estabelecimentos de produções de sentidos de maneira intencional. Essas ações são percebidas a partir de algumas decisões, como não mencionar o nome de Moro ou deixar claro que existe uma relação amigável entre ele e os ministros do STF, também ao reafirmar que agirá com firmeza jurídica contra Deltan Dallagnol. Em todas essas atitudes, percebe-se que Lula pretendia passar ao público determinada mensagem. Por sua vez, Moro e Dallagnol, ao se referirem o tempo todo a Lula, buscando revidar ao político em seus espaços de fala, cada vez mais reforçam o que seu discurso tenta cada vez mais desmentir: que o alvo central na Lava Jato sempre foi Lula, por uma questão midiática.

Percebem-se, assim, circuitos que surgem a partir de processos tentativos, que são provocados pelo processo de circulação, cujos sentidos emergem da diferença entre as interdiscursividades, disputas e diferenças produzidas nos acoplamentos entre os diferentes sistemas. Esses acoplamentos seguem afetando diferentes sistemas sociais e reconfigurando práticas, tendo, como resultado, a partir da diferença entre essas perturbações entre os sistemas, novas renegociações, gerando complexos *feedbacks* e uma imprevisibilidade nas repercussões entre esses desdobramentos, o que pode até mesmo desencadear renegociações processuais dos seus próprios sistemas.

REFERÊNCIAS

AGÊNCIA PÚBLICA. **Globo se posiciona sobre entrevista de Glenn Greenwald.** Agência Pública, São Paulo, 12 jun. 2019. Disponível em: https://apublica. org/2019/06/globo-se-posiciona-sobre-entrevista-de-glenn-greenwald/. Acesso em: 16 maio 2021.

ALENCAR, Kennedy. **Vaza Jato foi fundamental para fim da prisão em 2ª instância.** Blog do Kennedy, São Paulo, 8 nov. 2019. Disponível em: https:// kennedyalencar.blogosfera.uol.com.br/2019/11/08/vaza-jato-foi-fundamental- -para-fim-da-prisao-em-2a-instancia/. Acesso em: 17 ago. 2020.

ALESSI, Gil. **Pedido de prisão preventiva de Lula é enviado ao juiz Sérgio Moro.** El País, São Paulo, 16 mar. 2016. Disponível em: https://brasil.elpais.com/ brasil/2016/03/14/politica/1457982971_616341.html. Acesso em: 20 maio 2021.

ALVES JR, Gilmar. **Tríplex supostamente usado por família de Lula é alvo de protesto.** Folha de São Paulo, São Paulo, 13 mar. 2016. Disponível em: https://m. folha.uol.com.br/poder/2016/03/1749538-triplex-usado-por-familia-de-lula-e- -alvo-de-protesto-em-guaruja.shtml. Acesso em: 12 jun. 2021.

AMÂNCIO, Thiago. **'Tem que matar' e pisar na cabeça da jararaca, afirma vereador sobre Lula.** Folha de São Paulo, São Paulo, 31 mar. 2016. Disponível em: https://www1.folha.uol.com.br/poder/2016/03/1755947-tem-que-matar-e-pisar- -na-cabeca-da-jararaca-afirma-vereador-sobre-lula.shtml. Acesso em: 24 jun. 2021.

AUDI, Amanda. **Entrevista: "A imprensa 'comprava' tudo". Assessora de Sergio Moro por seis anos fala sobre a Lava Jato.** The Intercept Brasil, Rio de Janeiro, 29 out. 2018. Disponível em: https://theintercept.com/2018/10/29/ lava-jato-imprensa-entrevista-assessora/. Acesso em: 13 mar. 2020.

AUDI, Amanda; DEMORI, Leandro; FERREIRA, Flávio. **Corregedor da Procura- doria viu conduta grave de Deltan, mas não abriu apuração.** The Intercept Brasil e Folha de São Paulo, São Paulo, 8 ago. 2019. Disponível em: https://www1. folha.uol.com.br/poder/2019/08/corregedor-da-procuradoria-viu-conduta-gra- ve-de-deltan-mas-nao-abriu-apuracao.shtml. Acesso em: 1 ago. 2021.

AUDI, Amanda; DEMORI, Leandro; GREENWALD, Gleen; MARTINS, Rafael Moro. **"A defesa já fez o showzinho dela". Sergio Moro, enquanto julgava Lula,**

sugeriu à Lava Jato emitir uma nota oficial contra a defesa. Eles acataram e pautaram a imprensa. The Intercept Brasil, Rio de Janeiro, 14 jun. 2019. Disponível em: https://theintercept.com/2019/06/14/sergio-moro-enquanto-julgava-lula-sugeriu-a-lava-jato-emitir-uma-nota-oficial-contra-a-defesa-eles-acataram-e-pautaram-a-imprensa/. Acesso em: 1 ago. 2021.

AZEVEDO, Reinaldo. **Se Aécio for preso, Lula, faça a malinha com a escova de dentes.** Blog do Reinaldo Azevedo, Revista Veja, on-line, 18 maio 2017. Disponível em: https://veja.abril.com.br/coluna/reinaldo/se-aecio-for-preso-lula-faca-a-malinha-com-a- BRAGA, José Luiz. Comunicação, disciplina indiciária. **Revista Matrizes**, São Paulo, n. 2, p. 73-88, 2008. escova-de-dentes. Acesso em: 15 abr. 2021.

AZEVEDO, Reinaldo. **Exclusivo - Moro sobre papo de Dallagnol com membro do STF: In Fux we trust.** UOL, São Paulo, 12 jun. 2019. Disponível em: https://reinaldoazevedo.blogosfera.uol.com.br/2019/06/12/exclusivo-moro-sobre-papo-de-dallagnol-com-membro-do-stf-in-fux-we-trust. Acesso em: 15 abr. 2021.

AZEVEDO, Reinaldo. **Entrevista de Lula para Reinaldo Azevedo, Programa "O é da coisa – especial".** Rádio Band News FM, São Paulo, 1 abr. 2021. Disponível em: https://www.youtube.com/watch?v=vlvjciPQrq4. Acesso em: 26 abr. 2021.

BAHIA, Juarez. **Jornal, História e Técnica:** História da Imprensa Brasileira (Volume 1). Rio de Janeiro: Mauad X, 2009.

BECKER. Howard S. **Métodos de pesquisa em Ciências Sociais.** São Paulo: Hucitec, 1999.

BERGAMO, Mônica. **Lava Jato faz "reféns" para tentar manter apoio, diz Gilmar Mendes.** Folha de São Paulo, São Paulo, 9 set. 2017. Disponível em: http://www1.folha.uol.com.br/poder/2017/05/1882315-lava-jato-faz-refens-para-tentar-manter-apoio-diz-gilmar-mendes.shtml. Acesso em: 10 out. 2020.

BERGAMO, Mônica. **Quarenta advogados se reúnem com Glenn Greenwald no Rio.** Folha de São Paulo, São Paulo, 9 jul. 2019. Disponível em: https://www1.folha.uol.com.br/colunas/monicabergamo/2019/07/quarenta-advogados-se-reunem-com-glenn-greenwald-no-rio.shtml?origin=folha. Acesso em: 15 abr. 2021.

BERTONI. Estevão. **Como vazamentos ajudaram e agora emparedam a Lava Jato.** Nexo Jornal, São Paulo, 10 jun. 2019. Disponível em: https://www.nexojornal.com.br/expresso/2019/06/10/Como-vazamentos-ajudaram-e-agora-emparedam-a-Lava-Jato. Acesso em: 13 jun. 2021.

BOMFIM, Ivan. Novos atores em cena: primeiras análises sobre o *Intercept Brasil*. **Revista Tríade**, Sorocaba, v. 7, n. 15, 2019, p. 9-27.

BORGES, Laryssa. **Entrevista Deltan Dallagnol: "A Lava-Jato não deu apoio ao Bolsonaro".** Revista Veja, São Paulo, 3 jul. 2020. Disponível em: https://veja. abril.com.br/paginas-amarelas/deltan-dallagnol-a-lava-jato-nao-deu-apoio- -ao-bolsonaro. Acesso em: 13 jun. 2022.

BORGES, Laryssa. **Entrevista Sergio Moro: "Brasília é cheia de intrigas".** Revista Veja, São Paulo, 4 out. 2019. Disponível em: https://veja.abril.com.br/ politica/sergio-moro-brasilia-e-cheia-de-intrigas. Acesso em: 15 mar. 2021.

BOURDIEU, Pierre. **Outline of a Theory of Practice.** Cambridge: Cambridge University Press, 1977.

BOURDIEU, Pierre. **Sociologia.** São Paulo: Editora Ática, 1983.

BOURDIEU, Pierre. *In*: **Vocabulário Bourdieu.** MEDEIROS, Cristina Carta Cardoso *et al.* São Paulo: Editora Autêntica, 2017, p. 25-27.

BRAGA, José Luiz. Mediatização como processo interacional de referência. *In*: MÉDOLA, Ana Sílvia; ARAUJO, Denize Correa; BRUNO, Fernanda (org.). **Imagem, visibilidade e cultura midiática**: livro da XV Compós. Porto Alegre: Sulina, 2007. p. 9-35.

BRAGA, José Luiz. Circuitos versus campos sociais. *In*: JANOTTI JR, Jeder.; MATTOS, Maria Ângela.; JACKS, Nilda. **Mediação & Midiatização.** Salvador: EDUFBA, Brasília, Compós, 2012. p. 31-52.

BRAGA, José Luiz. Lógicas da mídia, lógicas da midiatização. *In*: FAUSTO NETO, Antônio; RAIMONDO, Natalia; GINDIM, Irene Lis (org.). **Relatos de Investigaciones sobre Mediatizaciones.** Rosario: UNR Editora, 2014. p. 15-32.

BRAGA, José Luiz. Instituições & midiatização–um olhar comunicacional. *In:* BRAGA, José Luiz; FAUSTO NETO, Antonio; ROSA, Ana Paula da; GOMES, Pedro Gilberto; FERREIRA, Jairo (org.). **Entre o que se diz e o que se pensa: onde está a midiatização?** Livro do I Seminário Internacional de Pesquisas em Midiatizações e Processos Sociais. Santa Maria: Facos-UFSM, 2018, p. 291-311.

BORELLI, Viviane. Midiatização, dispositivo e os novos contratos de leitura geram uma outra religião. **Biblioteca On-line de Ciências da Comunicação**, v. 2010, p. 1-15, 2010.

CARVALHO, Carlos Alberto; BRUCK, Mozahir Salomão. Vazamentos como acontecimento jornalístico: notas sobre perfomatividade midiática de atores sociais. **Revista Famecos**, Porto Alegre, v. 25, n. 3, 2018, p. ID29713-ID29713.

CARVALHO, Mario Cesar. **PMDB deve tentar neutralizar ou reduzir os danos da Lava Jato.** Folha de São Paulo, São Paulo, 13 maio 2016. Disponível em: https://www1.folha.uol.com.br/poder/2016/05/1770891-pmdb-deve-tentar-neutralizar-ou-reduzir-os-danos-da-lava-jato.shtml. Acesso em: 24 jun. 2021.

CASTELLS, Michel. **O poder da comunicação.** São Paulo: Editora Paz e Terra, 2017.

CASTRO, Davi de. Agenda-setting: hipótese ou teoria? Análise da trajetória do modelo de Agendamento ancorada nos conceitos de Imre Lakatos. **Intexto** (UFRGS), Porto Alegre, n. 31, 2014, p. 197-214.

CARTA CAPITAL. **A linha do tempo de Moro: de juiz de 1ª instância a superministro.** Carta Capital, São Paulo, 7 abr. 2019. Disponível em: https://www.cartacapital.com.br/politica/a-linha-do-tempo-de-moro-de-juiz-de-1a-instancia-a-superministro/. Acesso em: 15 abr. 2021.

CARTA CAPITAL. **Lula critica Moro e imprensa pela Lava Jato: 'Não quero vingança, mas não me peçam para esquecer'.** Carta Capital, São Paulo, 13 dez. 2022. Disponível em: https://www.cartacapital.com.br/cartaexpressa/lula-critica-moro-e-imprensa-pela-lava-jato-nao-quero-vinganca-mas-nao-me-pecam-para-esquecer. Acesso em: 13 jul. 2023.

CAVENAGHI, Beatriz; BALDESSAR, Maria José; FONTINHA MIRANDA, Cristiane. Contribuições de Eliseo Verón para os estudos de televisão no Brasil. **Chasqui - Revista Latinoamericana de Comunicación,** Equador, n. 132, 2016, p. 369-383.

CERVI, Emerson Urizzi; BARRETA, Leonardo Medeiros. Contra-agendamento na Folha de São Paulo: opinião pública e a presença dos candidatos a presidente do PSDB e PT no jornal (2006 e 2010). **Revista Eptic Online**, Sergipe, v. 16, n. 1, 2014, p. 135-151.

CHRISTOFOLETTI, Rogério. **A crise do jornalismo tem solução?** São Paulo: Estação das Letras e Cores Editora, 2019.

COELHO, Gabriela. **Moro diz que mensagens enviadas a Deltan foram adulteradas "total ou parcialmente".** Consultor Jurídico, São Paulo, 2 jul. 2019. Disponível em: . Acesso em: 15 abr. 2021.

CONSULTOR JURÍDICO. **Jornalistas tiveram participação decisiva na "Lava Jato".** Consultor Jurídico, São Paulo, 11 fev. 2021. Disponível em: https://www.conjur.com.br/2021-fev-11/jornalistas-tiveram-participacao-decisiva-lava-jato/. Acesso em: 15 abr. 2021.

CUNHA, Luiz Cláudio. **Sergio Moro e os antagonistas do jornalismo sério e relevante.** Observatório da Imprensa, São Paulo, 23 jul. 2019. Disponível em: http://www.observatoriodaimprensa.com.br/arquivos-da-lava-jato/sergio-moro-e-os-antagonistas-do-jornalismo-serio-e-relevante/. Acesso em: 15 abr. 2021.

DA ROSA, Ana Paula. Imagens que pairam: A fantasmagoria das imagens em circulação. **Revista FAMECOS**, Porto Alegre, v. 26, n. 2, 2019, p. e31605-e31605.

DARNTON, Robert. **O beijo de Lamourette**: mídia, cultura e revolução. São Paulo: Companhia das Letras, 1990.

DEMORI, Leandro. **Um ano de Vaza Jato.** The Intercept Brasil, Rio de Janeiro, 9 jun. 2020. https://theintercept.com/2020/06/09/vaza-jato-um-ano/. Acesso em: 15 abr. 2021.

DEMORI, Leandro; MARTINS, Rafael Moro. **Como o Intercept Brasil confirma a identidade das pessoas que aparecem nos chats da #VazaJato.** The Intercept Brasil, Rio de Janeiro, 8 jul. 2019. Disponível em: https://theintercept.com/2019/07/08/como-o-intercept-brasil-confirma-a-identidade-das-pessoas-que-aparecem-nos-chats-da-vazajato/. Acesso em: 5 jul. 2020.

DEMORI, Leandro; GREENWALD, Glenn; MARTINS, Rafael Moro. **"Até agora tenho receio." Exclusivo: Deltan Dallagnol duvidava das provas contra Lula e de propina da Petrobras horas antes da denúncia do triplex.** The Intercept Brasil, Rio de Janeiro, 9 jun. 2019. Disponível em: https://www.intercept.com.br/2019/06/09/dallagnol-duvidas-triplex-lula-telegram-petrobras/. Acesso em: 13 jun. 2021.

DEMORI, Leandro; GREENWALD, Glenn; MARTINS, Rafael Moro; POUGY, Victor. **"Moro sempre viola o sistema acusatório". Chats da Lava Jato revelam que procuradores reclamavam de violações éticas de Moro e temiam que operação perdesse toda credibilidade com sua ida ao governo Bolsonaro.** The Intercept Brasil, Rio de Janeiro, 19 jun. 2019. Disponível em: https://theintercept.com/2019/06/29/chats-violacoes-moro-credibilidade-bolsonaro/. Acesso em: 13 jun. 2021.

DEMORI, Leandro; GREENWALD, Glenn; REED, Betsy. **A reação do Governo Bolsonaro contra a Vaza Jato mostra por que nossas reportagens sobre o arquivo secreto são tão vitais.** The Intercept Brasil, Rio de Janeiro, 28 jul. 2019.

Disponível em: https://theintercept.com/2019/07/28/reacao-bolsonaro-vaza-jato-reportagens-vitais/. Acesso em: 15 abr. 2021.

DEMORI, Leandro; MARTINS, Rafael Moro; NEVES, Rafael. **"Um transatlântico": O namoro entre a Lava Jato e a Rede Globo.** The Intercept Brasil, Rio de Janeiro, 9 fev. 2021. Disponível em: https://www.intercept.com.br/2021/02/09/namoro-lava-jato-rede-globo/. Acesso em: 14 abr. 2021.

DIAS, Anielly Laena Azevedo. O espetáculo midiatizado do acontecimento jurídico: a cobertura telejornalística sobre a Operação Lava Jato. **Rizoma**, Santa Cruz do Sul, v. 2, n. 6, 2018, p. 110-123.

DOMINGUEZ, Juan M. **Entrevista com Glenn Greenwald: a diferença entre nós e a grande mídia é a mentalidade deles.** Mídia Ninja, São Paulo, 9 set. 2019. Disponível em: https://midianinja.org/juanmanuelpdominguez/glenn-greenwald-a-diferenca-entre-nos-e-a-grande-midia-e-a-mentalidade-deles/. Acesso em: 7 jun. 2020.

DOMENICI, Thiago. **Glenn Greenwald: "a Globo e a força-tarefa da Lava Jato são parceiras".** Agência Pública, São Paulo, 11 jun. 2019. Disponível em: https://apublica.org/2019/06/glenn-greenwald-a-globo-e-a-forca-tarefa-da-lava-jato-sao-parceiras/. Acesso em: 15 abr. 2021.

DORILEO, Carlos Gustavo. **'Vaza Jato contribuiu para criar uma massa crítica', diz ministro sobre derrubada de prisão em 2ª instância.** Olhar Jurídico, Cuiabá, 8 nov. 2019. Disponível em: https://www.olharjuridico.com.br/noticias/exibir.asp?id=41827&noticia=vaza-jato-contribuiu-para-criar-uma-massa-critica-diz-ministro-sobre-derrubada-de-prisao-em-2-instancia&edicao=1. Acesso em: 17 ago. 2020.

DORNELLES, Beatriz. O fim da objetividade e da neutralidade no jornalismo cívico e ambiental. **Brazilian Journalism Research**, on-line, v. 4, n. 2, 2008, p. 121-131. Disponível em: https://bjr.emnuvens.com.br/bjr/article/view/167. Acesso em: 7 out. 2024.

DUARTE, Letícia; THE INTERCEPT BRASIL. **Vaza Jato:** os bastidores das reportagens que sacudiram o Brasil. Rio de Janeiro: Mórula, 2020.

DUARTE, Jorge; BARROS, Antônio (org.). **Métodos e técnicas de pesquisa em comunicação.** São Paulo: Atlas, 2005.

EL PAÍS. **Editorial: Por que o EL PAÍS decidiu publicar as mensagens da Lava Jato vazadas ao 'The Intercept'.** El País, São Paulo, 6 ago. 2019. Disponível em:

https://brasil.elpais.com/brasil/2019/08/05/opinion/1565029192_731997.html. Acesso em: 20 jun. 2021.

ENTREVISTA JOSÉ BONIFÁCIO DE OLIVEIRA SOBRINHO. **Dossiê Globo News.** Rio de Janeiro: Globo News, programa de televisão. 20 nov. 2011.

FARAH, Tatiana. **Caso Bancoop: triplex do casal Lula está atrasado.** *O Globo*, Rio de Janeiro, 10 mar. 2010. Disponível em: https://oglobo.globo.com/politica/caso-bancoop-triplex-do-casal-lula-esta-atrasado-3041591. Acesso em: 13 jun. 2021.

FAUSTO NETO, Antonio. Processos midiáticos e construção das novas religiosidades: dimensões discursivas. **Revista Galáxia**, São Paulo, n. 3, 2002, p. 151-164.

FAUSTO NETO, Antonio. O agendamento do esporte: uma breve revisão teórica e conceitual. **Verso & Reverso**, São Leopoldo: Unisinos, v. 16, n. 34, 2002, p. 9-17.

FAUSTO NETO, Antonio. Mutações nos discursos jornalísticos: da 'construção da realidade' à 'realidade da construção'. **Edição em jornalismo**: ensino, teoria e prática. Santa Cruz do Sul: Edunisc, 2006.

FAUSTO NETO, Antonio. Jornalismo: sensibilidade e complexidade. **Revista Galáxia**, São Paulo, n. 18, 2009, p. 17-30.

FAUSTO NETO, Antonio. ROCHA, Sibila; ALLI, Flávia; BOZZETTO, Lais; ISAIA, Letícia Sarturi; VALLEJOS, Maitê. (Re)Visitando os conceitos de contrato de leitura: Uma proposta de entendimento dos pontos de vínculo entre emissor/receptor da sociedade dos meios para sociedade midiatizada. **Disciplinarum Scientia** – Artes, Letras E Comunicação, Santa Maria, v. 10, n. 1, 2009, p. 15–25.

FAUSTO NETO, Antonio. A circulação além das bordas. In **Mediatización, sociedad y sentido**: diálogos entre Brasil y Argentina. Rosário: Universidad Nacional de Rosario, 2010.

FAUSTO NETO, Antonio. Midiatização da enfermidade de Lula: sentidos em circulação em torno de um corpo-significante. *In*: JANOTTI JR, Jeder; MATTOS, Maria Ângela; JACKS, Nilda. **Mediação & Midiatização**. Salvador: EDUFBA; Brasília, Compós, 2012, p. 297-322.

FAUSTO NETO, Antonio. Pisando no solo da midiatização. *In*: CÁDIMA, Rui; SÁÁGUA, João (org.). **Comunicação e Linguagem**: Novas Convergências. Lisboa: FCSH Universidade Nova de Lisboa, 2014. p. 235-254.

FAUSTO NETO, Antônio; PRASS, Marco Aurélio. "Pensamento Comunicacional" da Lava Jato: Fragmentos de Leitura do Juiz Sergio Moro. **Congresso Brasileiro de Ciências da Comunicação (Intercom)**, 40. ed. Curitiba, 2017. Anais do Congresso. Curitiba, 2017.

FAUSTO NETO, Antonio. PRASS, Marco Aurélio; THIESEN, Victor Dias. Lava Jato: fragmentos em circulação do "interrogatório-acontecimento". **Colóquio de Semiótica das Mídias**, 6. ed. Alagoas, 2017. Anais do Colóquio. Alagoas, 2017.

FAUSTO NETO, Antonio. Circulação: trajetos conceituais. **Revista Rizoma**, Santa Cruz do Sul, v. 6, n. 2, 2018, p. 8-40.

FERREIRA, Fernanda Vasquez; CARDOSO, Louis Fernando Aldeberto Popov. Contra-agendamento: a cobertura do The Intercept Brasil como resistência à cobertura silenciosa e enviesada da mídia brasileira. **Revista Cenas Educacionais**, Bahia, v. 3, 2020, p. e8358-e8358.

FERREIRA, Flávio; MARQUES, José. **Conheça suspeitas em torno do ex-presidente Lula, agora ficha limpa por decisão do Supremo.** Folha de São Paulo, São Paulo, 20 maio 2021. Disponível em: https://www1.folha.uol.com.br/poder/2021/03/conheca-suspeitas-em-torno-do-ex-presidente-lula-agora-ficha-limpa-por-decisao-do-supremo.shtml. Acesso em: 30 maio 2021.

FERRAZ, Ricardo. **'Lava Jato será fortalecida com Moro no Ministério da Justiça', diz promotor que fundou instituto contra corrupção.** BBC News Brasil, São Paulo, 7 nov. 2018. Disponível em: https://www.bbc.com/portuguese/brasil-46078777. Acesso em: 13 mar. 2020.

FILHO, João. **Um PowerPoint para Deltan Dallagnol.** The Intercept Brasil, Rio de Janeiro, 26 mar. 2022. Disponível em: https://theintercept.com/2022/03/26/powerpoint-ppt-deltan-dallagnol-processos/. Acesso em: 13 jul. 2023.

FOLHA DE SÃO PAULO. **Como a Folha pensa: conheça os principais pontos de vista defendidos pelo jornal.** Folha de São Paulo, São Paulo, 19 fev. 2014. On-line. Disponível em: https://m.folha.uol.com.br/poder/2014/02/1414326-o--que-a-folha-pensa-veja-os-principais-pontos-de-vista-defendidos-pelo-jornal.shtml. Acesso em: 12 abr. 2021.

FOLHA DE SÃO PAULO. **Em áudio, Moro pede desculpas a integrantes do MBL por chamá-los de tontos.** Folha de São Paulo, São Paulo, 23 jun, 2019. On-line. Disponível em: https://www1.folha.uol.com.br/poder/2019/06/em-audio-moro-pede-desculpas-a-integrantes-do-mbl-por-chama-los-de-tontos.shtml. Acesso em: 15 abr. 2021.

FOLHA DE SÃO PAULO. **Jornalista Augusto Nunes agride Glenn Greenwald, que revida; assista.** Folha de São Paulo, São Paulo, 7 nov. 2019. Disponível em: https://www1.folha.uol.com.br/poder/2019/11/jornalista-augusto-nunes-agri-de-glenn-greenwald-que-revida-assista.shtml. Acesso em: 10 out. 2020.

FOLHA DE SÃO PAULO. **Dilma agiu para tentar evitar a prisão de Lula, sugere gravação; ouça.** Folha de São Paulo, São Paulo, 16 mar. 2016. Disponível em: https://m.folha.uol.com.br/poder/2016/03/1750752-dilma-agiu-para-tentar-e-vitar-a-prisao-de-lula-diz-pf.shtml?mobile. Acesso em: 12 abr. 2021.

FOLHA DE SÃO PAULO. **'Já fui julgado pelo povo': Leia destaques da audiência de Lula a Moro.** Folha de São Paulo, São Paulo, 10 maio 2017. Disponível em: https://www1.folha.uol.com.br/paywall/login.shtml?https://www1.folha.uol.com.br/poder/2017/05/1882979-ja-fui-julgado-pelo-povo-leia-desta-ques-da-audiencia-de-lula-a-moro.shtml. Acesso em: 12 jun. 2021.

FOLHA DE SÃO PAULO. **Depoimento de Lula teve 'diversas contradições', dizem procuradores.** Folha de São Paulo, São Paulo, 11 maio 2017. Disponível em: https://www1.folha.uol.com.br/poder/2017/05/1883172-depoimento-de--lula-teve-diversas-contradicoes-dizem-procuradores.shtml. Acesso em: 13 jun. 2021.

FOLHA DE SÃO PAULO. **PF tenta interferir em entrevista de Lula, e Lewandowski barra.** Folha de São Paulo, São Paulo, 25 abr. 2019. Disponível em: https://www1.folha.uol.com.br/poder/2019/04/lewandowski-desautoriza-pf-a-adap-tar-decisao-do-stf-sobre-entrevista-de-lula.shtml. Acesso em: 15 abr. 2021.

FOLHA DE SÃO PAULO. **Fux proíbe Folha de entrevistar Lula e determina censura prévia.** Folha de São Paulo, São Paulo, 28 set. 2018. Disponível em: https://www1.folha.uol.com.br/poder/2018/09/fux-suspende-decisao-de-lewandowski-que-autorizava-entrevista-de-lula-a-folha.shtml. Acesso em: 15 abr. 2021.

FOLHA DE SÃO PAULO. **Editorial: O pós-Lava Jato.** Folha de São Paulo, São Paulo, 26 fev. 2021. Disponível em: . Acesso em: 15 abr. 2021.

FORD, Aníbal. **La Marca de la bestia**: identificación, desigualdades e infoentretenimiento en la sociedad contemporânea. Colômbia: Grupo Editorial Norma, 1999.

FOUCAULT, Michel. O Sujeito e o Poder. *In*: RABINOW, Paul; DREYFUS; Hupert, **Michel Foucault: uma trajetória filosófica.** Rio de Janeiro: Forense Universitária, 1995, p. 231-249.

FRANCO, Marcela. **Atos marcam presença do jornalista Glenn Greenwald na Flip 2019.** Folha de São Paulo, São Paulo, 12 jul. 2019. Disponível em: https://www1.folha.uol.com.br/ilustrada/2019/07/protestos-marcam-mesa-com-glenn--greenwald-na-flip.shtml. Acesso em: 10 out. 2020.

G1. **Princípios editoriais do Grupo Globo.** G1, Rio de Janeiro, 6 ago. 2011. Disponível em: https://g1.globo.com/principios-editoriais-do-grupo-globo.html. Acesso em: 2 out. 2020.

G1. **Delegado da Lava Jato é nomeado como diretor de combate ao crime organizado da PF.** G1 e G1 Paraná, Brasília e Curitiba, 17 jan. 2019. Disponível em: https://g1.globo.com/politica/noticia/2019/01/17/delegado-que-atuou-na--lava-jato-e-nomeado-como-diretor-de-combate-ao-crime-organizado-da-pf.ghtml. Acesso em:11 abr. 2021.

G1 PARANÁ. **Sérgio Moro grava vídeo agradecendo apoio da população na Lava Jato.** G1, Paraná, 19 mar. 2017. Disponível em: https://g1.globo.com/pr/parana/noticia/2017/03/sergio-moro-grava-video-agradecendo-apoio-da-po-pulacao-na-lava-jato.html. Acesso em: 13 mar. 2020.

GIELOW, Igor. **Anticlimático, duelo serviu para embasar campanha de Lula.** Folha de São Paulo, São Paulo, 11 maio 2017. Disponível em: https://www1.folha.uol.com.br/paywall/login.shtml?https://www1.folha.uol.com.br/poder/2017/05/1882975-apoio-reduzido-nas-ruas-reflete-limite-de-lula.shtml. Acesso em: 12 jun. 2021.

GIDDENS, Anthony. Central problemas in social theory: action, structure and contradiction in social analysis. **University of California Press**, Berkeley, 1979.

GIDDENS, Anthony. **A constituição da sociedade.** São Paulo: Martins Fontes, 2009.

GOFFMAN, E. 1974. Frame analysis: an essay on the organization of experience. Cambrigde, **Harvard University Press**, 586 p.

GOMES, Pedro Gilberto. **Dos Meios à Midiatização:** um conceito em evolução. São Leopoldo: Editora Unisinos, 2017.

GREENWALD, Glenn. **Roda Viva** (entrevista), São Paulo, Tv Cultura, 2 set. 2019, programa de televisão. Disponível em: https://www.youtube.com/watch?v=0z-MSZuTPJB4. Acesso em: 13 mar. 2020.

GREENWALD, Glenn; POITRAS, Laura. **Edward Snowden: 'The US government will say I aided our enemies' – video interview.** The Guardian, Londres, 8 jul.

2013. Disponível em: https://www.theguardian.com/world/video/2013/jul/08/edward-snowden-video-interview. Acesso em: 26 mar. 2021.

GREENWALD, Glenn; REED, Betsy; DEMORI, Leandro. **Como e por que o Intercept está publicando chats privados sobre a Lava Jato e Sergio Moro.** The Intercept Brasil, Rio de Janeiro, 9 jun. 2019. Disponível em: https://theintercept.com/2019/06/09/editorial-chats-telegram-lava-jato-moro/. Acesso em: 10 out. 2020.

GREENWALD, Glenn; POUGY, Victor. "**Mafiosos!!!**" Exclusivo: Procuradores da Lava Jato tramaram em segredo para impedir entrevista de Lula antes das eleições por medo de que ajudasse a 'eleger o Haddad'. The Intercept Brasil, Rio de Janeiro, 9 jun. 2019. Disponível em: https://www.intercept.com.br/2019/06/09/procuradores-tramaram-impedir-entrevista-lula/. Acesso em: 13 jun. 2021.

GREENWALD, Glenn; DEMORI, Leandro. **A quem interessa a narrativa dos "hackers criminosos na #VazaJato?** The Intercept Brasil, Rio de Janeiro, 17 jun. 2019. Disponível em: https://theintercept.com/2019/06/17/hackers-criminosos--vazajato-sergio-moro/. Acesso em: 5 jul. 2020.

GREENWALD, Glenn; NEVES, Rafael. **"Vazamento seletivo..." Dallagnol mentiu:** Lava Jato vazou sim informações das investigações para a imprensa — às vezes para intimidar suspeitos e manipular delações. The Intercept Brasil, Rio de Janeiro, 29 ago. 2019. Disponível em: https://theintercept.com/2019/08/29/lava-jato-vazamentos-imprensa/. Acesso em: 15 abr. 2021.

GREENWALD, Glenn; FISHMAN, Andrew; MIRANDA, David. **O Brasil está sendo engolido pela corrupção – e por uma perigosa subversão da democracia**. The Intercept Brasil, Rio de Janeiro, 18 mar. 2016. Disponível em: https://theintercept.com/2016/03/18/o-brasil-esta-sendo-engolido-pela-corrupcao-da-classe-dominante-e-por-uma-perigosa-subversao-da-democracia/. Acesso em: 5 jul. 2020.

HADDAD, Naief. **Folha cobriu Lava Jato com olhar crítico ao longo de 7 anos da operação.** Folha de São Paulo, São Paulo, 28 mar. 2021. Disponível em: https://www1.folha.uol.com.br/poder/2021/03/folha-cobriu-lava-jato-com-olhar-critico-ao-longo-de-7-anos-da-operacao.shtml. Acesso em: 16 maio 2021.

HENN, Ronaldo. A dimensão semiótica do acontecimento. *In*: BENETTI, Márcia. **Jornalismo e acontecimento**: mapeamentos críticos. Florianópolis: Insular, 2010, p. 77-92.

HOLDORF, Ruben Dargã. A visão editorial da Veja revelada nas entrelinhas e nos títulos de capa e das páginas amarelas. **Acta Científica Ciências Humanas**, Caxias do Sul, v. 1, n. 16, 30 out. 2014, p. 25-38.

JORNAL NACIONAL. Rio de Janeiro: Rede Globo, **16 mar. 2016**. Telejornal.

JORNAL NACIONAL. Rio de Janeiro: Rede Globo, **10 maio 2017**. Telejornal.

JORNAL NACIONAL. Rio de Janeiro: Rede Globo, **11 maio 2017**. Telejornal.

JORNAL NACIONAL. Rio de Janeiro: Rede Globo, **9 mar. 2021**. Telejornal.

KOVACH, Bill; ROSENSTIEL, Tom. **Os Elementos do Jornalismo**: o que os jornalistas devem saber e o público exigir. São Paulo: Geração Editorial, 2003.

KUNCZIK, Michel. **Conceitos de Jornalismo**: Norte e Sul, Manual de Comunicação. São Paulo: Ed. USP, 2001.

LARA, Bruna de; BIANCHI, Paula; DEMORI, Leandro; BALTHAZAR, Ricardo; BÄCHTOLD, Felipe. **Conversas de Lula mantidas sob sigilo pela Lava Jato enfraquecem tese de Moro.** The Intercept Brasil e Folha de São Paulo, Rio de Janeiro e São Paulo, 8 set. 2019. Disponível em: https://www1.folha.uol.com.br/poder/2019/09/conversas-de-lula-mantidas-sob-sigilo-pela-lava-jato-enfraquecem-tese-de-moro.shtml. Acesso em: 5 jul. 2020.

LAVA JATO. Edição dedicada à Lava Jato. **Revista Brasileira de Ciências Criminais.** São Paulo, v. 122, p. 359-390, set./out. 2016a. Disponível em: https://dialnet.unirioja.es/ejemplar/443762. Acesso em: 15 abr. 2021.

LIMA, Samuel. **Boato adultera capa de 'Veja' para atribuir a Lula declaração falsa sobre 'favores' do STF.** Estadão Verifica, São Paulo, 16 abr. 2021. Disponível em: https://politica.estadao.com.br/blogs/estadao-verifica/boato-adultera-capa-de-veja-para-atribuir-a-lula-declaracao-falsa-sobre-favores-do-stf/. Acesso em: 20 jun. 2021.

LINHARES, Carolina. **Lula diz a Moro que imprensa o demoniza e criminaliza.** Folha de São Paulo, São Paulo, 10 maio 2017. Disponível em: https://www1.folha.uol.com.br/paywall/login.shtml?https://www1.folha.uol.com.br/poder/2017/05/1882968-lula-diz-a-moro-que-imprensa-o-demoniza-e-criminaliza.shtml. Acesso em: 12 jun. 2021.

LINHARES, Carolina. **Lava Jato intensifica operações em 2016.** Folha de São Paulo, São Paulo, 16 maio 2016. Disponível em: https://www1.folha.uol.com.br/paywall/login.shtml?https://www1.folha.uol.com.br/poder/2016/05/1771659-lava-jato-intensifica-operacoes-em-2016.shtml#:~:text=Operações%20da%20Lava%20Jato%20estão,o%20maior%20intervalo%20em%202016. Acesso em: 12 jun. 2021.

LIPPMANN, Walter. **Opinião Pública**. São Paulo: Editora Vozes, 2008.

LUHMANN, Niklas. **Poder**. Anthropos Editorial, 2005.

LUHMANN, Niklas. **Sistemas Sociais**: esboço de uma teoria geral. Petrópolis: Editora Vozes, 2016.

MARCONDES FILHO, Ciro. **Ser jornalista**: o desafio das tecnologias e o fim das ilusões. São Paulo: Paulus, 2009.

MAGALHÃES, Heloísa. **Maior grupo de comunicação do país, Globo tem novo comando executivo.** Valor Econômico, Rio de Janeiro, 15 dez. 2017. Disponível em: https://valor.globo.com/empresas/coluna/maior-grupo-de-comunicacao--do-pais-globo-tem-novo-comando-executivo.ghtml. Acesso em: 16 maio 2021.

MARINHO, Roberto. **Julgamento da Revolução**. Editorial O Globo, Rio de Janeiro, 7 out. 1984. In Memória Roberto Marinho, Portal História Grupo Globo. Disponível em: https://historia.globo.com/memoria-roberto-marinho/opiniao/noticia/julgamento-da-revolucao.ghtml. Acesso em: 2 out. 2020.

MARINHO, João Roberto. **Globo's duty to report on the Brazilian crisis.** The Guardian, Londres, 24 abr. 2016. Disponível em: https://www.theguardian.com/world/2016/apr/24/globo-duty-to-report-on-the-brazilian-crisis. Acesso em: 14 abr. 2021.

MAROCCO, Beatriz Alcaraz. Giro autoral no "livro de repórter". **Revista Galáxia**, São Paulo, n. 37, 2018, p. 66-79.

MAROCCO, Beatriz Alcaraz. Os procedimentos de controle e a resistência na prática jornalística. **Revista Galáxia**, n. 30, São Paulo: 2015, p. 73-85.

MARTÍN-BARBERO, Jesús. Uma aventura epistemológica. Entrevistador: Maria Immacolata Vassallo de Lopes. **Matrizes**, São Paulo, v. 2, n. 2, jul./dez. 2009, p. 143-162.

MCCOMBS, Maxwell; SHAW, Donald Lewis. The agenda-setting function of mass media. **Public opinion quarterly**, Oxford, v. 36, n. 2, 1972, p. 176-187.

MCCOMBS, Maxwell. A linguagem do jornalismo – A linguagem dos efeitos do agendamento (agenda-setting). *In*: CAMPONEZ, Carlos; FERREIRA, Gil Baptista; RODRÍGUEZ-DÍAZ, Raquel (org.). **Estudos do Agendamento:** Teorias, desenvolvimentos e desafios – 50 anos depois. Covilhã: Editora LabCom, 2020. p. 23-35.

MCCOMBS, Maxwell.; SHAW, Donald Lewis; WEAVER, David. New directions in agenda-setting theory and research. *In:* WEI, Ran. **Advances in foundational mass communication theories**. Londres: Routledge, 2018. p. 131-152.

MEGALE, Bela; AZEVEDO, Rayane. **Obra em tríplex atendia ao gosto de Lula, diz engenheiro.** Folha de São Paulo, São Paulo, 31 jan. 2016. Disponível em: http://www1.folha.uol.com.br/poder/2016/01/1735489-obra-em-triplex-atendia-ao-gosto-de-lula-diz-engenheiro.shtml. Acesso em: 12 jun. 2021.

MELO, José Marques de. **Teoria do Jornalismo**: identidades brasileiras. São Paulo: Paulus, 2006.

MIRANDA, David. **A razão real que os inimigos de Dilma Rousseff querem seu impeachment.** The Guardian, Londres, 22 abr. 2016. Disponível em: https://www.theguardian.com/commentisfree/2016/apr/22/razao-real-que-os-inimigos-de-dilma-rousseff-querem-seu-impeachment. Acesso em: 14 abr. 2021.

MIRANDA, David. **João Roberto Marinho me atacou no Guardian e tentou enganar o mundo. Eis minha resposta.** The Intercept, Estados Unidos, 25 abr. 2016. Disponível em: https://theintercept.com/2016/04/25/joao-roberto-marinho-me-atacou-no-guardian-e-tentou-enganar-o-mundo-eis-minha-resposta/. Acesso em: 14 abr. 2021.

MORAES, Fabiana. Ativismo, isenção e subjetividade: sobre um jornalismo que ainda não ousa dizer os nomes. **Brazilian Journalism Research**, Goiás, v. 17, 2019, p. 1-15.

MORO, Sergio Fernando. Considerações sobre a Operação Mani Pulite. **Revista CEJ**, Brasília, v. 8, n. 26, 2004, p. 56-62. Disponível em: https://goo.gl/8CKXjv. Acesso em: 7 jun. 2020.

MORO. Sergio. **Roda Viva** (entrevista). Tv Cultura, São Paulo, 20 jan. 2020. Programa de televisão. Disponível em: https://www.youtube.com/watch?v=a6p-Jr7XdaiY. Acesso em: 10 out. 2020.

MOTTA, Luiz Gonzaga. Pesquisa em jornalismo no Brasil: o confronto entre os paradigmas midiacêntrico e sociocêntrico. **Revista de Economía Política de las Tecnologías de la Información y Comunicación**, Sergipe v. 7, n. 1, 2005.

MOTORYN, Paulo. **Compare as capas de jornais do Power Point contra Lula e da condenação de Deltan Dallagnol.** Brasil de Fato, Brasília, 23 mar. 2022. Disponível em: https://www.brasildefato.com.br/2022/03/23/compare-as-capas-

-de-jornais-do-power-point-contra-lula-e-da-condenacao-de-deltan-dallagnol. Acesso em: 13 jul. 2023.

NARCIZO, Bruna. **Empresários querem terceira via para vencer Bolsonaro ou Lula em 2022.** Folha de São Paulo, São Paulo, 20 maio 2021. Disponível em: https://www1.folha.uol.com.br/mercado/2021/03/empresarios-querem-terceira--via-para-vencer-bolsonaro-ou-lula-em-2022.shtml. Acesso em: 30 maio 2021.

NEIVA, Lucas. **"Não posso governar magoado", diz Lula sobre Lava Jato.** Congresso em Foco, Brasília,16 fev. 2023. Disponível em: https://congressoemfoco.uol.com.br/area/governo/nao-posso-governar-magoado-diz-lula-sobre-lava-jato/. Acesso em: 13 jun. 2023.

NORA, Pierre. O retorno do fato. *In*: LE GOFF, Jacques.; NORA, Pierre. **História**: novos problemas, Rio de Janeiro: Editora Francisco Alves, 1988. v. 2. p. 179-193.

NUNES, Samuel. **Conversa entre Dilma e Lula foi grampeada após despacho de Moro.** G1 Paraná, Curitiba, 17 mar. 2016. Disponível em: http://g1.globo.com/pr/parana/noticia/2016/03/conversa-entre-dilma-e-lula-foi-grampeada-apos--despacho-de-moro.html. Acesso em: 11 abr. 2021.

O GLOBO. **Editorial: Apoio editorial ao golpe de 64 foi um erro.** *O Globo*, Rio de Janeiro, 31 out. 2013. Disponível em: https://oglobo.globo.com/politica/apoio-editorial-ao-golpe-de-64-foi-um-erro-9771604. Acesso em: 2 out. 2020.

OHANA, Victor. **Lula diz que pretende entrar com recurso para aumentar indenização de Deltan.** Carta Capital, São Paulo, 25 mar. 2022. Disponível em: https://www.cartacapital.com.br/politica/lula-diz-que-pretende-entrar-com--recurso-para-aumentar-indenizacao-de-dallagnol/. Acesso em: 13 jul. 2023.

OLIVEIRA, Regiane; ROSSI, Marina. **O ano em que a Vaza Jato colocou a maior operação anticorrupção do país em xeque.** El País, São Paulo, 4 jan. 2020. https://brasil.elpais.com/politica/2020-01-04/o-ano-em-que-a-vaza-jato-colocou-a--maior-operacao-anticorrupcao-do-pais-em-xeque.html. Acesso em: 13 mar. 2021.

ORTNER, Sherry B. Subjetividade e crítica cultural. **Horizontes antropológicos**, Porto Alegre, v. 13, 2007, p. 375-405.

PT NO SENADO. **O jornalismo de suspeição da Folha de S. Paulo contra Lula.** PT no Senado, Brasília, 22 mar. 2021. Disponível em: https://ptnosenado.org.br/o-jornalismo-de-suspeicao-da-folha-de-s-paulo-contra-lula/. Acesso em: 15 abr. 2021.

PADUAN, Roberta. **Moro erra ao tentar criticar capa de VEJA.** Revista Veja, São Paulo, 6 jul. 2019. Disponível em: https://veja.abril.com.br/politica/moro-erra--ao-tentar-criticar-capa-de-veja. Acesso em: 15 mar. 2021.

POZOBON, Rejane de Oliveira; DAVID, Carolina Siqueira de. Jornalismo de revista: a autorreferencialidade no discurso de Veja sobre a prisão de Lula. **Interin**, Tuiuti, v. 24, n. 2, 2019, p. 87-100.

PUTTI, Alexandre. **"Impeachment de Dilma foi manipulado pela Lava Jato", diz Aloysio Nunes.** Carta Capital, São Paulo, 27 set. 2019. Disponível em: https://www.cartacapital.com.br/politica/impeachment-de-dilma-foi-manipulado-pe-la-lava-jato-diz-aloysio-nunes/. Acesso em: 10 out. 2020.

QUÉRÉ, Louis. Entre facto e sentido: a dualidade do acontecimento. **Trajectos,** Lisboa, n. 6, 2005, p. 59-76.

QUÉRÉ, Louis. A dupla vida do acontecimento: por uma realidade pragmatista. *In:* FRANÇA, Vera Regina Veiga; OLIVEIRA, Luciana (org.). **Acontecimento:** reverberações. Belo Horizonte: Autêntica Editora, 2012. p. 21-38.

RABELO, Leon. Assange, Snowden, Greenwald. *In:* BRAGA, José Luiz; RABELO, Leon; MACHADO, Michelli; ZUCOLO, Rosana; BENEVIDES, Pedro; XAVIER, Mona-lisa Pontes; CALAZANS, Regina; CASALI, Caroline; MELO, Paula Reis; MEDEIROS, Ana Lúcia; KLEIN, Eloise. (org.). **Matrizes interacionais**: a comunicação constrói a sociedade [on-line]. Campina Grande: EDUEPB, 2017, p. 1-7.

REED, Betsy; GREENWALD, Glenn; DEMORI, Leandro. **Como e porque o Inter-cept está publicando chats privados sobre a Lava Jato e Sergio Moro.** The Intercept Brasil, Rio de Janeiro, 9 jun. 2019. Disponível em: https://theinter-cept.com/2019/06/09/editorial-chats-telegram-lava-jato-moro/. Acesso em: 5 jul. 2020.

ROCHA, Rafael. **O ex-juiz Sérgio Moro cometeu lawfare contra o ex-presidente Lula?** Jusbrasil, São Paulo, 2019. Disponível em: https://rbispo77.jusbrasil.com.br/artigos/719134571/o-ex-juiz-sergio-moro-cometeu-lawfare-contra-o-ex-pre-sidente-lula. Acesso em: 13 jun. 2021.

RODAS, Sergio. **Moro reconhece erro em grampo de Dilma e Lula, mas mantém divulgação.** Consultor Jurídico, São Paulo, 17 mar. 2016. Disponível em: https://www.conjur.com.br/2016-mar-17/moro-reconhece-erro-grampo-dilma-lula--nao-recua. Acesso em: 10 out. 2020.

RODRIGUES, Adriano Duarte. O acontecimento. *In*: TRAQUINA, Nelson. **Jornalismo**: teorias, questões e estórias. Lisboa: Vega, 1993. p. 27-33.

RODRIGUES, Adriano Duarte. Experiência, modernidade e campo dos media. *In*: **Biblioteca On Line de Ciências da Comunicação**. Universidade Nova de Lisboa, Lisboa, 1999. Disponível em: http://www.bocc.ubi.pt/pag/rodrigues-adriano-expcampmedia.pdf. Acesso em: 19 jul. 2020. p. 1-31.

ROSA, Bianca. **Estratégias de Construções Jornalísticas:** Lava Jato x Vaza Jato. 2021. 237 f. Dissertação (Mestrado em Ciências da Comunicação) – Programa de Pós-Graduação em Ciências da Comunicação, Universidade do Vale do Rio dos Sinos (UNISINOS), São Leopoldo, 2021.

SENRA, Ricardo. Lava Jato: **'Não temos instrumento eficiente para identificar vazamentos', diz Dallagnol.** BBC News Brasil, Washington, 11 abr. 2017. Disponível em: https://www.bbc.com/portuguese/brasil-39563794. Acesso em: 15 abr. 2021.

SODRÉ, Nelson. **História da Imprensa no Brasil**. Rio de Janeiro: Mauad, 2007.

SOSTER, Demetrio de Azeredo. A reconfiguração do jornalismo na primeira década do século XXI. **Revista Ícone**, Pernambuco, v. 11, n. 2, 2009, p. 1-18.

SOSTER, Demetrio de Azeredo. A circulação como instância reconfiguradora do jornalismo midiatizado. **Questões Transversais – Revista da Epistemologia da Comunicação**, São Leopoldo, v. 6, 2018, p. 113-120.

SOUZA, Giselle. **Advogados, juízes e defensores protestam no RJ contra violações na "lava jato".** Consultor Jurídico, São Paulo, 18 mar. 2016. Disponível em: https://www.conjur.com.br/2016-mar-18/advogados-juizes-protestam-violacoes-lava-jato. Acesso em: 29 abr. 2021.

SUPREMO TRIBUNAL FEDERAL. **STF confirma anulação de condenações do ex-presidente Lula na Lava Jato.** STF, Brasília, 15 abr. 2021. Disponível em: http://portal.stf.jus.br/noticias/verNoticiaDetalhe.asp?idConteudo=464261&ori=1. Acesso em: 13 fev. 2023.

THE INTERCEPT BRASIL. **Leia os diálogos de Sergio Moro e Daltan Dallagnol que embasaram a reportagem do Intercept.** The Intercept Brasil, Rio de Janeiro, 12 jun. 2019. Disponível em: https://theintercept.com/2019/06/12/chat-sergio--moro-deltan-dallagnol-lavajato/. Acesso em: 10 out. 2020.

THE INTERCEPT BRASIL; FOLHA DE SÃO PAULO. **Lava Jato articulou apoio a Moro diante de tensão com STF, mostram mensagens.** The Intercept Brasil e Folha de São Paulo, São Paulo e Rio de Janeiro, 23 jun. 2019. Disponível em: https://www1.folha.uol.com.br/poder/2019/06/lava-jato-articulou-apoio-a--moro-diante-de-tensao-com-stf-mostram-mensagens.shtml. Acesso em: 15 abr. 2021.

THE INTERCEPT BRASIL. **Intercept comenta ao vivo Moro no Roda Viva.** Canal The Intercept Brasil, YouTube, Rio de Janeiro, 20 jan. 2020. Disponível em: https://www.youtube.com/watch?v=KcvYfi6xnPE. Acesso em: 2 out. 2020.

TORTURRA, Bruno. **Boletim do Fim do Mundo:** assistindo ao RodaViva com Augusto de Arruda Botelho. Canal Estúdio Fluxo, YouTube, São Paulo, 20 jan. 2020. Disponível em: https://www.youtube.com/watch?v=4HXob2GLtqs. Acesso em: 2 out. 2020.

TRAQUINA, Nelson. **Teorias do Jornalismo**: a tribo jornalística — uma comunidade interpretativa transnacional. Florianópolis: Insular, 2005. v. 2.

TUCHMAN, Gaye. Contando estórias. *In:* TRAQUINA, Nelson (org.). **Jornalismo:** questões, teorias e "estórias", Lisboa: Veja, 1993.

TUCHMAN, Gaye. The news' manufacture of sociological data. **American Sociological Review**, v. 41, n. 6, 1976, p. 1065-1067.

UOL. **Moro diz não se importar com vazamento de mensagens: "monte de bobageirada"**. UOL, São Paulo, 20 jan. 2020. Disponível em: https://noticias.uol.com.br/politica/ultimas-noticias/2020/01/20/moro-fala-sobre-vazamentos-da-lava-jato-e-um-monte-de-bobageirada.htm. Acesso em: 15 abr. 2021.

VAZ, Camila. **Juízes e procuradores criticam carta de advogados contra a Lava Jato.** Jusbrasil, São Paulo, 16 jan. 2016. Disponível em: https://camilavazvaz.jusbrasil.com.br/noticias/297086644/juizes-e-procuradores-criticam-carta-de--advogados-contra-a-lava-jato. Acesso em: 29 abr. 2021.

VEIGA DA SILVA, Márcia; MAROCCO, Beatriz. O Feminino no "Livro de Repórter" uma mirada epistemológica de gênero sobre as práticas jornalísticas. **Brazilian Journalism Research**, Brasília, v. 14, n. 1, 2018, p. 30-55.

VEIGA DA SILVA, Márcia. **Masculino, o gênero do jornalismo**: modos de produção das notícias. Florianópolis: Editora Insular, 2014.

VEJA. São Paulo: Editora Abril, **edição 2397**, ano 47, n. 44, 29 out. 2014.

VEJA. São Paulo: Editora Abril, **edição 2398**, ano 47, n. 45, 5 nov. 2014.

VEJA. São Paulo: Editora Abril, **edição 2424**, ano 48, n. 18, 6 maio 2015.

VEJA. São Paulo: Editora Abril, **edição 2436**, ano 48, n. 30, 29 jul. 2015.

VEJA. São Paulo: Editora Abril, **edição 2458**, ano 48, n. 52, 30 dez. 2015.

VEJA. São Paulo: Editora Abril, **edição 2468**, ano 49, n. 10, 9 mar. 2016.

VEJA. São Paulo: Editora Abril, **edição 2469**, ano 49, n.11, 16 mar. 2016.

VEJA. São Paulo: Editora Abril, **edição 2480**, ano 49, n.22, 1 jun. 2016.

VEJA. São Paulo: Editora Abril, **edição 2496**, ano 49, n.38, 21 set. 2016.

VEJA. São Paulo: Editora Abril, **edição 2529**, ano 50, n.19, 10 maio 2017.

VEJA. São Paulo: Editora Abril, **edição 2567**, ano 51, n.05, 31 jan. 2018.

VEJA. São Paulo: Editora Abril, **edição 2577**, ano 51, n.15, 11 abr. 2018.

VEJA. São Paulo: Editora Abril, **edição 2607**, ano 51, n.45, 7 nov. 2018.

VEJA. São Paulo: Editora Abril, **edição 2639**, ano 52, n.25, 19 jun. 2019.

VEJA. São Paulo: Editora Abril, **edição 2657**, ano 52, n.43, 23 out. 2019.

VEJA. São Paulo: Editora Abril, **edição 2639**, ano 52, n.25, 19 jun. 2019.

VEJA. Editora Abril: São Paulo, **edição 2642**, ano 52, n. 26, 10 jul. 2019.

VEJA. Editora Abril: São Paulo, **edição 2653**, ano 52, n. 39, 25 set. 2019.

VEJA. Editora Abril: São Paulo, **edição 2655**, ano 52, n. 41, 6 out. 2019.

VEJA. Editora Abril: São Paulo, **edição 2734**, ano 54, n. 15, 21 abr. 2021.

VEJAPONTOCOM. **A trajetória de Lula pelas capas de VEJA**. Vejapontocom, YouTube, São Paulo, 10 dez. 2018. Disponível em: https://www.youtube.com/watch?v=cwUu8f9Qz64. Acesso em: 12 abr. 2021.

VERÓN, Eliseo **Construir el acontecimiento**. Barcelona: Gedisa, 1981.

VERÓN, Eliseo. Semiosis de lo ideológico y del poder. **Espacios de crítica y producción**, 1984, p. 43-51.

VERÓN, Eliseo. Esquema para el análisis de la mediatización. **Diálogos**, n. 48, 1997, p. 9-16.

VERÓN, Eliseo. **Fragmentos de um tecido**. São Leopoldo: Unisinos, 2004.

VERÓN, Eliseo. Teoria da midiatização: uma perspectiva semioantropologica e algumas de suas consequências. **Revista Matrizes**, São Paulo, v. 8, n. 1, 2014, p. 13-19.

WESCHENFELDER, Aline. **Manifestações da midiatização - transformação dos atores sociais em produção e recepção:** o caso Camila Coelho. 2019. 239 f. Tese (Doutorado em Ciências da Comunicação) — Programa de Pós-Graduação em Ciências da Comunicação, Universidade do Vale do Rio dos Sinos (UNISINOS), São Leopoldo, 2019.

YIN, Robert K. **Estudo de caso**: planejamento e métodos. Porto Alegre: Bookman, 2014.